Unterricht in Bewegung

Materialien für die Grundschule (1.–4. Klasse)

Herausgegeben von der
Bundeszentrale für
gesundheitliche Aufklärung, Köln 2013,
im Auftrag des Bundesministeriums für Gesundheit

Hinweise zu den Materialien

Die vorliegende Publikation möchte Lehrerinnen und Lehrer der Grundschule dabei unterstützen, mehr Bewegung in Schule und Unterricht zu bringen.

Sie greift zwei Entwicklungen auf, die zunehmend Einfluss auf die Gestaltung von Schule nehmen sollten. Zum einen geht es darum, Kindern im Grundschulalter mehr Bewegungsanlässe zu bieten und damit der grundlegenden Bedeutung von Bewegung für eine gesunde kindliche Entwicklung Rechnung zu tragen. Zum anderen bieten neuere Erkenntnisse der Lehr-Lern-Forschung und der Psychomotorik Anlass, gezielt Möglichkeiten zu erschließen, das Erlernen von fachlichen Inhalten auch über Bewegung zu unterstützen.

„Unterricht in Bewegung" schließt an viele verdienstvolle Initiativen an, die dazu beigetragen haben, Schule auch als Bewegungsraum zu verstehen und zu gestalten. Dabei wird die Grundidee, Lernen mit Bewegung zu verknüpfen, durch konsequente Orientierung an fachdidaktischen Überlegungen und inhaltlichen Lernansprüchen weiterentwickelt. So wurden auf der Grundlage intensiver Beratungen mit Lehrerinnen und Lehrern sowie mit fachdidaktischen Expertinnen und Experten Unterrichtsanregungen erarbeitet, in denen Bewegung für die Aufbereitung konkreter Inhalte aus den Lernbereichen Mathematik, Deutsch und Sachunterricht genutzt wird. Bei der Entwicklung der Materialien und Übungen standen die folgende Fragen im Vordergrund.

☐ Ist der jeweils ausgewählte Inhalt mit den Kompetenzerwartungen in modernen Lehrplänen für die Grundschule vereinbar?

☐ Welche Einsichten und Fähigkeiten lassen sich mit dem jeweiligen Unterrichtsinhalt erwerben?

☐ Wie kann Bewegung dazu beitragen?

Die Unterrichtsvorschläge zu den drei großen grundschulpädagogischen Lernbereichen Deutsch, Mathematik und Sachunterricht werden als Module angeboten. So können Lehrerinnen und Lehrer die konkreten Anregungen an die Lernvoraussetzungen ihrer Klasse anpassen. Viele der Übungen und Materialien lassen sich sowohl als Einstieg in ein Thema als auch für die Erarbeitung und Vertiefung nutzen.

Jedes Modul bietet

☐ eine kurze Darstellung fachlicher Hintergründe und fachdidaktischer Überlegungen, um die Einordnung der Anregungen und Materialien in den alltäglichen Unterricht zu erleichtern

☐ eine Übersicht über Kopiervorlagen und Karteikarten

☐ falls vorhanden, den Bezug zu anderen Modulen

☐ einen Überblick über die Inhalte und Übungen

☐ eine Darstellung der jeweiligen Übungen: Vorschläge für den Unterricht, gegebenenfalls Variationen, Reflexion und Vertiefung

☐ begleitende Kopiervorlagen und Karteikarten, die entweder eine Anwendung des neuen Wissens und somit eine weitere Festigung ermöglichen oder begleitende Reflexionsanstöße geben, um die mit Bewegung geschaffenen Situationen und gewonnenen Eindrücke und Beobachtungen inhaltsbezogen zu vertiefen

Reihe:
Gesundheit und Schule (G+S)
Herausgegeben von der Bundeszentrale für gesundheitliche Aufklärung, Köln,
im Auftrag des Bundesministeriums für Gesundheit

Gesamtleitung des Projekts vonseiten der Bundeszentrale
für gesundheitliche Aufklärung:
Dr. Eveline Maslon, Köln

Projektleitung:
Prof. Dr. Joachim Kahlert, Ludwig-Maximilians-Universität München
Prof. Dr. Andreas de Bruin, Hochschule München

Projektkoordination:
Andrea Bistrich, M.A.

Autorinnen und Autoren:
Sigrid Binder, Schulleiterin
Prof. Dr. Andreas de Bruin, Fakultät für angewandte Sozialwissenschaften,
Hochschule München
Sonja Dirnhofer, Grundschullehrerin
Pia Frei, Grundschullehrerin
Janina Günther, Grundschullehrerin
Dr. Uta Hauck-Thum, wiss. Mitarbeiterin am Lehrstuhl für Didaktik der
deutschen Sprache und Literatur, Ludwig-Maximilians-Universität München
Florian Heininger, Pädagoge, M.A.
Sandra Hunner, Grundschullehrerin
Prof. Dr. Joachim Kahlert, Lehrstuhl für Grundschulpädagogik
und -didaktik, Ludwig-Maximilians-Universität München
Dr. Michael Kirch, Akademischer Rat am Lehrstuhl für Grundschulpädagogik
und -didaktik, Ludwig-Maximilians-Universität München
Bettina Leibold-Lang, Grundschullehrerin
Christina Pauli, Grundschullehrerin
Susanne Pöhlmann, Grundschullehrerin
Jasmin Rademacher, Grundschullehrerin
Dr. Karin Reber, Akademische Rätin am Lehrstuhl für
Sprachheilpädagogik, Ludwig-Maximilians-Universität München
Prof. Dr. Marcus Schrenk, Biologie, Pädagogische Hochschule Ludwigsburg
Christina Schulze, Grundschullehrerin
Christine Zukunft, Grundschullehrerin

Im Einzelnen wurden Anregungen zu folgenden Schwerpunkten geliefert:
Sigrid Binder (Zeiterfahrung), Sonja Dirnhofer (Orientierung im Raum, Tiere, Zeiterfahrung),
Pia Frei (Maschinen, Orientierung im Raum, Raum und Form), Janina Günther (Elektrizität,
Orientierung im Raum, Tiere, Wald und Wiese), Dr. Uta Hauck-Thum (Mit Medien und Texten
umgehen, Sprechen und Zuhören), Florian Heininger (Maschinen, Raum und Form), Sandra
Hunner (Größen und Messen, Luft, Wetter), Dr. Michael Kirch (Orthografie entdecken,
Sprache und Sprachgebrauch), Bettina Leibold-Lang (Raum und Form, Wald und Wiese),
Christina Pauli (Zahlen und Operationen), Susanne Pöhlmann (Wasser), Jasmin Rademacher
(Größen und Messen, Luft, Wetter), Dr. Karin Reber (Orthografie entdecken, Sprache und
Sprachgebrauch), Christina Schulze (Größen und Messen), Christine Zukunft (Tiere, Wald und
Wiese)

Für die fachliche und fachdidaktische Beratung danken wir:
Prof. Dr. Dr. h. c. Albrecht Beutelspacher, Mathematisches Institut, Justus-Liebig-Universität Gießen, Gründer und Direktor des Mathematikums Gießen
Prof. Dr. Hedwig Gasteiger, Didaktik der Mathematik und Informatik, Mathematisches Institut, Ludwig-Maximilians-Universität München
Prof. Dr. Andreas Hartinger, Lehrstuhl für Grundschulpädagogik und Grundschuldidaktik, Universität Augsburg
Dr. Uta Hauck-Thum, wiss. Mitarbeiterin am Lehrstuhl für Didaktik der deutschen Sprache und Literatur, Ludwig-Maximilians-Universität München
Prof. Dr. Eva Heran-Dörr, Didaktik der Grundschule, Otto-Friedrich-Universität Bamberg
Prof. Reiner Hildebrandt-Stramann, Seminar für Sportwissenschaft und Sportpädagogik, Technische Universität Braunschweig
Prof. Dr. Regina Möller, Fachdidaktik Mathematik, Erfurt School of Education (ESE), Universität Erfurt
Prof. Dr. Uta M. Quasthoff, Institut für deutsche Sprache und Literatur, Technische Universität Dortmund
Prof. Dr. Marcus Schrenk, Biologie, Pädagogische Hochschule Ludwigsburg
Prof. em. Dr. Dr. h. c. Kaspar H. Spinner, Didaktik der Deutschen Sprache und Literatur, Philologisch-Historische Fakultät, Universität Augsburg
Dr. Eva Steinherr, Akademische Rätin am Lehrstuhl für Schulpädagogik, Ludwig-Maximilians-Universität München
Prof. em. Dr. Dr. Hartmut Wiesner, Lehrstuhl für Didaktik der Physik, Ludwig-Maximilians-Universität München

Mitarbeit Redaktion, Lektorat:
Andrea Bistrich, M.A.

Illustrationen:
Jana Konschak, www.jana-konschak.de

Bildnachweis:
Sonja Dirnhofer (S. 198, 199), Pia Frei (S. 130, 139, 194, 239, 240), Uta Hauck-Thum (S. 46, 92), Sandra Hunner/Jasmin Rademacher (S. 145, 146, 172, 185, 186), Bettina Leibold-Lang/Christine Zukunft (S. 122, 123, 124), Christina Pauli (S. 98, 104)

Satz:
mediabunt GmbH, Essen

1. Auflage
© Bundeszentrale für gesundheitliche Aufklärung, Köln.
Alle Rechte vorbehalten.
Druck: Kunst- und Werbedruck, Bad Oeynhausen
1.70.12.13
ISBN 978-3-942816-46-5
Bestell-Nr.: 20520000

Dieses Unterrichtsmaterial wird von der BZgA kostenlos abgegeben. Es ist nicht zum Weiterverkauf durch die Empfängerin/den Empfänger oder Dritte bestimmt.

IMPRESSUM

Einleitung:
Unterricht in Bewegung

Bewegter lernen

Die erfahrene und renommierte Professorin für Grundschulpädagogik Ariane Garlichs berichtet in einem Beitrag über Schulpraktika, warum ihr erster, Jahrzehnte zurückliegender Unterrichtsversuch als Praktikantin von der damals anwesenden Mentorin abgebrochen wurde.[1]

Die Schülerinnen und Schüler der 1. Klasse hatten sich unaufgefordert nach vorne an das Pult gedrängt. Zwar waren die Kinder angetrieben von ihrem Interesse an einer Mausefalle, die die junge Studentin als Anschauungsobjekt mitgebracht hatte. Aber so viel unkontrollierte Bewegung im Klassenraum musste schleunigst unterbunden werden. Sie verstieß gegen die vorherrschende Auffassung, Lehrerinnen und Lehrer müssten Unterricht möglichst kleinschrittig lenken, um die Kontrolle über das Lernen der Kinder zu behalten. Bewegung störte dabei nur.[2]

Inzwischen hat sich das Verständnis vom Lernen erheblich gewandelt. Seit Langem wird bemängelt, Schule werde dem kindlichen Bewegungsdrang zu wenig gerecht, wenn Kinder vornehmlich im Sitzen lernen müssen.[3] Mit der Ausweitung von Ganztagsangeboten, auch an Grundschulen, bekommt dieses Argument zusätzlich Gewicht. Dabei geht es nicht nur darum, Unterricht aufzulockern. Vielmehr tragen Lernformen, die Kindern mehr Bewegungsmöglichkeiten bieten, der grundlegenden Bedeutung von Bewegung für die kindliche Entwicklung Rechnung.

1.1 Umwelt bewegt erschließen

Bewegung begleitet von Geburt an die Entwicklung der Kinder und deren Vorstellungen über ihre Umwelt und über sich selbst:

□ Babys drehen und stemmen ihren Körper in Richtung eines akustischen oder optischen Reizes, um mehr von der Welt jenseits der noch sehr begrenzten eigenen Reichweite zu erfahren. Zunächst unwillkürlich erzeugen sie mit ihren Bewegungen Veränderungen in ihrem Nahraum, auf die sich dann ihre Aufmerksamkeit richtet. So entdecken sie beim Strampeln plötzlich ihren Fuß und versuchen, ihn zu greifen. Die über dem Bett hängende Rassel wird erst zufällig, dann gezielt zum Klappern gebracht. Nach und nach erwerben Kinder so ein elementares Bewusstsein von der eigenen Wirksamkeit und damit von sich selbst.[4]

□ Grundlegende Eindrücke von der physikalischen Beschaffenheit der Umwelt werden ebenfalls über Bewegung gewonnen.[5] In den ersten Lebenswochen erfahren Kinder Empfindungen von heiß und kalt, hart und weich eher passiv, allein durch den gegebenen körperlichen Kontakt zur Umwelt. Mit zunehmender Beweglichkeit nimmt der aktive Anteil an der Erschließung grundlegender Eigenschaften der Materie zu. Kinder befühlen, ertasten und ergreifen Gegenstände mit unterschiedlichen Eigenschaften: Holz, Metall, Gummi, Biegbares, nicht Biegbares, Festes, mit dem man etwas bauen kann, Flüssiges, das zwischen den Fingern rinnt.

□ Auch die Unterscheidung von leicht und schwer, und damit der Erwerb einer basalen Vorstellung von Gewicht, wird durch Bewegungen gefördert: Aufheben, Auflesen, Hinstellen, Hochheben, Ziehen, Schieben, Heranziehen.

□ Einfache Orientierungen über den Raum, wie oben und unten, hinten und vorne, stützen sich auf Erfahrungen von Lage und Richtungswechsel beim Greifen, Krabbeln, Gehen, Laufen, Klettern und Rutschen.

Wenn sich im Vorschulalter der Bewegungsradius ausweitet, überwinden Kinder balancierend, kletternd und springend Hindernisse. Sie erweitern die Grenzen ihres Könnens, entwickeln Selbstbewusstsein, aber auch Vorsicht und Umsicht.[6] Nicht jede anspruchsvollere Bewegung gelingt sofort – auch dadurch lernen Kinder, Gefahren und eigene Fähigkeiten einzuschätzen und sich Ziele zunehmend realistisch vorzunehmen.

Angesichts der elementaren Bedeutung von Bewegung für die kindliche Entwicklung ist die Warnung verständlich, Medienkonsum, zunehmende Reglementierung von Freizeit, Bebauung und Verkehrsdichte würden die Möglichkeiten der Kinder, sich selbst in Bewegung zu erfahren, immer mehr einschränken.[7] Berichtet wird von Untersuchungen, nach denen die körperliche Leistungsfähigkeit von Kindern in den letzten Jahrzehnten zurückgegangen ist.[8]

Zwar sind Aussagen über die Abnahme körperlicher Aktivitäten in der Kindheit mangels zuverlässiger Vergleichsdaten aus früheren Zeiten weder im Hinblick auf Intensität noch auf Qualität der Bewegung empirisch exakt belegbar.[9] Aber nach Einschätzung der Weltgesundheitsorganisation (WHO) zählt mangelnde körperliche Aktivität zu den größten gesundheitlichen Risiken in den Industrieländern.[10] Regelmäßige körperliche Aktivität Heranwachsender gilt als wichtiger Beitrag zur Gesundheitsvorsorge.[11] Entsprechend regt die WHO in der Ottawa Charter for Health Promotion an[12], „gesundheitsfördernde Lebenswelten"[13] zu schaffen. Daher sollte sich bereits die Grundschule darum bemühen, Spielräume für individuelle Bewegungserfahrungen zu erweitern[14] und die Freude an der Bewegung zu erhöhen.[15]

Sorge, dies könnte das inhaltliche Lernen beinträchtigen, muss man dabei nicht haben.

1.2 Lernförderliches Potenzial von Bewegung

Phänomenologisch-anthropologisch orientierte Theorien heben seit geraumer Zeit die Bedeutung der Bewegung nicht nur für die körperliche, sondern auch für die emotionale und mentale Entwicklung von Menschen hervor. Sie analysieren, wie Menschen durch Bewegung im Raum elementare Vorstellungen von Lagebeziehungen und Zeitabläufen erwerben[16] und ihren Leib als „Medium der Erfahrung"[17] sowie als Mittel zur „Kommunikation mit der Welt"[18] nutzen.

In diesem „bewegungsanthropologischen Ansatz des Weltverstehens"[19] gilt Bewegung als „eine unaustauschbare Erfahrungsmöglichkeit zur Entwicklung einer eigenständigen Persönlichkeit"[20]. Bewegung erlaubt Kindern, ihre Begegnungen und Auseinandersetzungen mit Umwelt nach eigenem Rhythmus zu strukturieren und zu verarbeiten. So können sie neue Anforderungen dosieren und im Wechselspiel zwischen Impulsen von außen und bereits vorhandenen Fähigkeiten die eigene Entwicklung mitgestalten.[21]

Unterstützt wird diese Auffassung über die grundlegende Bedeutung von Bewegung für Lernen und Entwicklung durch neuere Erkenntnisse der *Lehr-Lern-Forschung*, der *Neurowissenschaft* und der *Psychomotorik*. Danach regen motorische Stimuli und Ausdrucksformen das Lernen an[22], fördern die Entwicklung eines positiven Selbstkonzepts[23] und tragen dazu bei, die Wahrnehmung zu differenzieren und zu intensivieren.[24]

Berichtet wird von Befunden, nach denen eine gute Gesamtkörperkoordination bei Kindern im Grundschulalter mit besserer Konzentrationsfähigkeit einhergeht.[25] Die Erweiterung von Bewegungsangeboten im Unterricht steigerte bei Drittklässlern die Aufmerksamkeit während des Schulvormittags.[26] Die wissenschaftliche Begleitstudie zu einem Projekt des Hessischen Kultusministeriums weist darauf hin, dass messbare schulische Lernerfolge in Deutsch und Mathematik durch regelmäßiges Gleichgewichtstraining im Schulalltag realisiert werden. Zudem steigert sich die Lernfreude und verbessert sich das Klassenklima.[27] Eine andere Untersuchung mit 126 Kindern im Kindergartenalter ergab, dass der motorische Entwicklungsstand, der unter anderem Koordinationsfähigkeit, Feinmotorik, Gleichgewichtsvermögen, Reaktionsfähigkeit, Sprungkraft, Bewegungsgeschwindigkeit, Bewegungssteuerung umfasst,[28] positiv mit Teilfähigkeiten zur Sprachverarbeitung (Verstehen von Sätzen, Satzgedächtnis; bezogen auf Feinmotorik auch „Phonologisches Arbeitsgedächtnis für Nichtwörter" und „Gedächtnisspanne für Wortfolgen") korrelierte.[29] In einer norwegischen Untersuchung, an der 86 Schülerinnen und Schüler aus den beiden ersten Schuljahren beteiligt waren, wirkte sich ein psychomotorisch orientiertes Trainingsprogramm vor allem bei Kindern mit geringerem kognitivem Leistungsvermögen positiv auf die Sprachentwicklung aus.[30]

Allerdings lässt sich aus diesen Befunden nicht generell schlussfolgern, mehr Bewegung in Schule und Unterricht würde Lernen quasi automatisch erleichtern und Lehren erfolgreicher machen. Ein Patentrezept zur Förderung des Lernens durch Lehren gibt es nicht.[31] Nach wie vor sind „ganz unterschiedliche Muster erfolgreichen Unterrichts"[32] in Betracht zu ziehen. Daran ändern auch die viel zitierten neueren Erkenntnisse der Gehirnforschung vorerst nichts.

Zwar ist mittlerweile hinreichend bekannt, dass körperliche Aktivitäten den Gehirnstoffwechsel verbessern und auch zur Neubildung von Nervenzellen im Gehirn anregen[33], aber die „Dynamik des Informationsflusses"[34] lässt sich längst noch nicht zielgenau erfassen. Auf der hirnbiologischen Ebene ist noch „weitgehend unklar, welche Umweltfaktoren in welcher Weise bei der erfahrungsgesteuerten funktionellen Reifung des Gehirns ... wirksam werden"[35]. Zudem gilt, „kein Gehirn gleicht in seinen neuronalen synaptischen Verschaltungen dem anderen"[36].

Mit anderen Worten: Die Areale, die bei Emotionen, Kognitionen und Handlungen aktiv sind, mögen immer genauer verortet werden können. Aber wie der chemo-elektrische Funkverkehr aussieht, der sich beim Lösen konkreter Sachaufgaben, beim Schreiben eines ansprechenden Textes oder bei der Orientierung im fremden Gelände abspielt, bleibt angesichts der nach Billiarden zählenden Verästelungen im Gehirn und der individuellen Ausprägungen der verschiedenen Gehirne wohl noch lange ungeklärt.

Bewegung gibt den Kindern Spielraum, um einen eigenen Rhythmus und somit auch die Balance zwischen zu schwierigen und zu langweiligen Herausforderungen zu finden, die erfolgreiches Lernen erst ermöglicht.[37] Doch die bloße Aktivierung von Bewegungszentren im Gehirn reicht nicht aus, um Lernprozesse zu verbessern. Vielmehr kommt es darauf an, Aufmerksamkeit zu fokussieren, ablenkende Reize abzuschwächen und so eine intensive und herausfordernde Beschäftigung mit dem Lerngegenstand zu ermöglichen.[38]

So trifft nach wie vor die von der Neurobiologin Katharina Braun gezogene Bilanz zu, die größte Schwierigkeit des Unterrichtens bestehe darin, „die Aufmerksamkeit des Schülers zu fokussieren und seine Motivation zu wecken, sich mit dem Lernstoff zu beschäftigen, ihn dafür zu begeistern und damit seine emotionale Beteiligung beim Lern- und Gedächtnisprozess zu wecken"[39].

Ob Bewegung dazu beiträgt, hängt vom Entwicklungsstand der Schülerinnen und Schüler ab, von ihrem Vorwissen, ihren Erfahrungen und Gewohnheiten, von räumlichen und zeitlichen Möglichkeiten in der Schule sowie vor allem von der methodischen und didaktischen Aufbereitung der Unterrichtsinhalte. Gerade die letzte Anforderung wird von vielen Anregungen, Lernen mit Bewegung zu verknüpfen, nicht immer eingelöst.

1.3 Von der „Bewegten Schule" zum Lernen in Bewegung

Zahlreiche Ansätze bemühen sich darum, Bewegung in die Schule zu bringen. So sieht zum Beispiel die Initiative „Bewegte Schule" Schule als Bewegungsraum. Neben Bewegungsangeboten außerhalb des Unterrichts (z. B. Kletterwand und Bewegungsspiele auf dem Pausenhof, Einrichtung von Entspannungsräumen) werden Fitness-, Pausen- und Konzentrationsübungen in den Unterricht eingebaut sowie Übungen zur konkreten Unterstützung des Lernens, z. B. szenische Arbeitsformen und Bewegungsexperimente.[40] Um mehr Möglichkeiten für Bewegung zu schaffen, betont dieser Ansatz vor allem die Anpassung der schulischen Infrastruktur (z. B. „Mobiles Klassenzimmer"[41]) nicht zuletzt auch, um Haltungsschäden vorzubeugen.[42]

Andere Ansätze stellen vor allem Aktivitäten an Ganztagsschulen in den Vordergrund. Zum Beispiel unterscheidet die „Studie zur Entwicklung von Bewegung, Spiel und Sport in der Ganztagsschule" (StuBSS) vier wichtige Bereiche: Rhythmisierung des Schulalltags mit und durch Bewegung, Bewegungsangebote und Kooperationen, Bewegung in den Pausen sowie Bewegung im Unterricht.[43]

Im Anschluss an das Konzept der „Bewegten Schule" wurden zahlreiche weitere Ansätze entwickelt, die auf mehr Bewegung im Unterricht abzielen.[44] Zimmer (2009) begründet zum Beispiel das kognitive Potenzial ihrer Bewegungsvorschläge mit den Begriffen „Konzentration", „Aufmerksamkeit", „Gedächtnis", „Vorstellungsvermögen".[45] Auch im Schweizer Projekt „Lernen in Bewegung" werden Anregungen unterbreitet, deren Gewinn für das Lernen mit der Stimulierung allgemeiner kognitiver Fähigkeiten begründet wird. Vorgeschlagen wird z. B., dass die Schülerinnen und Schüler beim Lösen mathematischer Aufgaben jonglierend auf einer Wippe stehen oder Texte auf einem Bein stehend vorlesen.[46] Die Initiative „Fit Kids für morgen" ermuntert dazu, im Mathematikunterricht einen sogenannten Rechenspaziergang mit den Schülern zu machen, wobei an verschiedenen Orten jeweils andere Aufgaben gelöst werden sollen.[47]

Diese Projekte bieten in erster Linie *konzentrations- und motivationsfördernde Bewegungs- und Entspannungsübungen*. Zudem wird den Übungen ein positiver Effekt auf die Gesundheit zugeschrieben (z. B. Stretching-Aufgaben, Klettern, Stationentraining usw.). Die Unterstützung des Lernens durch Bewegung, die den Lerninhalt sachlich zu erschließen hilft, steht weniger im Vordergrund.

Wenngleich manche Angebote versuchen, diese Kopplung von Bewegung mit Inhalten herzustellen,[48] werden dabei nicht immer hinreichende, fachdidaktisch und inhaltlich spezifizierte Begründungen gegeben. So wird beispielsweise zum Lernbereich Sachunterricht vorgeschlagen, Kindern zum Thema „Raum und Zeit" das Verständnis von „Wochentagen", „Monaten" und „Jahreszeiten" durch Hüpfekästchen nahezubringen. Die Kinder sollen die einzelnen Kästchen abspringen.[49] Nicht zu Unrecht wird daher kritisiert, dass viele Konzepte unspezifisch seien und es an inhaltlichen Konkretisierungen mangeln würde.[50]

In der vorliegenden Publikation wird auf diese fachdidaktisch und inhaltlich begründete Konkretisierung besonders Wert gelegt. Daher wurden vor allem solche Übungen entwickelt, in denen *Bewegung für die Bewältigung spezifischer, also auf konkrete Inhalte bezogener, Lernanlässe aus den Lernbereichen Mathematik, Deutsch und Sachunterricht* genutzt wird. Auf der Grundlage intensiver Beratungen mit Lehrerinnen und Lehrern sowie mit fachdidaktischen Expertinnen und Experten werden folgende fachdidaktische Fragen in den Vordergrund gestellt:

- ❑ Auf welche Einsicht kommt es bei dem jeweiligen Unterrichtsinhalt an?
- ❑ Wie kann Bewegung dazu beitragen?
- ❑ Wie können die dabei gewonnenen Erfahrungen vertieft, gefestigt, gesichert werden?

Anders als in den fachdidaktisch weniger konkret begründeten oben genannten Beispielen wird damit die Unterstützung des Lernprozesses durch Bewegung differenzierter erfassbar.[51] So kann Bewegung dazu dienen

- ❑ zu Beginn des Lernprozesses eine intensive Begegnung mit dem zu erarbeitenden Sachverhalt zu unterstützen
- ❑ die Aufmerksamkeit auf eine besondere Schwierigkeit zu lenken.
- ❑ eine Modellvorstellung bewusst zu machen
- ❑ eine gefundene Lösung zu veranschaulichen
- ❑ das eigene Verständnis zum Ausdruck zu bringen

1.4 Zur Entwicklung der vorliegenden Anregungen und Materialien

Um unterrichtspraktisch attraktive und fachdidaktisch tragfähige Anregungen und Materialien anbieten zu können, haben wir zunächst Lehrpläne, Bildungsstandards sowie fachdidaktische Literatur zu den Unterrichtsfächern Deutsch, Mathematik und Sachunterricht gesichtet. Die Auswahl der beteiligten 15 Lehrkräfte erfolgte nach einer Ausschreibung auf der Basis von Arbeitsproben und Vorstellungsgesprächen (Juni 2011).

In einem ersten Workshop legte die Projektleitung mit dem gesamten Lehrerteam die zu bearbeitenden Themenbereiche sowie die inhaltlichen und formalen Anforderungen an die Manuskripte fest (September 2011). Die von den Lehrkräften erarbeiteten Unterrichtsanregungen wurden im Unterricht erprobt, mit der Projektleitung in jeweils mehrstündigen Sitzungen besprochen (Oktober bis Januar 2011) und nach Überarbeitung einem Expertenteam (Mathematiker/-innen, Fachdidaktiker/-innen und Sportwissenschaftler/-innen) zur Kommentierung vorlegt.

Einige Wochen danach trugen die Expertinnen und Experten ihre Anmerkungen und Korrekturen auf einem ganztägigen Workshop am Internationalen Begegnungszentrum der Wissenschaft, München, vor und diskutierten mit den Lehrkräften und der Projektleitung Verbesserungsvorschläge (Ende Februar 2012). Die beiden Fachleute für Tanz und Choreografie, Petra Ruggiero und Alan Brooks, zeigten live verschiedene Umsetzungsmöglichkeiten einzelner Bewegungsideen.

Nachdem die Lehrkräfte ihre Beiträge mit den Empfehlungen der Expertinnen und Experten ergänzt hatten, wurden die Vorlagen durch das Projektteam überarbeitet, fachdidaktisch ergänzt und einheitlich strukturiert. Dabei sind vor allem die Kopiervorlagen und Karteikarten völlig neu gestaltet worden (Mai 2012 bis Februar 2013). Anschließend gingen die so erarbeiteten Module nochmals einem weiteren Team aus Fachdidaktikerinnen und Fachdidaktikern zur kritischen Durchsicht zu (Februar 2013 bis Mai 2013).

Sollten sich trotz dieser intensiven Prüfung dennoch Missverständnisse, Unzulänglichkeiten oder gar Fehler eingeschlichen haben, so ist dafür allein die Projektleitung verantwortlich.

1.5 Überblick über die Lernbereiche

1.5.1 Der Lernbereich Deutsch

Die Gliederung des Lernbereichs Deutsch orientiert sich an der Strukturierung der Bildungsstandards der Kultusministerkonferenz für die Primarstufe[52] sowie an der fachlichen Gliederung dieses Lernbereichs in einem Standardwerk für die Pädagogik und Didaktik der Grundschule.[53]

Die in den Bildungsstandards beschriebenen Kompetenzbereiche lassen sich im Hinblick auf die sprachliche Entwicklung von Kindern zwar nicht trennscharf voneinander abgrenzen,[54] aber die Zuordnung der einzelnen Anregungen zu den Kompetenzbereichen kann zur Orientierung über den jeweils angestrebten didaktischen Schwerpunkt dienen (siehe im Folgenden „Überblick I").

Überblick I: Bewegungsangebote zum Lernbereich Deutsch

Kompetenzbereich „Sprechen und Zuhören"

- ☐ Wechsel von Bewegung und Ruhe einüben und sich auf charakteristische Geräusche konzentrieren: „Klanggeschichte" (S. 29), „Arche Noah" (S. 30), „Fliegender Teppich" (S. 30)
- ☐ Einsatz und Interpretation von Körpersprache: „Hosentaschenpantomime" (S. 31), „Roboter programmieren" (S. 32), „Bewegte Bilder" (S. 32), „Am Bahnsteig" (S. 39), „Gestik und Mimik zeigen und spiegeln" (S. 40), „Märchenrap" (S. 42)
- ☐ feinmotorische Bewegung genau beschreiben: „Klötzeturm" (S. 40)

Kompetenzbereich „Schreiben"

- ☐ Einheiten der Lautsprache durch Bewegung markieren: „Silben und Betonung in Bewegung umsetzen" (S. 51), „Laute hören" (S. 52)
- ☐ Verständnis für die Schreibweise von Wörtern durch Bewegung zum Ausdruck bringen: „Kurze und lange Vokale erfahrbar machen" (S. 53), „Hart oder weich?" (S. 61), „Wörter springen" (S. 62), „Groß oder klein?" (S. 73), „Wörterbuchspiel" (S. 62)
- ☐ Wortzusammensetzungen üben: „Silben-Teams" (S. 63), „Stammbaukasten" (S. 63), „Vorsilben fangen" (S. 81), „Wörter verbinden" (S. 82)

Kompetenzbereich „Sprache und Sprachgebrauch"

- ☐ Unterscheidung von Wörtern und Sätzen durch Bewegung zum Ausdruck bringen: „Wort und Satz" (S. 69), „Sätze bauen – vom Wort zum Satz" (S. 70), „Aussagesatz, Fragesatz, Ausrufesatz – Satzarten" (S. 71)
- ☐ Wortarten anwenden und in Bewegung zum Ausdruck bringen: „Präpositionen anwenden" (S. 71), „Verben bewegen" (S. 72), „Groß, größer, am größten" (S. 80)
- ☐ Vergangenheit, Gegenwart, Zukunft zum Ausdruck bringen: „Timewalk" (S. 80)
- ☐ Wörter in Bewegung nach Bedeutung gruppieren: „Sich im Wortfeld bewegen" (S. 81)

Kompetenzbereich „Mit Texten und Medien umgehen"

- ☐ den aus Texten entnommenen Sinn durch Bewegung kommunizieren: „Märchenwald" (S. 89), „Märchen-Fotostory" (S. 89), „Fabel-Schattenspiel" (S. 90)

Zum Kompetenzbereich „Schreiben" wurden vor allem Übungen zur Darstellung der lautlichen Gliederung von Wörtern ausgewählt. Diese für das Lesen- und Schreibenlernen zentrale Fähigkeit ist zu Beginn der Grundschulzeit häufig noch nicht besonders ausgeprägt.[55] Im Vordergrund dieser und aller anderen Anregungen steht das Bemühen, diejenigen Freiräume für Kommunikation, sozialen Austausch und ästhetische Zugänge zu erweitern, die für die Entwicklung sprachlicher Fähigkeiten notwendig sind.[56]

Auch für den Lernbereich Deutsch gilt: Bewegung allein unterstützt noch nicht das Lernen. Aber sie schafft Anlässe für Kommunikation über Lerninhalte, ohne jene durch eine enge Erwartungshaltung zu erschweren. Dies kann Kinder ermutigen, sich auszudrücken und so ihre Sprachfähigkeiten durch Anwendung von Sprache weiterzuentwickeln.[57]

1.5.2 Der Lernbereich Mathematik

Auch die Strukturierung der Mathematikmodule folgt den Bildungsstandards für die Primarstufe sowie den Empfehlungen von Fachdidaktikerinnen und Fachdidaktikern zur Strukturierung dieses Lernbereichs für die Grundschule.[58]

Im Mathematikunterricht der Grundschule kann Bewegung dazu beitragen, Realitätserfahrungen zu stiften und/oder bewusst zu machen, die wiederum eine Grundlage für mathematische Betrachtungen bieten:

☐ Bereits der niederländische Mathematiker Hans Freudenthal hob hervor, *Geometrieunterricht* müsse „die Beziehung der Geometrie zum erlebten Raum"[59] nutzen, damit die Kinder zunächst jene Entdeckungen machen können, die die Basis dafür liefern „die Wirklichkeit mathematisieren zu lernen"[60]. Heute gilt „die Erfahrung von Raum und Form" als wichtiges Anliegen des Geometrieunterrichts in der Grundschule.[61]

☐ Die Entwicklung eines mathematisch ausbaufähigen *Verständnisses von Zahlen* als ein „gedankliches Konstrukt"[62] und von mathematischen Operationen sollte zunächst kontextbezogen und orientiert an individuellen Erfahrungen ansetzen. Darauf aufbauend kann sich ein Verständnis für die Anwendung von Begriffen und Zahlen entwickeln, das kontextübergreifend und deshalb mathematisch ausbaufähig ist.[63]

☐ Beim *Sachrechnen* soll Mathematik als „adäquates Werkzeug beim Verstehen von Sachzusammenhängen"[64] erfahren werden. Gerade der Schwerpunkt „Größen und Messen" bietet viele Anlässe, dies mit Bewegung zu verknüpfen. Kinder machen in Bewegung Erfahrungen mit Entfernungen, Weiten und Höhen, mit Gewichten sowie mit der zeitlichen Dauer von Ereignissen, Situationen und Vorgängen. Spätestens dann, wenn es darum geht zu vergleichen – wer weiter wirft, wer größer ist, wer höher springt –, kann man sich in vielen Fällen nicht mehr auf den Augenschein verlassen. Dann leuchten auch Abstraktionen ein, wie sie in normierten Größen und ihren Anwendungen beim Messen zum Ausdruck kommen.

Auch bei der Verknüpfung mathematischer Inhalte mit Bewegung geht es darum, die Balance zu finden zwischen Offenheit der Lernanlässe und Zielorientierung im Sinne der Förderung eines mathematischen Denkens.[65] An einem Beispiel aus der Geometrie lässt sich dies verdeutlichen: Kinder, die sich zu „Quadraten" auf den Boden legen, entwickeln dadurch sicher noch kein hinreichendes Verständnis der Eigenschaften dieser geometrischen Figur. Aber die Übung bietet einige Anlässe für eine intensive Auseinandersetzung mit den Besonderheiten des Quadrats. Im Gegensatz zu gezeichneten Quadraten oder fertigen Modellen sind die mit Kindern gelegten Seiten nicht sofort genau gleich lang. Auch der rechte Winkel will nicht richtig gelingen. Worauf muss man besonders achten, wenn man einem gezeichneten Quadrat möglichst nahekommen will? Worauf kommt es also an? Und wie könnten wir uns dem annähern?

Wenn Kinder darüber nachzudenken beginnen, wie man sich dem idealen Quadrat annähern kann, beschäftigen sie sich intensiv mit dessen Eigenschaften. Zudem wird anschaulich, dass Modelle jeweils nur Annäherungen an die Wirklichkeit sind. Gerade die Geometrie ist ein Beispiel „für die Kluft zwischen Ideal und Wirklichkeit"[66].

Dies gilt genau genommen sogar für das säuberlich auf Papier gezeichnete Quadrat. Jeder noch so dünne Strich besteht aus einer unvorstellbar großen Anzahl von Materieteilchen (Tinte, Bleistift), die zusammengenommen keine mathematisch exakte Punktlinie, sondern eher einen Punkthaufen bilden, der nur deshalb wie eine exakte Linie aussieht, weil wir sie nicht genau genug sichtbar machen können. Daher entspricht auch ein sorgfältig gezeichnetes Quadrat streng genommen nicht dem mathematischen Ideal eines Quadrats mit seinen exakt gleich langen Seiten und 90-Grad-Winkeln.

Auch für den Lernbereich Mathematik ist die Zuordnung der einzelnen Anregungen zu den Kompetenzbereichen nicht als starre Vorgabe zu verstehen, sondern als Orientierung über den jeweiligen didaktischen Schwerpunkt (siehe im Folgenden „Überblick II").

Überblick II: Bewegungsangebote zum Lernbereich Mathematik

Kompetenzbereich „Zahlen und Operationen"

- Kinder gruppieren sich zu Mengen unterschiedlicher Mächtigkeit und führen dabei verschiedene Aufgaben zum Zerlegen und Zusammensetzen von Zahlen aus: „Aufgescheuchter Vogelschwarm – Zahlzerlegung, Mengenwahrnehmung" (S. 97), „Passende Gruppen bilden – Zahlen zusammensetzen" (S. 99), „Passende Gruppen bilden – große Zahlen in Hunderter zerlegen" (S. 111), „,Größermaul' – vergleichen und ordnen" (S. 103)
- sich zu Paaren zusammenfinden und den Unterschied von geraden und ungeraden Zahlen erfahren: „Zwei finden sich – gerade und ungerade Zahlen" (S. 95)
- das Verständnis des Stellenwertsystems durch dynamische Zahlenbildung zum Ausdruck bringen: „,Zehner' und ,Einer' finden sich" (S. 100), „Sich einigen zu dritt – Zahlen im Stellenwertsystem" (S. 113), „Was kommt den hier zusammen? – Zahlen erkennen" (S. 114)
- sich zu Zahlen mit unterschiedlichen Notationsformen zusammenfinden und seinen Platz auf dem Zahlenstrahl einnehmen: „Seinen Platz finden – sich auf dem Zahlenstrahl positionieren" (S. 111), „Laufendes Zahlenquartett – Notationsformen anwenden und sichern" (S. 113)

Kompetenzbereich „Raum und Form"

- Vorstellungen von Körpern und Flächen sowie Modelle für Körper und Flächen vergleichen; Leistungen und Grenzen von Modellen erkennen: „Geometrische Flächen mit dem Körper darstellen" (S. 122), „Zweidimensionale geometrische Figuren ablaufen" (S. 124), „Dreieck in Bewegung" (S. 125), „Bewegter Zirkel – der Kreis" (S. 126), „Geopuzzle – geometrische Kenntnisse festigen" (S. 133), „Mit Fliesen Würfel bauen" (S. 134)
- Symmetrien und Muster an Körpermodellen untersuchen: „Gemeinsam symmetrisch werden" (S. 130), „Periodische Wiederholung in Bandornamenten" (S. 132)

Kompetenzbereich „Größen und Messen"

- Längenmaße in Bewegung erfassen, anwenden, darstellen und vergleichen: „Wie weit, wie lang, wie hoch? – Längen schätzen und messen" (S. 142), „Wie weit ist das weg? – Millimeter, Zentimeter, Meter" (S. 155)
- Zeitvorstellungen durch Bewegung zum Ausdruck bringen: „Eine Minute in Bewegung – Zeitgefühl entwickeln" (S. 144), „Im Rhythmus von Sekunden" (S. 154), „Wie lange dauert das wohl?" (S. 154)

□ Geldbeträge durch Gruppierungen darstellen: „Übungen mit kleinen Münzen – Unterscheiden von Cent-Einheiten" (S. 145), „1-Euro-Kreise – Cents
zu 1 Euro kombinieren" (S. 146), „Was kostet das? – Preise schätzen"
(S. 147), „Schnell zur Stelle – Kommaschreibweise bei Geldbeträgen"
(S. 148)

□ kleine Gewichte durch Anheben „erwägen": „Leicht oder schwer? –
Gramm und Kilogramm" (S. 156)

1.5.3 Der Lernbereich Sachunterricht

Anders als die Lernbereiche Deutsch und Mathematik lässt sich der Lernbereich
Sachunterricht nicht anhand vorliegender Bildungsstandards strukturieren. Wir
haben uns bemüht, Themengebiete aufzugreifen, die in möglichst vielen Lehrplänen der Länder der Bundesrepublik Deutschland vorkommen.

Während Richtlinien und Lehrpläne unterschiedliche inhaltliche Akzente setzen,
herrscht weitgehend Einigkeit über das Kernanliegen des Sachunterrichts: Kinder
anhand von naturwissenschaftlichen, sozialwissenschaftlichen und technischen
Sachverhalten bei der Erschließung ihrer Umwelt zu unterstützen. Das Fach soll
ihnen nicht nur Sachinformationen bieten, sondern auch Gelegenheit, Interessen zu entwickeln, Fortschritte beim Verstehen zu erleben, sinnvolle methodi-
sche Zugangsweisen zu erwerben und vor allem zu erfahren, dass man mit dem
Gelernten auch tatsächlich etwas erreichen kann.[67] Damit dies gelingt, müssen
die Schülerinnen und Schüler die Möglichkeit haben, ihre Vorstellungen über die
im Unterricht thematisierten Sachverhalte zu formulieren, auszutauschen und
unter Anleitung einer fachlich versierten Lehrkraft zu tragfähigem Wissen weiterzuentwickeln,[68] und zwar sowohl in den naturwissenschaftlichen[69] als auch in
den sozialwissenschaftlichen Themenfeldern.[70]

Die in den Modulen präsentierten Anregungen lassen sich, bis auf eine Ausnahme,
den Perspektiven zuordnen, die die Gesellschaft für Didaktik des Sachunterrichts
zur Strukturierung dieses Unterrichtsfaches erarbeitet hat[71] und die Eingang in die
Lehrpläne und Richtlinien der Länder gefunden haben. Zur sozialwissenschaftlichen Perspektive wurden keine eigenen Anregungen entwickelt. Zentrale Anliegen dieser Perspektive, wie Partizipieren, Argumentieren, Verhandeln[72] werden
jedoch in zahlreichen Anregungen zur gemeinsamen Reflexion und Diskussion von
Interpretationen, Einsichten und Schlussfolgerungen berücksichtigt. Außerdem
werden in sozialwissenschaftlichen Lernfeldern ohnehin szenische Angebote wie
Rollenspiele oder Simulationsspiele mit bewegungsorientierten Anteilen genutzt.

Die Anregungen zum Verständnis von Zeiteinheiten wurden thematisch in einem
Modul zusammengefasst, lassen sich aber teils der geografischen, teils auch der
historischen Perspektive zuordnen (eher geografisch: natürliche Vorgänge als
Grundlagen zur Strukturierung von Zeit; eher historisch: elementare Zeitvorstellungen; siehe im Folgenden „Überblick III").

Überblick III: Bewegungsangebote zum Lernbereich Sachunterricht
Naturwissenschaftliche Perspektive
□ ausgewählte Orientierungsleistungen von Tieren als Beispiel für Ange-
passtheit erfahren: „Wie Katzen mit Haaren tasten" (S. 163), „Fledermäuse verlassen sich auf ihre Ohren" (S. 164), „Die Tanzsprache der Bienen" (S. 165)

- □ die Widerständigkeit von Luft erleben und mit dem Teilchenmodell verschiedene Phänomene deuten können: „Den Widerstand von Luft erfahren – zum Beispiel beim Regenschirmlauf" (S. 170), „Sich schneller bewegen auf gleichem Raum – es wird enger" (S. 172)
- □ die Wahrnehmung von Wettererscheinungen durch Bewegung zum Ausdruck bringen: „Rauf und runter – die Flüssigkeitssäule im Thermometer" (S. 182), „Was sagt der Wetterbericht? – Wettersymbole erfinden und interpretieren" (S. 183), „Vom Gewitter überrascht – was tun?" (S. 184), „Recht stürmisch – verschiedene Windstärken zum Ausdruck bringen" (S. 186), „Und nun entspannen – die Wettermassage" (S. 186)
- □ Beziehungen zwischen Lebewesen in Wald und Wiese durch Bewegung auf elementarer Grundlage erfassen: „Zum Vorteil für beide – die Symbiose zwischen Baumwurzeln und Pilzfäden" (S. 217), „Nahrungsnetze" (S. 218), „Vielseitig und anpassungsfähig – der Mischwald" (S. 219), „Gut im Gleichgewicht – Blattlaus, Ameise und Marienkäfer" (S. 220), „Igel auf Schutzsuche" (S. 221)
- □ ein Bewegungsmodell zur Interpretation von Phänomenen des elektrischen Stroms umsetzen und im Hinblick auf Stärken und Schwächen reflektieren: „Erst schließen, dann geht es voran – der Stromkreis" (S. 228), „Ganz schön mühsam – Widerstände" (S. 231), „Gut durchkommen oder gebremst werden – gute und schlechte Leiter" (S. 232), „Der Reihe nach oder nebeneinander" (S. 232)

Geografische Perspektive
- □ eigene Positionen verändern und durch Lagebezeichnungen beschreiben: „Wo bin ich – wo ist das?" (S. 193), „Wie finde ich den richtigen Platz?" (S. 193), „Der Schulhof im Klassenraum" (S. 195)
- □ Himmelsrichtungen zur Beschreibung eigener Positionen anwenden: „Alle Himmelsrichtungen im Blick" (S. 196), „Norde dich ein!" (S. 197)
- □ gemeinsam ein Modell eines Berges bauen: „Höhenlinien am Berg nachstellen" (S. 198)
- □ die Wahrnehmung von Wettererscheinungen durch Bewegung zum Ausdruck bringen: „Rauf und runter – die Flüssigkeitssäule im Thermometer" (S. 182), „Was sagt der Wetterbericht? – Wettersymbole erfinden und interpretieren" (S. 183), „Vom Gewitter überrascht – was tun?" (S. 184), „Recht stürmisch – verschiedene Windstärken zum Ausdruck bringen" (S. 186), „Und nun entspannen – die Wettermassage" (S. 186)

Geografische und historische Perspektive
- □ ein Gefühl für Zeitabläufe gewinnen und das Verständnis von Zeiteinheiten durch Bewegung zum Ausdruck bringen: „Der Tagesablauf" (S. 205), „Alle sieben! Kennst du die Wochentage?" (S. 206), „Gestern, heute, morgen – welcher Tag ist hinter dir verborgen?" (S. 207), „Sich nach der Uhr stellen" (S. 208), „Kleine Zeiteinheiten spüren" (S. 209), „Frühling, Sommer, Herbst und Winter – die Jahreszeiten" (S. 210), „Wann hast du Geburtstag?" (S. 210)

Technische Perspektive
- □ einfache Funktionsprinzipien von Maschinen in Bewegung erfahren und umsetzen: „Eine Anziehmaschine erfinden – einzelne Abläufe geschickt verbinden" (S. 238), „Wie am Fließband – Rollen und Transportieren" (S. 240), „Der Stiftautomat – eins nach dem anderen" (S. 241), „Baggern und heben – Gelenk- und Hebelwirkung erfahren" (S. 242)

Sachunterricht bietet zahlreiche Möglichkeiten, mit Kindern den Unterschied zwischen Modell und Realität zu thematisieren.[73] In vielen Anregungen dient die Bewegung als Modell, um auf charakteristische Merkmale des zu bearbeitenden Sachverhalts aufmerksam zu machen. Auch hier gilt: Nicht die Bewegung allein unterstützt den Lernprozess, sondern erst die Reflexion der in Bewegung gemachten Erfahrung im Hinblick auf reale Phänomene und Vorgänge. Entsprechende Vorschläge ergänzen deshalb die jeweiligen Anregungen.

1.6 Zum Aufbau der Module

Die Module sind nicht lehrgangsweise ausgearbeitet – dies würde eine zu starke Festlegung auf einen Unterrichtsablauf mit sich bringen und damit der Heterogenität in Schulklassen nicht gerecht werden. Als Lehrerin und Lehrer haben Sie den besten Überblick über das, was in Ihrer Klasse möglich, notwendig oder auch sinnvoll ist.

Wir haben eine angebotsorientierte Variante gewählt, sodass einzelne Anregungen mal als Einstieg in ein Thema, mal als Impuls für die Erarbeitung und mal zur Vertiefung dienen können. Außerdem ermöglicht der modulartige Aufbau die Einbettung sowohl in eher offene als auch in stärker strukturierte Unterrichtskonzeptionen.

Angesichts der erheblichen Leistungsunterschiede, die heute in allen Lernbereichen in Grundschulklassen festzustellen sind, dient die Untergliederung der Lernbereiche in Anregungen für die Jahrgangsgruppen 1/2 und 3/4 nur als grobe Orientierung, die den entsprechenden Zuordnungen in den meisten Lehrplänen Rechnung trägt.

Kurze Darstellungen fachlicher Hintergründe und der fachdidaktisch orientierten Begründungen erleichtern die Einordnung der angebotenen Anregungen und Materialien in den alltäglichen Unterricht.

Somit bietet jedes Modul:
- die Benennung eines übergreifenden Themas
- eine Darstellung der mit den Übungen verbundenen Intentionen
- eine Übersicht über Kopiervorlagen und Karteikarten
- falls vorhanden, den Bezug zu anderen Modulen
- einen Überblick über die Inhalte und Übungen
- kurze Informationen zum sachlichen Hintergrund und Erläuterungen der didaktischen Überlegungen zu den einzelnen Übungen
- eine Darstellung der jeweiligen Übungen: Vorschläge für den Unterricht, gegebenenfalls Variation, Reflexion und Vertiefung
- begleitende und/oder vertiefende Kopiervorlagen und Karteikarten, die entweder eine Anwendung des neuen Wissens und somit eine weitere Verankerung ermöglichen oder begleitende Reflexionsanstöße geben, die durch die Bewegung geschaffenen Situationen und gewonnenen Eindrücke und Beobachtungen inhaltsbezogen zu vertiefen

Wir hoffen, dass wir Ihnen damit Anregungen bieten können, mehr Bewegung in den Unterricht zu bringen – inhaltlich fundiert, unterrichtspraktisch erprobt und fachdidaktisch reflektiert. Und wenn die eine oder andere Übung auch dazu führt, dass Sie selbst weitere Ideen entwickeln oder Ihre Schülerinnen und Schüler Sie mit guten Ideen überraschen, dann macht Bewegung im Unterricht noch mehr Schule.

Anmerkungen

(1) Garlichs, A. (2005): „Der erste Unterrichtsversuch im Praktikum oder: Die Angst der Lehrerin vor der Bewegung der Kinder". In: Dauber, H. & Krause-Vilmar, D. (Hrsg.): Schulpraktikum vorbereiten. Pädagogische Perspektiven für die Lehrerbildung. Bad Heilbrunn, S. 149–153.

(2) Vgl. auch Freudenthal, H. (1979): Mathematik als pädagogische Aufgabe. 2. Auflage. Stuttgart, S. 379.

(3) Vgl. z. B. Eickhoff, H. (1998): Der gesetzte Mensch. In: Illi, U.; Breithecker, D. & Mundigler, S. (Hrsg.): Bewegte Schule – Gesunde Schule. Band I: Beiträge zur Theorie. Zürich, Wiesbaden, Graz, S. 171–176; Graf, C. u. a. (2003): Zusammenhänge zwischen körperlicher Aktivität und Konzentration im Kindesalter – Eingangsergebnisse des CHILT-Projekts. In: Deutsche Zeitschrift für Sportmedizin, H. 9, 54. Jg., S. 242; Preuß-Lausitz, U. (1993): Die Kinder des Jahrhunderts. Weinheim und Basel, S. 170 ff.; Stechow, E. v. (2004): Erziehung zur Normalität. Eine Geschichte der Ordnung und Normalisierung der Kindheit. Wiesbaden, S. 143 ff.

(4) Zur Erschließung der Umwelt durch Aktivität im Babyalter siehe das nach wie vor inspirierende Buch des Genfer Psychologen Daniel Stern: Stern, D. N. (1991): Tagebuch eines Babys. Was ein Kind sieht, spürt, fühlt und denkt. 3. Auflage. München.

(5) Siehe zum Beispiel Piaget, J. (1973): Die Entwicklung des Erkennens. Bd. 2: Das physikalische Denken. Stuttgart.

(6) Siehe z. B. Probst, A. (2008): Wer sich nicht bewegt, bewegt nichts. Ein Plädoyer für mehr Bewegung im Unterricht. In: Sache Wort Zahl, H. 95, S. 4–9.

(7) Vgl. z. B. Bundeszentrale für gesundheitliche Aufklärung & Robert Koch-Institut (Hrsg.) (2008): Erkennen – Bewerten – Handeln: Zur Gesundheit von Kindern und Jugendlichen in Deutschland. Berlin und Köln, S. 63.

(8) Schlicht, W. & Brand, R. (2007): Körperliche Aktivität, Sport und Gesundheit. Eine interdisziplinäre Einführung. Weinheim und München, S. 45. Die Autoren beziehen sich dabei auf Untersuchungen von Rusch & Irrgang 2002; Bös 2003; Klaes u. a. 2003. Weitere Details finden sich in den 2007 publizierten Ergebnissen des Kinder- und Jugendgesundheitssurveys (KiGGS) über die motorische Leistungsfähigkeit (Opper u. a. 2007; Starker u. a. 2007) sowie die körperlich-sportlichen Aktivitäten von Kindern und Jugendlichen (Lampert u. a. 2007).

(9) Vgl. dazu z. B. Kretschmer, J. & Wirszing, D. (2004): Zum Einfluss der veränderten Kindheit auf die motorische Leistungsfähigkeit. <http://www.epb.uni-hamburg.de/files/Kindheit.pdf>. Abgefragt am: 18.03.2013; Laging, R. (2006): Wie viel Bewegung brauchen Kinder? – Bewegungsmangel als unbrauchbare Kategorie der Bewegungs- und Sportpädagogik. In: Kolb, M. (Hrsg.) (2006): Empirische Schulsportforschung. Butzbach-Griedel, S. 74 ff.

(10) Schlicht, W. & Brand, R. (2007): Körperliche Aktivität, Sport und Gesundheit. Eine interdisziplinäre Einführung. Weinheim und München, S. 9.

(11) Bundeszentrale für gesundheitliche Aufklärung & Robert Koch-Institut (Hrsg.) (2008): Erkennen – Bewerten – Handeln: Zur Gesundheit von Kindern und Jugendlichen in Deutschland. Berlin und Köln, S. 63.

(12) World Health Organization (1986): Ottawa Charter for Health Promotion. <http://www.who.int/healthpromotion/conferences/previous/ottawa/en/>. Abgefragt am: 18.03.2013.

(13) Schlicht, W. & Brand, R. (2007): Körperliche Aktivität, Sport und Gesundheit. Eine interdisziplinäre Einführung. Weinheim und München, S. 96.

(14) Vgl. Laging, R. (2006): Wie viel Bewegung brauchen Kinder? – Bewegungsmangel als unbrauchbare Kategorie der Bewegungs- und Sportpädagogik. In: Kolb, M. (Hrsg.): Empirische Schulsportforschung. Butzbach-Griedel, S. 85 ff.

(15) Bundeszentrale für gesundheitliche Aufklärung & Robert Koch-Institut (Hrsg.) (2008): Erkennen – Bewerten – Handeln: Zur Gesundheit von Kindern und Jugendlichen in Deutschland. Berlin und Köln, S. 69.

(16) Vgl. Buytendijk, F. J. J. (1956): Allgemeine Theorie der menschlichen Haltung und Bewegung. Berlin, Göttingen und Heidelberg, S. 32; S. 44 ff.; S. 300 ff.

(17) Prange, K. (1981): Pädagogik als Erfahrungsprozess. Band III. Die Pathologie der Erfahrung. Stuttgart, S. 71.

(18) Merleau-Ponty, M. (1966): Phänomenologie der Wahrnehmung. Berlin, S. 117. Zu den erkenntnistheoretischen Voraussetzungen siehe auch ebd., S. 75 ff.; zur Bedeutung des Leibes für die Entwicklung der welterschließenden Wahrnehmung siehe besonders S. 91 ff.; zur Erschließung von Raumvorstellungen siehe besonders S. 285 ff.

(19) Hildebrandt-Stramann, R. (2007): Bewegte Schule – Konzeptentwicklung. In: Ders.: Bewegte Schule – Schule bewegt gestalten. Baltmannsweiler, S. 22.

(20) Laging, R. (2007): Schule als Bewegungsraum – Nachhaltigkeit durch Selbstaktivierung. In: Hildebrandt-Stramann, R. (Hrsg.): Bewegte Schule – Schule bewegt gestalten. Baltmannsweiler, S. 69.

(21) Vgl. zu der Bedeutung von Bewegung im Rahmen des ökosystemischen Ansatzes zur Erklärung personaler Entwicklung: Hurrelmann, K. (2004): Entwicklungs- und Gesundheitsprobleme von Kindern. Warum die Bewegungsförderung so wichtig ist. In: Zimmer, R. & Hunger, I. (Hrsg.): Wahrnehmen, Bewegen, Lernen – Kindheit in Bewegung. Schorndorf, S. 19–31.

(22) Vgl. z. B. Bender, S. (2007): Die psychophysische Bedeutung der Bewegung. Berlin; Herrmann, U. (2008): Lernen – vom Gehirn aus betrachtet. In: Gehirn und Geist, H. 12, S. 44–48.

(23) Vgl. Knab, E. & Klein, J. (2006): Qualitätsentwicklung in der Psychomotorik. In: Fischer, K.; Knab, E. & Behrens, M. (Hrsg.): Bewegung in Bildung und Gesundheit. Lemgo, S. 172 ff.; Zimmer, R. (2006): Bedeutung der Bewegung für Salutogenese und Resilienz. In: Fischer, K. u. a., a. a. O., S. 306–313.

(24) Vgl. Wichelhaus, B. (2006): Bewegung und Kunst aus ästhetischer und therapeutischer Sicht. In: Fischer, K.; Knab, E. & Behrens, M. (Hrsg.): Bewegung in Bildung und Gesundheit. Lemgo, S. 61 f.

(25) Vgl. Busche, A.; Butz, M. & Teuchert-Noodt, G. (2006): Ein-Blicke in das Gehirn. In: Praxis der Naturwissenschaften Biologie in der Schule (PdN-BioS), 4/55, S. 40; Graf, C. u. a. (2003): Zusammenhänge zwischen körperlicher Aktivität und Konzentration im Kindesalter – Eingangsergebnisse des CHILT-Projekts. In: Deutsche Zeitschrift für Sportmedizin, H. 9, 54. Jg., S. 245 f.

(26) Graf, C. u. a. (2003): Zusammenhänge zwischen körperlicher Aktivität und Konzentration im Kindesalter – Eingangsergebnisse des CHILT-Projekts. In: Deutsche Zeitschrift für Sportmedizin, H. 9, 54. Jg., S. 246.

(27) Vgl. Hessisches Kultusministerium (Hrsg.) (2012): Projekt Schnecke. Bildung braucht Gesundheit II. Wiesbaden.

(28) Vgl. Zimmer, R. (2005): Bewegung und Sprache. Verknüpfung des Entwicklungs- und Bildungsbereichs Bewegung mit der sprachlichen Förderung in Kindertagesstätten, hrsg. vom Deutschen Jugendinstitut. München, S. 16.

(29) Vgl. ebd., S. 18.

(30) Vgl. ebd., S. 20 f.

(31) Siehe z. B. Terhart, E. (2011): Hat John Hattie tatsächlich den Heiligen Gral der Schul- und Unterrichtsforschung gefunden? Eine Auseinandersetzung mit Visible Learning. In: Keiner, E. u. a. (Hrsg.): Metamorphosen der Bildung. Historie – Empirie – Theorie. Bad Heilbrunn, S. 277–292.

(32) Helmke, A. (2009): Unterrichtsqualität und Lehrerprofessionalität. Seelze, S. 170.

(33) Hollmann, W. (2004): Körperliche Aktivität und Gesundheit in Kindheit und Jugend. In: Zimmer, R. & Hunger, I. (Hrsg.): Wahrnehmen, Bewegen, Lernen – Kindheit in Bewegung. Schorndorf, S. 34 f.; siehe auch Draganski, B. & Glaser, C. (2004): Neuroplasticity: changes in grey matter by training. In: Nature 427 (6972), S. 311–312.

(34) Rockstroh, S. (2011): Biologische Psychologie. München, S. 15 f.

(35) Braun, K. (2006): Auf den Anfang kommt es an: Wie Gehirne laufen lernen. In: Fischer, K.; Knab, E. & Behrens, M. (Hrsg.): Bewegung in Bildung und Gesundheit. Lemgo, S. 19.

(36) Ebd., S. 28; siehe auch Speck, O. (2009): Hirnforschung und Erziehung. Eine pädagogische Auseinandersetzung mit neurobiologischen Erkenntnissen. 2. Auflage. München und Basel, S. 108 ff.

(37) Hüther, G. (2007): Sich bewegen lernen, heißt fürs Leben lernen! Die erfahrungsabhängige Verankerung senso-motorischer Repräsentanzen und Metakompetenzen während der Hirnentwicklung. In: Hunger, I. & Zimmer, R. (Hrsg.): Bewegung, Bildung, Gesundheit. Schorndorf, S. 18 f.

(38) Vgl. ebd., S. 25; siehe auch Hüther, G. (2004): Die Strukturierung des menschlichen Gehirns durch soziale Erfahrungen. In: Gebauer, K. & Hüther, G. (Hrsg.): Kinder brauchen Vertrauen. Erfolgreiches Lernen durch starke Beziehungen. Düsseldorf und Zürich, S. 29 ff.; ders. (2006): Wie lernen Kinder? Voraussetzungen für gelingende Bildungsprozesse aus neurobiologischer Sicht. In: Caspary, R. (Hrsg.): Lernen und Gehirn. Freiburg, Basel, Wien, S. 71.

(39) Braun, K. (2006): Auf den Anfang kommt es an: Wie Gehirne laufen lernen. In: Fischer, K.; Knab, E. & Behrens, M. (Hrsg.): Bewegung in Bildung und Gesundheit. Lemgo, S. 26.

(40) Vgl. Laging, R.; Derecik, A.; Riegel, K. & Stobbe, C. (2010): Mit Bewegung Ganztagsschule gestalten. Beispiele und Anregungen aus bewegungsorientierten Schulporträts. Baltmannsweiler, S. 165.

(41) Vgl. Sobczyk, B. & Landau, G. (2003): Das Mobile Klassenzimmer. Ein neuer Weg zur Entwicklungs- und Bewegungsförderung von Grundschulkindern. Innenhausen bei Kassel.

(42) Bundesarbeitsgemeinschaft für Haltungs- und Bewegungsförderung (Hrsg.) (2008): Kinder fördern durch Bewegung und Sport – Band 2: Haltung – Ausdauer. 2. Auflage. Mainz.

(43) Vgl. Laging, R.; Derecik, A.; Riegel, K. & Stobbe, C. (2010): Mit Bewegung Ganztagsschule gestalten. Beispiele und Anregungen aus bewegungsorientierten Schulporträts. Baltmannsweiler, S. 17 f. und 30 ff. Rhythmisches Lernen ermöglicht eine Abwechslung von Lerneinheiten und Bewegungspausen, von Anspannungs- und Entspannungsphasen. Die Berücksichtigung der äußeren (objektiv vorgegebenen Ebene) und inneren (individuellen Ebene der Schülerinnen und Schüler) Rhythmisierung (siehe ebd. S. 31 und S. 164) spielt dabei eine wichtige Rolle. Vgl. Hildebrandt-Stramann, R. (2010): Zeit- und Raumkonzepte in der bewegten Ganztagsschule. Rhythmisierung und körperliche Aufführungspraxis in der Schule. Baltmannsweiler, S. 87 f. und 167 f.

(44) Aufgrund der Fülle an Projektinitiativen und Materialien sollen an dieser Stelle lediglich exemplarisch einige Beispiele genannt werden: Bundesverband der Unfallkassen (Hrsg. (1997): Bewegungsfreudige Schule. Band I: Grundlagen. München; Niedersächsisches Kultusministerium (2008): Leichter lernen durch Bewegung. Spielideen zur täglichen Bewegungszeit in der Grundschule. Hannover; siehe auch: Gesunde Schule Niedersachsen: <http://www.bewegteschule.de>; Fit Kids für morgen: <http://www.fitkidsfuermorgen.de>, dort: „Tipps für fitte Schulen". Lechwerke AG (Hrsg.) (2009): Bewegungspause 1. und 2. Klasse. Augsburg; dies. (Hrsg.) (2009): Bewegungspause 3. und 4. Klasse. Energie bewegt die Kinder dieser Welt, Augsburg; <http://www.lew-forum-schule.de>; weitere Initiativen: Sportunterricht – Lernen und Bewegung: <http://www.sportunterricht.de/lernenundbewegung.html>; „NRW bewegt seine Kinder!": http://www.sportjugend-nrw.de/index.php?id=6430>, Abfragedatum: 31.05.2013; Techniker Krankenkasse – Bewegt unterrichten: <http://www.tk.de/tk/kinder-in-bewegung/besser-lernen-mit-bewegung/bewegt-unterrichten/21704>, Abfragedatum: 31.05.2013; für Österreich siehe zum Beispiel: „Bewegte Schule Österreich": <http://www.bewegteschule.at>; sowie die Schweizer Initiativen „Lernen in Bewegung": <http://www.lerneninbewegung.ch> und „Schule bewegt": <http://www.schulebewegt.ch>.

(45) Zimmer, R. (2009): Toben macht schlau! Bewegung statt Verkopfung. Freiburg.

(46) Vgl. die Schweizer Initiative „Lernen in Bewegung": <http://www.lerneninbewegung.ch>.

(47) Vgl. Fit Kids für morgen: <http://www.fitkidsfuermorgen.de>; dort: „Tipps für fitte Schulen".

(48) Unfallkasse Rheinland-Pfalz; Ministerium für Bildung, Wissenschaft, Jugend und Kultur Rheinland Pfalz; Bundesarbeitsgemeinschaft für Haltungs- und Bewegungsförderung (Hrsg.) (2008): Bewegte Kinder – schlaue Köpfe. Mainz.

(49) Müller, Ch. (Hrsg.) (2006): Bewegtes Lernen in Klasse II. Didaktisch-methodische Anregungen für die Fächer Mathematik, Deutsch und Sachunterricht. 3., erweiterte und überarbeite Auflage. St. Augustin bei Bonn.

(50) Teubert, H.; Thiel, A. & Kleindienst-Cachay, Ch. (2005): Die „Bewegte Schule" auf dem Prüfstand. Qualitätsmerkmale einer grundschulpädagogischen Innovation. In: Gogoll, A. u. a. (Hrsg.): Qualität im Schulsport (Schriften der Deutschen Vereinigung für Sportwissenschaft Nr. 148). Hamburg, S. 148–153.

(51) Vgl. Abschnitt 1.5, S. 17 ff.

(52) Vgl. Sekretariat der Ständigen Konferenz der Kultusminister der Länder in der Bundesrepublik Deutschland (Hrsg.) (2005): Bildungsstandards im Fach Deutsch für den Primarbereich. Beschluss vom 15.10.2004. München, S. 7.

(53) Baurmann, J. & Menzel, W. (2011): Deutschunterricht in der Grundschule. In: Einsiedler, W.; Götz, M.; Hartinger, A.; Heinzel, F.; Kahlert, J. & Sandfuchs, U. (Hrsg.) (2011): Handbuch Grundschulpädagogik und Grundschuldidaktik. 3. Auflage. Bad Heilbrunn, S. 419–422.

(54) Vgl. z. B. Bremerich-Vos, A. (2009): Deutsch. In: Arnold, K.-H.; Sandfuchs, U. & Wiechmann, J. (Hrsg.): Handbuch Unterricht. Bad Heilbrunn, S. 337.

(55) Vgl. Walter, J. (2007a): Phonologische Bewusstheit. In: Walter, J. & Wembler, F. B. (Hrsg.): Sonderpädagogik des Lernens. Göttingen u. a., S. 480 f.; Scheerer-Neumann, G. (2007): Rechtschreiben. In: Walter, J. & Wembler, F. B., a. a. O., S. 540; siehe auch Röber, Ch. (2006): „Die Schriftsprache ist gleichsam die Algebra der Sprache". In: Weinhold, S. (Hrsg.): Schriftspracherwerb empirisch. Konzepte – Diagnostik – Entwicklung. Baltmannsweiler, S. 9 ff.; Löffler, I. & Meyer-Schepers, U. (2006): Probleme beim Erwerb von Rechtschreibkompetenz: Ergebnisse qualitativer Fehleranalysen aus IGLU-E. In: Weinhold, S., a. a. O., S. 205 ff.

(56) Vgl. z. B. Baurmann, J. & Menzel, W. (2011): Deutschunterricht in der Grundschule. In: Einsiedler, W. u. a., a. a. O., S. 420; Sekretariat der Ständigen Konferenz der Kultusminister der Länder in der Bundesrepublik Deutschland (Hrsg.) (2005): Bildungsstandards im Fach Deutsch für den Primarbereich. Beschluss vom 15.10.2004. München, S. 6.

(57) Vgl. z. B. Martin, E.-M. (2011): Bewegt zur mündlichen Sprachkompetenz. Fallstudie zur pädagogischen Rahmung bewegungsorientierter Sprachförderung für Kinder im Elementar- und Primarbereich. Frankfurt am Main, S. 77 ff.

(58) Vgl. Sekretariat der Ständigen Konferenz der Kultusminister der Länder in der Bundesrepublik Deutschland (Hrsg.) (2005a): Bildungsstandards im Fach Mathematik für den Primarbereich, Beschluss vom 15.10.2004. München, S. 8; Schipper, W. & Merschmeyer-Brüwer, C. (2011): Mathematik in der Grundschule. In: Einsiedler, W. u. a., a. a. O., S. 462–469; Schipper, W. & Merschmeyer-Brüwer, C. (2011): Zahlen und Operationen. In: Einsiedler, W. u. a., a. a. O., S. 470–474; Merschmeyer-Brüwer, C. & Schipper, W. (2011): Raum und Form. In: Einsiedler, W. u. a., a. a. O., S. 474–478; Merschmeyer-Brüwer, C. & Schipper, W. (2011): Größen und Messen. In: Einsiedler, W. u. a., a. a. O., S. 478–482.

(59) Freudenthal, H. (1979): Mathematik als pädagogische Aufgabe. 2. Auflage. Stuttgart, S. 380.

(60) Ebd.

(61) Vgl. Merschmeyer-Brüwer, C. & Schipper, W. (2011): Raum und Form. In: Einsiedler, W. u. a., a. a. O., S. 475.

(62) Werner, B. (2007): Entwicklung des Zahlbegriffs. In: Walter, J. & Wembler, F. B. (Hrsg.): Sonderpädagogik des Lernens. Göttingen, S. 573.

(63) Vgl. Schipper, W. & Merschmeyer-Brüwer, C. (2011): Zahlen und Operationen. In: Einsiedler, W. u. a., a. a. O., S. 471; Padberg, F. & Benz, Ch. (2011): Didaktik der Arithmetik, 4., erweiterte, stark überarbeitete Auflage, Heidelberg, S. 32 ff., 92 ff., 210 f.; Scherer, P. (2007): Elementare Rechenoperationen. In: Walter, J. & Wembler, F. B., a. a. O., S. 599; Spiegel, H. & Selter, Ch. (2011): Kinder und Mathematik. Was Erwachsene wissen sollten. Stuttgart, S. 26–35.

(64) Merschmeyer-Brüwer, C. & Schipper, W. (2011): Größen und Messen. In: Einsiedler, W. u. a., a. a. O., S. 478 f.; siehe auch: Franke, M. & Ruwisch, S. (2010): Didaktik des Sachrechnens in der Grundschule. 2. Auflage. Heidelberg, S. 20 ff.; Häsel-Weide, U. (2007): Sachrechnen. In: Walter, J. & Wembler, F. B., a. a. O., S. 658.

(65) Vgl. Schipper, W. & Merschmeyer-Brüwer, C. (2011): Mathematikunterricht in der Grundschule. In: Einsiedler, W. u. a., a. a. O., S. 468 f.

(66) Freudenthal, H. (1979): Mathematik als pädagogische Aufgabe. 2. Auflage. Stuttgart, S. 380.

(67) Siehe z. B. Gesellschaft für Didaktik des Sachunterrichts (GDSU) (Hrsg.) (2013): Perspektivrahmen Sachunterricht. Vollständig überarbeitete und erweiterte Ausgabe. Bad Heilbrunn, S. 9; Götz, M.; Kahlert, J.; Fölling-Albers, M.; Hartinger, A.; Reeken, D. v. & Wittkowske, St. (2007): Didaktik des Sachunterrichts als bildungswissenschaftliche Disziplin. In: Handbuch Didaktik des Sachunterrichts. Bad Heilbrunn, S. 18 f.

(68) Gesellschaft für Didaktik des Sachunterrichts (GDSU) (Hrsg.) (2013): Perspektivrahmen Sachunterricht. Vollständig überarbeitete und erweiterte Ausgabe. Bad Heilbrunn, S. 23 f.

(69) Siehe zum Beispiel Kircher, E. (2007): Physikalische Aspekte. In: Kahlert, J.; Fölling-Albers, M.; Götz, M.; Hartinger, A.; Reeken, D. v. & Wittkowske, St. (Hrsg.): Handbuch Didaktik des Sachunterrichts. Bad Heilbrunn, S. 129–135; Demuth, Ch. (2007): Chemische Aspekte. In: Kahlert, J. u. a., a. a. O., S. 135–139.

(70) Siehe zum Beispiel Richter, D. (2007): Politische Aspekte. In: Kahlert, J. u. a., a. a. O., S. 163–168.

(71) Vgl. Gesellschaft für Didaktik des Sachunterrichts (GDSU) (Hrsg.) (2002): Perspektivrahmen Sachunterricht. Bad Heilbrunn; dies. (2013): Perspektivrahmen Sachunterricht. Vollständig überarbeitete und erweiterte Ausgabe. Bad Heilbrunn.

(72) Vgl. Gesellschaft für Didaktik des Sachunterrichts (GDSU) (Hrsg.) (2013): Perspektivrahmen Sachunterricht. Vollständig überarbeitete und erweiterte Ausgabe. Bad Heilbrunn, S. 31 f.

(73) Vgl. Spreckelsen, K. (2007): Modelle. In: Kahlert, J. u. a., a. a. O., S. 492.

Lernbereich Deutsch

Modul 2.1.1

Sprechen und Zuhören (1)

Thema

Sprache erleben

Intentionen

- ☐ Für die Wahrnehmung der Formebene von Sprache sensibilisieren
- ☐ Den Wechsel von Gestaltung und Zuhören üben
- ☐ Imaginationsfähigkeit unterstützen
- ☐ Die Fähigkeit zum gezielten Zuhören fördern
- ☐ Die körpersprachliche Ausdrucksfähigkeit entwickeln
- ☐ Einsicht in Erzählstrukturen grundlegen

Materialien

M 2.1.1.1   Kopiervorlage: Klanggeschichte, S. 34
M 2.1.1.2   Kopiervorlage: Klanggeschichte Bildkarten (1), S. 35
M 2.1.1.3   Kopiervorlage: Klanggeschichte Bildkarten (2), S. 36
M 2.1.1.4   Karteikarte: „Falscher Alarm!", S. 37

Bezug zu anderen Modulen

Deutsch: Sprechen und Zuhören (2), S. 38

Inhalte und Übungen

- ☐ Klanggeschichte, S. 29
- ☐ Arche Noah, S. 30
- ☐ Fliegender Teppich, S. 30
- ☐ Hosentaschenpantomime, S. 31
- ☐ Masken werfen, S. 31
- ☐ Roboter programmieren, S. 32
- ☐ Bewegte Bilder, S. 32

Sachlicher Hintergrund und didaktische Überlegungen

Kinder entwickeln ihre sprachlichen Fähigkeiten zunächst nicht in Auseinandersetzung mit Schrift, sondern im mündlichen Gebrauch der Sprache in interaktiver Gemeinschaft, also durch Hören, Hinhören, Sprechen, Zuhören.[1] Die Fähigkeit zuzuhören, mündliche Sprachinformationen zu erkennen, angemessen zu deuten und dabei Wichtiges von Unwichtigem zu unterscheiden, ist grundlegend – zum einen für die Sprachentwicklung, zum anderen für das Lernen insgesamt, obwohl der Produktionsseite (Sprechen, Formulieren) bisher die meiste Aufmerksamkeit gewidmet wurde.[2] Zu Recht betonen daher die Bildungsstandards Deutsch für den Primarbereich den engen Zusammenhang zwischen Sprechen und Zuhören[3].

Zwar wird die Fähigkeit der Kinder zuzuhören zumeist stillschweigend vorausgesetzt, sie muss aber auch gezielt gefördert werden, und zwar nicht nur bei Kindern, deren Muttersprache nicht die Unterrichtssprache ist.[4] Im Anfangsunterricht können vielfältige Situationen geschaffen werden, die Kinder zum Sprechen und Zuhören anregen und Lehrerinnen und Lehrern Hinweise auf die jeweiligen sprachlichen Ausgangslagen der Kinder geben.[5]

In den hier vorgestellten Übungen geht es zunächst darum, die allgemeine Wahrnehmung und insbesondere das Zuhören zu schulen (*„Klanggeschichte"*, S. 29; *„Arche Noah"*, S. 30).

Über Sprache lernen Kinder, sich auszudrücken und mit anderen in Kontakt zu treten. Wie Sprache ist auch Bewegung ein Ausdruck der Wahrnehmung und der inneren Befindlichkeit. Defizite in der sensomotorischen Entwicklung können mit sprachlichen Schwierigkeiten einhergehen. Anhand von Musik, Sprache und Bewegung wird in dem Sprachspiel *„Fliegender Teppich"* (S. 30) die Imaginationsfähigkeit angeregt.

Über das Erproben der Körpersprache als Form von Bewegung erfahren Kinder nonverbale Möglichkeiten des Ausdrucks bewusst. Dies kann insbesondere für die Kinder ein wichtiges Übungsfeld sein, deren sprachliche Ausdrucksmöglichkeiten im Deutschen aus unterschiedlichen Gründen (Sprachverzögerung, nicht deutsche Erstsprache) eingeschränkt sind. Körpersprachliche Äußerungen erfolgen nicht beliebig. Sie sind ebenso ein Kommunikationsmittel wie verbale Äußerungen. Als solche sind sie in einen Bedeutungskontext eingebunden, der berücksichtigt und verstandlich angewandt werden muss, wenn die geäußerte Botschaft den Adressaten erreichen soll. Die Übung *„Hosentaschenpantomime"* (S. 31) erweitert das körpersprachliche Ausdrucksvermögen der Kinder.

Zur Sensibilisierung der Wahrnehmung von Mimik und Gestik werden die Kinder angeregt, Gefühle bzw. Situationen ausschließlich in der Bewegung, körpersprachlich, darzustellen („*Masken werfen*", S. 31; „*Roboter programmieren*", S. 32; „*Bewegte Bilder*", S. 32).

Klanggeschichte[6]

Die Klanggeschichte (siehe Kopiervorlage M 2.1.1.1, S. 34) lebt von einem Wechsel aus Stille und Geräuschen. Stille erfordert von den Kindern konzentriertes Zuhören; Geräusche werden durch Bewegungen und Laute erzeugt. Der Wechsel von Bewegung und Ruhe, von Lärm und Stille fördert die Fähigkeit, das Verhalten an den situativen Anforderungen auszurichten.

Vorschläge für den Unterricht

☐ An Tafel, Wand oder Flipchart werden Bildkarten angebracht. Auf einer Karte ist ein durchgestrichener Mund abgebildet. Diese Karte zeigt Stillephasen an. Auf den anderen Karten sind jeweils ein Löwe, eine Palme, ein Affe, ein Vogel, eine Schlange, ein Blitz vor einer Wolke (Symbol für Donner) und Regentropfen zu sehen (Kopiervorlagen M 2.1.1.2, S. 35, und M 2.1.1.3, S. 36).

☐ Die Lehrerin/der Lehrer liest zunächst die Klanggeschichte vor. Dabei sollte auf das lautmalerische Potenzial der Verben (z. B. brüllen, schreien, zischen) geachtet werden. Dann bilden die Kinder der Klasse zu jeder dieser Bildkarten (mit Ausnahme der Stillekarte) Gruppen zur Darstellung der einzelnen Rollen. Für die Durchführung des Spiels wird auch ein Kind als „Dirigent" benötigt.

☐ Die Kinder beraten in den Gruppen, wie sie ihre Rolle spielen wollen. Das Kind, das später die Rolle des „Dirigenten" übernimmt, kann sich in einer der Gruppen an den Ideen beteiligen.

☐ Nun wird die Geschichte nochmals vorgelesen; dabei signalisiert der „Dirigent" mit einem Zeigestock den Einsatz des „Regentröpfchens", der verschiedenen Geräuschgruppen (Löwen, Affen, Vögel, Palmen, Schlangen, Donner) und des „Löwen" am Ende.

☐ Der „Dirigent" zeigt nach einer Weile auf das Ruhezeichen, woraufhin alle verstummen. Ein Kind aus der Löwengruppe, das vorher bestimmt wurde, ruft: „Falscher Alarm!".

☐ Damit eine anschwellende Geräusch- und Bewegungslawine entsteht, sollten die Gruppen ihre Geräusche bis zum Einsetzen des Donners nicht unterbrechen. Die Lehrerin/der Lehrer sollte aber noch gehört werden, wenn sie/er den Text vorliest (Anregungen für die Darstellung und „Vertonung" siehe Karteikarte M 2.1.1.4, S. 37).

☐ *Hinweis:* Zu Beginn kann die Lehrerin/der Lehrer die Rolle des „Dirigenten" übernehmen. Wenn die Klanggeschichte auf Tonträger aufgenommen und mit den Kindern angehört wird, kann über die Umsetzung differenzierter gesprochen und reflektiert werden.

☐ *Zeitbedarf:* je nach Dauer der vorbereitenden Gruppenarbeit 20 bis 30 Minuten

Arche Noah

Die Kinder üben selektierendes Zuhören, indem sie bestimmte Tiergeräusche aus vielen anderen heraushören und entsprechende Bewegungen gezielt wahrnehmen.

Vorschläge für den Unterricht

- ☐ Die Lehrerin/der Lehrer stellt Kärtchen mit Abbildungen von verschiedenen Tieren zur Verfügung. Jedes Tier ist zweimal vorhanden. Jedes Kind zieht ein Kärtchen, darf es aber niemandem zeigen.

- ☐ Auf ein Startsignal hin beginnen die Kinder, sich wie das auf ihrem Kärtchen abgebildete Tier zu bewegen und entsprechende Tiergeräusche von sich zu geben. Auf der Suche nach dem passenden Tierpartner bewegen sich die Kinder durch das Klassenzimmer. Tierpaare, die sich gefunden haben, gehen gemeinsam in den Sitzkreis und setzen sich nebeneinander.

- ☐ Für den Fall, dass eine ungerade Anzahl von Kindern anwesend ist, sollte eine Tierart dreifach auf den Kärtchen abgebildet sein; bei entsprechendem Bedarf die dritte Karte einfach dazulegen.

- ☐ *Zeitbedarf:* pro Durchgang ca. 5 Minuten

Reflexion und Vertiefung

- ☐ Woran hast du deinen Partner erkannt?
- ☐ War es leicht, deinen Partner zu finden?
- ☐ Warum hattest du Schwierigkeiten, deinen Partner zu entdecken?

Fliegender Teppich

Mithilfe von Musik, Sprache und Bewegung regt das folgende Sprachspiel die Imaginationsfähigkeit der Kinder an.

Vorschläge für den Unterricht

- ☐ Die Kinder bilden einen Sitzkreis um eine weiche Decke herum. Ein Kind legt sich auf die Decke und schließt die Augen. Auf ein Zeichen stehen die anderen Kinder auf, halten die Decke am Rand mit beiden Händen fest und heben das liegende Kind vorsichtig an. Dann gehen sie langsam im Kreis und bewegen die Decke auf und ab.

- ☐ Lehrerin/Lehrer: „Du liegst auf einem fliegenden Teppich und fliegst an einen wunderschönen Ort. Von oben kannst du erkennen, wie er allmählich näherkommt. Ganz sanft landest du. Merke dir gut, wie es hier aussieht, was du hörst, wie es riecht ..."

- ☐ Nach der Landung bleibt das Kind noch eine Weile liegen. Dann wird es erneut angehoben und fliegt nach Hause. Nachdem es dort wieder gelandet ist, steigt es von seinem „Teppich" herab, reckt und streckt sich und erzählt den anderen Kindern von seiner langen Reise.

- ☐ *Hinweis:* Die Kinder sollten dazu angehalten werden, sich langsam zu bewegen und vor allem darauf zu achten, dass das liegende Kind weich landet.

- ☐ *Zeitbedarf:* Die Dauer des Spiels hängt von der Anzahl der beteiligten Kinder ab.

Variation

☐ Die Fantasiereise kann in eine Richtung gelenkt werden, um zu einem speziellen Unterrichtsthema hinzuführen. Zum Beispiel: „Deine heutige Reise geht in den Wald, du fliegst langsam auf Bäume zu, du spürst die frische Luft auf deiner Haut. Tierstimmen dringen an dein Ohr ..."

Hosentaschenpantomime

Die folgende Übung erweitert das körpersprachliche Ausdrucksvermögen der Kinder.

Vorschläge für den Unterricht

☐ Die Kinder und die Lehrerin bzw. der Lehrer stehen im Kreis. Ein Kind holt einen imaginären Gegenstand aus der (ggf. imaginären) Hosentasche. Die Tätigkeit kann mit den Worten „mal sehen, was sich in meiner Tasche so alles findet" eingeleitet werden.

☐ Der imaginäre Gegenstand wird dann pantomimisch an das Nachbarkind weitergegeben (z. B. ein sehr schwerer großer Stein; eine Feder, die zum Nachbarn gepustet wird; etwas Klebriges; etwas Langes, das aufgewickelt werden muss; etwas Heißes usw.). Ist die Runde zu Ende, wird ein neuer „Gegenstand" hervorgeholt.

☐ *Zeitbedarf*: etwa 2 bis 3 Minuten pro Runde

Variation

☐ Ist die Klasse noch wenig geübt, kann die Lehrerin/der Lehrer beginnen, um sicherzustellen, dass zunächst vor allem eindeutige Pantomimen verwendet werden.

☐ Abwechslung ermöglicht folgende Durchführung: Ein Kind holt einen imaginären Gegenstand aus dem Inneren des Stehkreises (z. B. einen sehr schweren Gegenstand) und gibt ihn einem anderen Kind. Das Kind muss sich dann für den Gegenstand bedanken, ihn nach eigenen Vorstellungen benennen (z. B. „Danke für den Stuhl!") und hinter sich stellen. Dieses Kind holt dann den nächsten Gegenstand aus der Mitte und reicht ihn wiederum an ein weiteres Kind. Dieses bedankt sich und benennt den Gegenstand (z. B. „Danke für das Seil!"), legt ihn weg und beginnt von Neuem.

Masken werfen

Die folgende Übung macht die Wirkung von Mimik bewusst und erweitert das körpersprachliche Ausdrucksvermögen.

Vorschläge für den Unterricht

☐ Im Kreis oder vom Platz aus drückt ein Kind ein Gefühl mimisch aus (z. B. Freude, Schreck, Angst, Wut, Langeweile, Unsicherheit, Verlegenheit).

☐ Dann legt es die Hand auf das Gesicht und tut so, als würde es den Gesichtsausdruck wie eine Maske vom Gesicht ziehen. Die „Maske" wird einem anderen Kind zugeworfen, von ihm aufgefangen und auf das Gesicht gesetzt. Das Kind versucht nun, die vorher gezeigte Mimik zu übernehmen.

- Anschließend wird die „Maske" weitergeworfen oder aber in die Tasche gesteckt. In diesem Fall setzt das Kind das Spiel mit einer neuen Maske fort.

- *Zeitbedarf:* pro „Maske" 3 bis 5 Minuten, je nachdem, wie oft eine Maske genutzt wird

Variation
- Zu Beginn kann die Lehrerin/der Lehrer Anregungen geben, welche Gefühle dargestellt werden könnten.

- Beim Maskenwerfen kann die jeweils ausgedrückte Mimik auch als Wortschatz-übung zusätzlich benannt werden.

- Zur Vorübung können die Kinder aus Zeitungen oder Zeitschriften Gesichter ausschneiden und diesen Gefühle zuordnen.

Roboter programmieren

Die mündlichen Anweisungen eines Kindes werden in der folgenden Übung vom Partnerkind in Bewegungen umgesetzt. Durch die Beobachtung dieser Bewegungen erhält das Kind unmittelbare Rückmeldung über Verständlichkeit und Genauigkeit seiner Anweisungen. Beim Partnerkind wird das konzentrierte Zuhören gefördert.

Vorschläge für den Unterricht
- Die Kinder finden sich in Paaren zusammen. Ein Kind übernimmt die Rolle des Roboters, das andere Kind die des Programmierers.

- Der Programmierer beginnt mit drei einfachen Anweisungen, die er dem Roboter einprogrammiert (z. B. langsam losgehen, nach zwei Metern links abbiegen, nach einem Meter hinsetzen).

- Beim Programmieren werden imaginäre Knöpfe auf dem Rücken des Roboters oder auf einer gebastelten Fernbedienung gedrückt. Nach einiger Zeit werden die Rollen gewechselt.

- *Hinweis:* Wird das Spiel im Klassenraum gespielt, sollte man zur Vermeidung von Unfällen vereinbaren, dass die Roboter nicht rennen dürfen. Ansonsten kann das Spiel auch ins Freie oder in die Turnhalle verlegt werden.

- *Zeitbedarf:* ca. 10 Minuten

Variation
- Die Anzahl und Komplexität der Anweisungen kann beliebig gesteigert werden. Zum Beispiel kann die Lehrerin/der Lehrer bzw. ein Kind allen Kindern Anweisungen erteilen, die möglichst synchron ausgeführt werden müssen.

Bewegte Bilder

In der folgenden Übung erleichtert die Bewegung den Perspektivenwechsel. Die Kinder knüpfen an eigenes Vorwissen und Vorerfahrungen an, die Beobachtung der Körpersprache anderer Kinder erweitert eigene körpersprachliche Ausdrucksformen und hilft, Hemmungen abzubauen.

Vorschläge für den Unterricht

- Die Kinder gehen durch den Raum. Eine beliebige Musik wird abgespielt. Wenn die Musik stoppt, frieren die Kinder sofort zu Standbildern ein. Auf Zuruf bewegen sich die Kinder dann passend zur jeweiligen Anweisung, ohne jedoch dabei zu sprechen:
  - seid Fußballerinnen und Fußballer
  - seid starke Gewichtheberinnen und Gewichtheber
  - seid Dirigentinnen und Dirigenten
  - seid Polizistinnen und Polizisten
  - seid Rockstars
  - seid Astronautinnen und Astronauten (z. B. in der Schwerelosigkeit)
  - seid Fakire
  - seid Prinzessinnen und Prinzen

- *Hinweis:* Den Kindern soll deutlich gemacht werden, dass die Rollen nur durch Mimik und Gestik, nicht durch Laute, dargestellt werden sollen; auf ausreichend Bewegungsspielraum für jedes einzelne Kind ist zu achten.

- *Zeitbedarf:* ca. 10 bis 20 Minuten

Reflexion und Vertiefung

- Im Anschluss an die Übungen wird über die unterschiedliche Art der Umsetzung gesprochen.

Variation

- Die Anweisungen können auch nonverbal mithilfe entsprechender Bilder erfolgen, die entweder aus Zeitungen ausgeschnitten und ggfs. laminiert oder selbst gezeichnet werden. Die Bilder sollten nicht zu klein sein.

- Die Wahrnehmung/Beobachtung könnte dadurch geschärft werden, dass die Gruppen abwechseln und jeweils eine Gruppe das Standbild errät.

Anmerkungen

(1) Vgl. z. B. Imhof, M. (2003): Zuhören. Psychologische Aspekte auditiver Wahrnehmung. Göttingen; Quasthoff, U. (2011): Sprache und Zuhören. In: Einsiedler, W. u. a. (Hrsg.): Handbuch Grundschulpädagogik und Grundschuldidaktik. Bad Heilbrunn, S. 422–425.

(2) Vgl. z. B. Hagen, M. (2006): Förderung des Hörens und Zuhörens in der Schule. Göttingen; Reichert-Garschhammer, E. (2011): Wege zur zuhörfreundlichen Kindertageseinrichtung. In: Stiftung Zuhören; Ludwig-Maximilians-Universität München, Lehrstuhl für Grundschulpädagogik und -didaktik; Staatsinstitut für Frühpädagogik (Hrsg.): Ohren spitzen. Köln, S. 9–77.

(3) Vgl. Sekretariat der Ständigen Konferenz der Kultusminister der Länder in der Bundesrepublik Deutschland (Hrsg.) (2004): Bildungsstandards im Fach Deutsch für den Primarbereich. München, S. 8. Hier in: <http://www.kmk.org/fileadmin/veroeffentlichungen_beschluesse/2004/2004_10_15-Bildungsstandards-Deutsch-Primar.pdf>. Abfragedatum: 11.02.2013.

(4) Huber, L.; Kahlert, J. & Klatte, M. (Hrsg.) (2002): Die akustisch gestaltete Schule. Göttingen; Imhof, M. (2004): „Hör doch einfach zu!" Von der Schwierigkeit, Zuhören zu lernen und zu lehren. In: Grundschule, H. 2, S. 34–35.

(5) Bartnitzky, H. (2006): Sprachunterricht heute. Berlin, S.18.

(6) Umsetzung in Anlehnung an: Brinkmann, E. (2009): Kann man Stille hören? In: Grundschule Deutsch, H. 15, S. 16 f.

Klanggeschichte

Falscher Alarm

Heiß brennt die Sonne auf die Erde nieder, alles ist still – kein Windhauch ist zu spüren, kein Blättchen regt sich.

Die Tiere liegen müde und durstig im Schatten der Palmen.

Die Löwen, die Affen, die Vögel und sogar die Schlangen haben ihre Augen geschlossen. Sie merken nicht, dass sich über ihnen eine kleine Wolke bildet. Ein leichter Wind kommt auf.

Plötzlich fällt ein Regentröpfchen direkt auf die Nase eines Löwen.

Er und die anderen Löwen brüllen überrascht und wecken damit die Affen, die aufgeregt zu schreien beginnen, hin und her sausen und Haken schlagen.

Dichtere Wolken ziehen auf und wild biegen sich die Palmen im Wind.

Die Vögel breiten ihre Flügel aus und flattern zwitschernd in die Luft. Unten am Boden zischeln die Schlangen blitzschnell durchs Gras.

Da ertönt ein unglaublicher Donner und alles verstummt.

Auf einmal kommt die Sonne wieder hinter den Wolken hervor.

Der Löwe knurrt „falscher Alarm" und legt sich mit den anderen Tieren wieder zurück unter die Palme.

Klanggeschichte – Bildkarten (1)

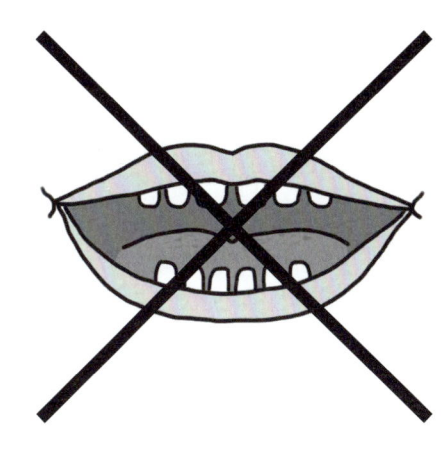

Klanggeschichte – Bildkarten (2)

✂

Falscher Alarm

Regentröpfchen Ein Kind, das vorher bestimmt wurde, erzeugt eine Ploppbewegung, indem der Zeigefinger durch die geschlossenen Lippen herausgeschleudert wird.

Löwen Die Löwengruppe springt auf und brüllt.

Affen Die Affengruppe hüpft, springt und gibt Affenlaute von sich.

Palmen Die Palmengruppe raschelt, zum Beispiel mit Papier.

Vögel Die Vogelgruppe macht Flatterbewegungen und piept.

Schlangen Die Schlangengruppe macht schlängelnde Bewegungen mit den Armen und zischt.

Donner Die Donnergruppe trommelt mit den Händen auf den Tisch.

Dirigent *Der Dirigent zeigt nach einer Weile auf das Ruhezeichen, woraufhin alle verstummen.*

Löwe Ein Kind aus der Löwengruppe wird vorher bestimmt. Es ruft nun die Worte: „Falscher Alarm!"

M 2.1.1.4

Modul 2.1.2

Sprechen und Zuhören (2)

Thema

Mündliches Sprachhandeln erweitern

Intentionen

- Körpersprache einsetzen und interpretieren
- Gefühle zum Ausdruck bringen und deuten
- Gezielt zuhören
- Artikulieren üben
- Konzentrationsfähigkeit und Reaktionsvermögen schulen
- Sprachrhythmus finden und zum Ausdruck bringen
- Den Klang von Wörtern erfahren und mit Bewegung verknüpfen

Materialien

M 2.1.2.1   Karteikarte: Am Bahnsteig, S. 45

M 2.1.2.2   Karteikarte: Mundgymnastik, S. 45

M 2.1.2.3   Kopiervorlage: Signale zu Katharinas Welle, S. 46

M 2.1.2.4   Kopiervorlage: Märchen-Rap, S. 47

M 2.1.2.5   Karteikarte: Beispiele: Rhythmisierung Märchen-Rap, S. 48

M 2.1.2.6   Kopiervorlage: Knallharte und samtweiche Wörter, S. 49

Bezug zu anderen Modulen

Deutsch: Sprechen und Zuhören (1), S. 27; Mit Texten und Medien umgehen, S. 88

Inhalte und Übungen

- Am Bahnsteig, S. 39
- Gestik und Mimik zeigen und spiegeln, S. 40
- Klötzeturm, S. 40
- Mundgymnastik, S. 41
- Katharinas Welle, S. 41
- Märchen-Rap, S. 42
- Knallharte und samtweiche Wörter, S. 43

Sachlicher Hintergrund und didaktische Überlegungen

In den höheren Klassen der Grundschule geht es darum, die Fähigkeit der Kinder zum verständigen Gebrauch der Sprache und die Freude an Kommunikation weiter zu pflegen, auszubauen und so die Erfahrungsgrundlagen für einen komplexeren mündlichen Sprachgebrauch sowie eine zunehmend reflektierte Auseinandersetzung mit Sprache zu erweitern.[1] Es bedarf dazu vermehrt sinnstiftender und herausfordernder Situationen, um ein möglichst authentisches Sprachhandeln der Kinder zu ermöglichen.[2]

Neben einem sinnvollen Situationsbezug spielt die Bedeutsamkeit der Inhalte eine wichtige Rolle in einem zeitgemäßen Sprachunterricht.

Ausgangspunkt der Übungen „Am Bahnsteig" (S. 39) sowie „Gestik und Mimik zeigen und spiegeln" (S. 40) sind deshalb vertraute Alltagssituationen der Kinder, die hier jedoch ausschließlich mithilfe körpersprachlicher Bewegungen dargestellt werden sollen. Über das Erproben der Körpersprache als Form von Bewegung erfahren Kinder neue Möglichkeiten des Ausdrucks und der Verständigung. Zwar haben nicht alle Kinder in Grundschulklassen dieselbe Muttersprache, aber jedes Kind verfügt über körpersprachliche Erfahrungen, die es einbringen kann. Der Wechsel von Rollenspiel und Gespräch fördert die bewusste Auseinandersetzung mit Sprache.[3]

Die Übung „Klötzeturm" (S. 40) geht ebenfalls von einer Situation aus der kindlichen Alltagswelt aus. Die Übung erfordert einerseits sachbezogenes Sprechen, hält jedoch andererseits auch dazu an, verstärkt zuhörerbezogen zu formulieren und auf Nachfragen des Mitspielers einzugehen.

Zum richtigen Gebrauch der Sprechstimme gehört auch eine gute Artikulation. Darum geht es in der Übung „Mundgymnastik" (S. 41).

Bei dem Konzentrationsspiel „Katharinas Welle" (S. 41) werden akustische Signale mit Bewegung verknüpft. Dadurch werden Konzentrationsfähigkeit und Reaktionsvermögen verbessert. Der Wettbewerbscharakter motiviert die Kinder zusätzlich und fördert ihre Bewegungsfreude. Lehrerinnen und Lehrern gibt dieses Spiel Anhaltspunkte für die Einschätzung von Disziplin, Geduld und Konzentrationsfähigkeit ihrer Schülerinnen und Schüler.

Ein Gefühl für Rhythmus erfordert der „Märchen-Rap" (S. 42). Das Interesse von Kindern an Märchen, vor allem bei den Jungen, lässt im Laufe der Grundschulzeit nach.[4] Rap-Musik hingegen gehört zu den bevorzugten Musikrichtungen von Heranwachsenden. Das Rappen bekannter Märchensprüche knüpft an die Interessen von Kindern an und dient der Verknüpfung von Bewegung, Klang, Rhythmus, Reim und Inhalt. Der Märchen-Rap ermöglicht dadurch einen bewegungsintensiven und motivierenden Zugang zum Genre Märchen.

Die Unterscheidung zwischen *knallharten und samtweichen Wörtern* (S. 43) dient der Verbesserung des Sprachgefühls, der Förderung der phonologischen Bewusstheit und der Hör- und Zuhörkompetenz. Die Tatsache, dass es sich bei knallharten Wörtern nicht um Schimpfwörter, sondern lediglich um Wörter mit stimmlosen Plosiven und/oder Zischlauten handelt, regt zudem zum Nachdenken über Sprache an.

Am Bahnsteig

Bei der folgenden Übung werden die Kinder dazu angeregt, Alltagssituationen ausschließlich anhand von Bewegungen darzustellen. Über das Erproben der Körpersprache als Form von Bewegung erfahren Kinder neue Möglichkeiten des Ausdrucks und der Verständigung.

Vorschläge für den Unterricht

☐ Die Kinder ziehen paarweise Situationskärtchen aus einer Schachtel. Ein Kind stellt den Reisenden im Abteil dar, das andere Kind steht am Bahnsteig. Auf den Kärtchen stehen kurze Mitteilungen, die „durch die Glasscheibe" pantomimisch übermittelt werden sollen (Beispiele siehe Karteikarte M 2.1.2.1, S. 45). Das Kind „auf dem Bahnsteig" stellt die Pantomime dar, das andere Kind versucht, sie zu erraten.

☐ Die Kinder können sich weitere Situationen ausdenken und diese darstellen.

☐ *Zeitbedarf:* ca. 5 bis 15 Minuten

Reflexion und Vertiefung
☐ Konnte ich gleich verstehen, was mir von meiner Partnerin/meinem Partner mitgeteilt wurde? Woran lag das? Was war leicht, was schwieriger zu verstehen?

Gestik und Mimik zeigen und spiegeln

Die Darstellung von Gefühlen mittels Bewegung kann zur Entfaltung innerer Vorstellungskraft beitragen. Kinder werden animiert, sich in Gefühle und Stimmungen anderer hineinzuversetzen.

Vorschläge für den Unterricht
☐ Die Kinder sitzen sich paarweise gegenüber. Jedes Paar erhält 5 bis 10 „Gefühlskärtchen". Die Kinder ziehen abwechselnd ein Kärtchen.

☐ Auf den Kärtchen können Gesichter (z. B. Smileys) abgebildet sein, die unterschiedliche Gefühle ausdrücken. Für leistungsfähigere Kinder können auch Begriffe auf den Kärtchen stehen (Wut, Freude, Angst usw.).

☐ Das Kind, das ein Kärtchen gezogen hat, macht einen Gesichtsausdruck, der zu dem Kärtchen passt. Das Partnerkind ahmt den Gesichtsausdruck nach und benennt das Gefühl. Fortgeschrittene Kinder erzählen von einer Begebenheit, die das Gefühl ausgelöst haben könnte, z. B. „Ich freue mich, weil ich zum Geburtstag ein Fahrrad geschenkt bekommen habe".

☐ Im Anschluss werden verschiedene Ausdrucksmöglichkeiten thematisiert und verglichen.

☐ *Zeitbedarf:* ca. 15 Minuten

Klötzeturm

Die feinmotorische Umsetzung von Anweisungen ermöglicht es im Rahmen dieser Übung, die Genauigkeit eigener Formulierungen unmittelbar zu überprüfen und zu reflektieren. Zudem werden komplexere mündliche Sprecheinheiten[5] (hier: Beschreibung) und gezieltes Zuhören gefördert.

Vorschläge für den Unterricht
☐ Zwei Kinder sitzen sich gegenüber. Zwischen den beiden wird ein Sichtschutz aufgestellt, z. B. ein Ordner oder ein Lesebuch. Jedes Kind erhält eine beliebige Anzahl identischer Stecksteine. Ein Kind beginnt mit dem Bau eines Turmes und beschreibt dabei sein Vorgehen („Ich nehme einen roten 8er-Klotz. Dann stecke ich den gelben 4er-Klotz so auf den roten Klotz, dass er sich genau in der Mitte befindet ...").

☐ Um den Kindern die Erfahrung zu vermitteln, wie wichtig die Interaktion bei der mündlichen Verständigung ist, sollte jeweils hintereinander gespielt werden, und zwar unter der wechselnden Bedingung, dass Rückfragen einmal erlaubt und einmal nicht erlaubt sind.

□ Sind alle Klötze verbaut, wird der Sichtschutz entfernt und die Kinder vergleichen, ob das Bauwerk identisch aussieht. Wenn nicht, können die Kinder überlegen, welche Formulierungen irreführend waren und warum. Im Anschluss werden die Tätigkeiten gewechselt.

□ *Hinweis:* Gespielt wird am Tisch bzw. am Boden. Benötigt werden pro Paar ca. 10 bis 15 Stecksteine (z. B. Duplo-, Lego- oder Holzklötze) in zweifacher Ausführung sowie ein Sichtschutz (z. B. Lesebuch oder Ordner).

□ *Zeitbedarf:* ca. 3 bis 5 Minuten pro Durchgang

Variation

□ Durch Größe, Art und Anzahl der Klötze kann der Schwierigkeitsgrad variiert werden.

□ Als Übung zur Wegbeschreibung kann das Spiel auch mit einem Spielzeugauto auf einem Verkehrsteppich gespielt werden. (Zum Beispiel: Die Leitstelle der Feuerwehr lotst das Feuerwehrauto telefonisch zum Brandherd.)

Reflexion und Vertiefung

□ Im Anschlussgespräch stehen unterschiedliche Formulierungsmöglichkeiten im Fokus. Vergleich und Analyse tragen zur Sprachbewusstheit bei.

Mundgymnastik

Deutliches Sprechen erfordert bewusste Mundbewegungen. Diese werden im Rahmen der folgenden Übung trainiert.

Vorschläge für den Unterricht

□ Die Kinder erhalten paarweise eine Schüssel mit Karottenstückchen (etwa in Weinkorkengröße; Vorsicht, nicht verschlucken!) und umgedrehte Wortkarten mit Zungenbrechern. Abwechselnd zieht ein Kind eine Wortkarte (siehe Karteikarte M 2.1.2.2, S. 45) und spricht so lange einen Zungenbrecher mit einem Karottenstück zwischen den Zähnen, bis das andere Kind den Zungenbrecher versteht und nachsprechen kann.

□ *Zeitbedarf:* ca. 10 Minuten

Variation

□ Anstelle der Zungenbrecher können zunächst auch Wortkarten mit einzelnen Wörtern oder einfachen Sätzen eingesetzt werden. Später können auch kurze Gedichte, Sprechverse und Sprachspiele auf den Wortkarten stehen.

Katharinas Welle[6]

Bei dem folgenden Konzentrationsspiel werden akustische Signale mit Bewegung verknüpft. Dadurch werden Konzentrationsfähigkeit und Reaktionsvermögen verbessert.

Vorschläge für den Unterricht

□ Die Kinder stehen in einem Kreis, der so groß ist, dass sie die Arme seitlich ausstrecken können. Das Spiel wird von vier verschiedenen Signalen bestimmt. Die Kopiervorlage für die Signale kann entweder an die Tafel gehängt oder projiziert werden (siehe Kopiervorlage M 2.1.2.3, S. 46).

- Zu Beginn schickt ein Kind die Welle nach rechts los, indem es mit der linken Hand vor dem Körper eine Wellenbewegung macht und dazu „IA" sagt (siehe M 2.1.2.3, Abb. 1). Wenn beide Vokale einzeln und deutlich artikuliert werden, begleitet deren Klang die Wellenbewegung.

- Das rechte Nachbarkind nimmt die Wellenbewegung ebenfalls mit der linken Hand auf, macht die Wellenbewegung vor dem Körper nach rechts und sagt wiederum „IA".

- So bewegt sich die Welle im Kreis weiter, bis ein Kind die Welle stoppt, indem es die Arme nach oben streckt, zwei imaginäre Seile packt und bis zu den Schultern nach unten zieht. Dazu sagt es „Halt an!" (siehe M 2.1.2.3, Abb. 2).

- Geschieht dies, wechselt die Welle die Richtung. Als nächstes ist das linke Nachbarkind an der Reihe. Es macht die Wellenbewegung mit der rechten Hand vor dem Körper nach links. Dazu sagt es wieder „IA". Die Welle saust nun so lange nach links, bis sie entweder durch das Signal „Halt an!" und der entsprechenden Bewegung die Richtung wechselt oder ein Kind mit beiden Daumen und Zeigefingern vor den Augen eine Brille formt und nun die Vokale umkehrt und „AI" sagt (siehe M 2.1.2.3, Abb. 3).

- Auf dieses Signal hin wird das nächste Kind übersprungen. Das übernächste Kind fährt mit der Welle in gleicher Richtung fort oder wählt ein anderes Signal.

- Es geht so lange weiter, bis ein Kind einen Arm in die Höhe streckt und „Hipp, hipp" ruft (siehe M 2.1.2.3, Abb. 4), woraufhin alle Kinder einen Schritt nach vorne machen und „Hurra" rufen.

- Danach geht es in der vorherigen Richtung mit der Welle oder einem der anderen Signale weiter.

- Nach einer Übungsphase scheidet das Kind aus, das sich nicht entsprechend den Regeln bewegt. Es setzt sich im Kreis auf den Boden. Die beiden Kinder, die übrig bleiben, sind die Sieger. Sie können sich gegenseitig gratulieren.

- *Hinweis:* Zunächst mit der Wellenbewegung beginnen, dann nach und nach die anderen Signale einführen. Die Kinder sollten angehalten werden, sich nicht ablenken zu lassen und sich ganz auf den Spielverlauf zu konzentrieren. Sind die Regeln gefestigt, wird das Tempo der Welle erhöht. Auch die Auslegung der Regeln wird strenger. Bereits ein Zucken zur falschen Zeit führt unmittelbar zum Ausscheiden.

- *Zeitbedarf:* anfangs mindestens 10 Minuten, dann auch als Bewegungsübung für zwischendurch in ca. 3 bis 5 Minuten machbar

Märchen-Rap

Das Rappen bekannter Märchensprüche knüpft an die Interessen von Kindern an und dient der Verknüpfung von Bewegung, Klang, Reim, Rhythmus und Inhalt. Der Märchen-Rap ermöglicht einen bewegungsintensiven und motivierenden Zugang zum Genre Märchen.

Vorschläge für den Unterricht

☐ Die Kinder sammeln vorab bekannte Märchensprüche. Diese werden zur Erinnerung auf einem gut sichtbaren Plakat im Klassenzimmer festgehalten (Beispiele siehe Kopiervorlage M. 2.1.2.4, S. 47).

☐ Die Lehrerin/der Lehrer beginnt, den Rhythmus vorzugeben. Die Füße bewegen sich im Wiegeschritt, dazu wird im Wechsel geklatscht: Schritt rechts – Klatschen – Schritt links – Klatschen – Schritt rechts – Klatschen – Schritt links – Klatschen usw.

☐ Die Kinder greifen den Rhythmus auf. Sobald sich alle synchron bewegen und der Rhythmus gefestigt ist, beginnt die Lehrerin/der Lehrer mit dem Sprechgesang: Bei den fett gedruckten Silben wird der Fuß aufgesetzt, bei den übrigen Silben wird geklatscht. Auf die Frage antworten die Kinder gemeinsam im vorgegebenen Rhythmus – mögliche Rhythmen für die ausgewählten Fragen und Antworten siehe Karteikarte M. 2.1.2.5, S. 48. Die friesische Fassung wurde hier zum besseren Verständnis leicht abgewandelt.

☐ Gerappt wird paarweise oder in Gruppen. Ein Plakat mit Märchensprüchen erleichtert den Märchen-Rap zu Beginn.

☐ *Zeitbedarf*: für die Erarbeitung der ersten Raps 15 bis 20 Minuten; mit wachsender Erfahrung etwa 10 Minuten

Variation

☐ Es können sich auch zwei Rap-Gruppen mit jeweils mehreren Kindern gegenüberstehen und im Chor rappen. Kinder mit Unterstützungsbedarf können sich dabei an anderen orientieren.

Knallharte und samtweiche Wörter[7]

Die Unterscheidung zwischen „knallharten" und „samtweichen" Wörtern dient der Verbesserung des Sprachgefühls, der Förderung der phonologischen Bewusstheit, der Hör- und Zuhörfähigkeit sowie dem Zugang zu literarischer Sprachverwendung. Die Umsetzung in Bewegung stützt die Unterscheidung der Wörter nach ihrem Klang.

Vorschläge für den Unterricht

☐ Vor Spielbeginn werden Wörter gesammelt und auf den Klang hin untersucht. Sie werden in knallharte Wörter (in denen die stimmlosen Plosive p, k, t und/oder stimmlose Zischlaute wie z, tz, ks enthalten sind) und samtweiche Wörter (ohne Plosive und/oder Zischlaute) unterteilt.[8] Die Wortsammlung wird auf Plakaten gut sichtbar im Klassenraum aufgehängt und fortlaufend ergänzt.

☐ Beispiele für knallharte Wörter: Putzlappen, Keks, Zirkel, Taxi. Beispiele für samtweiche Wörter: Milch, Müll, Ding, Marmelade, Baum.

☐ Die Kinder stehen im Kreis, ohne sich zu berühren. Die Lehrerin/der Lehrer beginnt und wählt ein Wort aus, z. B. „Paprika" (knallhart). Sie/er berührt das Nachbarkind mit dem Zeigefinger und schickt ihm das knallharte Wort „Paprika".

☐ Das Kind versucht, das Wort mit dem Körper „aufzunehmen", das heißt, es spricht das Wort aus und bewegt sich z. B. in abgehackten Bewegungen dazu.

Die Muskulatur ist dabei angespannt. Das Kind schickt das Wort an das Nachbarkind weiter oder wählt ein neues Wort aus.

☐ Ist das neue Wort ein samtweiches Wort, wie z. B. „Mond", versucht das nächste Kind das Wort ebenso mit dem Körper „aufzunehmen", spricht es aus und bewegt sich in diesem Fall z. B. in wellenartigen Bewegungen dazu.

☐ Bitte darauf achten, dass nicht die Bedeutung des Wortes, sondern dessen Klang durch die Bewegung zum Ausdruck gebracht wird.

☐ Zur Festigung kann die Kopiervorlage M 2.1.2.6 (S. 49) genutzt werden.

☐ *Zeitbedarf:* ca. 5 bis 15 Minuten

Anmerkungen

(1) Vgl. z. B. Hinney, G. (2011): Rechtschreiben. In: Einsiedler, W. u. a (Hrsg.): Handbuch Grundschulpädagogik und Grundschuldidaktik. Bad Heilbrunn, S. 443; Menzel, W. (2011): Sprache und Sprachgebrauch untersuchen. In: Einsiedler u. a (Hrsg.), ebd., S. 444–449; Quasthoff, U. (2003): Entwicklung mündlicher Fähigkeiten. In: Bredel, U.; Günther, H.; Klotz, P.; Ossner, J. & Siebert-Ott, G. (Hrsg.): Didaktik der deutschen Sprache. Bd. 1. Stuttgart, S. 107–120.

(2) Bartnitzky, H. (2006): Sprachunterricht heute. Berlin, S. 19.

(3) Ebd., S. 20.

(4) Richter, K. & Plath, M. (2005): Lesemotivation in der Grundschule. Weinheim und München, S. 112.

(5) Vgl. Quasthoff, U. (1997): Mündliches Erzählen, Berichten, Schildern, Beschreiben im Deutschunterricht: Umrisse einer Diskursdidaktik. In: Köhnen, R. (Hrsg.): Wege zur Kultur: Perspektiven für einen integrativen Deutschunterricht. Frankfurt am Main, S. 155–169.

(6) In Anlehnung an eine Idee von Katharina Ritter. Vielen Dank auch an Viviane Thum für die Darstellung der Übung auf der Kopiervorlage M 2.1.2.3.

(7) Die Idee zu dem Spiel stammt aus dem Erzählprojekt „Dem Drachen erzählen", das in Zusammenarbeit mit der Geschichtenerzählerin Katharina Ritter in einer Münchner Übergangsklasse stattfand. Zu dem Projekt ist ein Begleitfilm erschienen: Hauck-Thum, U. (2010): Dem Drachen erzählen – Mündliches Erzählen in der Grundschule, UnterrichtsMitschau der LMU München (41 Min./DVD).

(8) Auch Konsonantencluster können gegenüber Wörtern mit Konsonant-Vokal-Struktur „knallhart" wirken, z. B. brechen (br, ch) versus biegen.

Am Bahnsteig

Lass uns telefonieren!

Lass uns morgen Fußball spielen!

Schreib mir bald!

Wir sehen uns beim Wandern.

Hast du deine Zahnbürste dabei?

Denkt euch weitere Situationen aus, die ihr darstellen könnt.

M 2.1.2.1

Mundgymnastik

Fischers Fritz
fischt frische Fische,
frische Fische
fischt Fischers Fritz.

Zehn Ziegen zogen
zehn Zentner Zucker
zum Zoo.

Es klapperten
die Klapperschlangen,
bis ihre Klappern
schlapper klangen.

Hinter Hermann Hansens Haus
hängen hundert Hemden raus,
hundert Hemden hängen raus,
hinter Hermann Hansens Haus.

Fallen dir weitere
Zungenbrecher ein?

M 2.1.2.2

Signale zu Katharinas Welle

Signal 1: Startwelle mit der linken Hand von links nach rechts vor dem Körper („IA").

Signal 2: Imaginäre Seile von oben bis zur Schulter ziehen („Halt an!") – Richtungswechsel.

Signal 3: Brille mit Daumen und Zeigefinger vor den Augen („AI") – ein Kind wird übersprungen.

Signal 4: Ein Kind streckt den Arm nach oben und ruft „Hipp, hipp", alle Kinder machen einen Schritt nach vorne und rufen „Hurra".

Märchen-Rap

Frage: Spieglein, Spieglein an der Wand, wer ist die Schönste im ganzen Land?

Antwort: Ihr, Frau Königin, seid es hier, aber das Schneewittchen, bei den sieben Zwergen, hinter den sieben Bergen, ist tausendmal schöner als ihr!

Frage: Knusper, Knusper, Knäuschen, wer knuspert an meinem Häuschen?

Antwort: Der Wind, der Wind, das himmlische Kind!

Frage: Ach wie gut, dass niemand weiß, na was denn, na was denn?

Antwort: Dass ich Rumpelstilzchen heiß, ja so ist mein Name!

Frage: Ruckedi gu, Ruckedi gu, was ist im Schuh?

Antwort: Blut ist im Schuh! Blut ist im Schuh!

Frage: Ich bin so satt, ich mag kein Blatt!

Antwort: Mäh, Mäh! – Mäh, Mäh!

Frage: Manntje, Manntje, Timpe Te,
          Buttje, Buttje in de See.
          Mine Fru de Ilsebill, will nich so, wie ick es will!

Antwort: Was will se denn? Was will se denn?

Versuche, einen Rap-Rhythmus zu finden. Unterstreiche dafür die Silben oder Wörter, die du betonen möchtest.

Beispiel: Rhythmisierung Märchen-Rap

Frage: **Spieg**lein, **Spieg**lein **an** der **Wand, wer** ist die **Schönste** im **gan**zen **Land?**

Antwort: **Ihr,** Frau **Köni**gin, **seid** es **hier, aber** das Schnee**witt**chen, **bei** den sieben **Zwer**gen, **hinter** den sieben **Ber**gen, ist **tausend**mal **schöner** als **ihr!**

Frage: **Knus**per, **Knus**per, **Knäu**schen, wer **knuspert** an **mei**nem **Häus**chen?

Antwort: Der **Wind,** der **Wind,** das **himmli**sche **Kind!**

Frage: **Ach** wie **gut,** dass **nie**mand **weiß,** na **was** denn, na **was** denn?

Antwort: **Dass** ich **Rum**pel**stilz**chen **heiß, ja** so **ist** mein **Na**me!

Frage: **Ruck**edi gu, **Ruck**edi **gu, was** ist im **Schuh?**

Antwort: **Blut** ist im **Schuh! Blut** ist im **Schuh!**

Frage: **Ich** bin so **satt,** ich **mag** kein **Blatt!**

Antwort: **Mäh, Mäh! – Mäh, Mäh!**

Frage: **Mann**tje, **Mann**tje, **Tim**pe **Te,**
Buttje, **Butt**je in de **See.**
Mine **Fru** de **Ilse**bill, **will** nich **so,** wie **ick** es **will!**

Antwort: Was **will** se **denn?** Was **will** se **denn?**

Knallharte und samtweiche Wörter

Ordnet die Wörter in die Tabelle ein. Sucht zusammen nach weiteren Wörtern und ergänzt die Liste.

Paprika, Mond, Putzlappen, Milch, Keks, Zirkel, Taxi, Müll, Ding, Baum, Marmelade, Katze ...

knallhart	samtweich
Paprika	Milch

Modul 2.2.1

Orthografie entdecken (1)

Thema

Silben, Laute und Betonungen entdecken und zum Ausdruck bringen

Intentionen

- Heraushören von Silben fördern
- Betonungen durch vereinbarte Bewegungen zum Ausdruck bringen
- Die Position von Lauten heraushören und mit Bewegung ausdrücken
- Vokale erkennen und darstellen
- Die Unterscheidung von langen und kurzen Vokalen üben

Materialien

M 2.2.1.1   Karteikarte: Silben klatschen und betonen, S. 57
M 2.2.1.2   Kopiervorlage: Vorne, hinten, mittendrin – wo steckt der Laut?, S. 58
M 2.2.1.3   Karteikarte: Körpergesten: Vokale, S. 59
M 2.2.1.4   Karteikarte: Unterscheidung von langen und kurzen Vokalen –
             Beispielwörter zum Üben, S. 59

Bezug zu anderen Modulen

Deutsch: Sprechen und Zuhören (1), S. 27; Sprechen und Zuhören (2), S. 38; Orthografie entdecken (2), S. 60

Inhalte und Übungen[1]

- Silben und Betonungen in Bewegung umsetzen, S. 51
- Laute hören, S. 52
- Vokale in Wörtern entdecken, S. 53
- Kurze und lange Vokale erfahrbar machen, S. 53

Sachlicher Hintergrund und didaktische Überlegungen

Eine zentrale Vorläuferfähigkeit für den Schriftspracherwerb ist die phonologische Bewusstheit[2]. Phonologische Bewusstheit im weiteren Sinn wird bereits vor Schuleintritt erworben und umfasst den Umgang mit größeren Spracheinheiten wie Silben oder Wörtern. Dagegen bezieht sich phonologische Bewusstheit im engeren Sinn auf den Umgang mit den kleinsten Einheiten der Lautsprache, das heißt Laute bzw. auf der Strukturebene Phoneme.

Die Übung „Silben und Betonungen in Bewegung umsetzen" (S. 51) orientiert sich an der phonologischen Bewusstheit im weiteren Sinn. Bereits im Kindergartenalter sind Kinder in der Lage, Äußerungen ihrer Muttersprache intuitiv in Sprechsilben zu unterteilen und z. B. Silben zu klatschen. Eine Silbe ist die kleinste, segmentübergreifende prosodische Einheit, auf der Merkmale wie Akzent, Intonation und Rhythmus aufbauen. Die Betonung spielt im weiteren Erwerb der Orthografie eine wichtige Rolle, denn Rechtschreibphänomene wie Verdopplungen oder Dehnungen kommen in der Regel nur direkt am bzw. nach dem betonten Vokal innerhalb des Wortstamms vor.[3]

- Ist der Vokal betont und lang gesprochen, erfolgt rechtschriftlich evtl. eine Dehnungsmarkierung. Beispiele: *Ehre, Ruhm*, aber auch *Moor, Saat* ... (dagegen z. B. keine explizite Markierung: *Wal, Tiger* ...).

- Ist der Vokal betont und kurz gesprochen, erfolgt evtl. eine Verdopplung. Beispiele: d**enn**, w**ann**, kn**urr**en, Pa**dd**el, Kontro**ll**e ... (dagegen z. B. keine Verdopplung: *im, mit, man*, Lehrer**in**, *Bus* ...).

Unbetonte Vokale werden nie gedehnt und auf unbetonte Vokale erfolgt auch nie eine Verdopplung.

Im Deutschen liegt die Betonung gerade von einfachen, kindgemäßen Wörtern (Wortakzent) oft auf dem Wortstamm bzw. der Stammsilbe: Dabei handelt es sich sehr oft um die erste Silbe des Wortes (**Ha**-se, **Rau**-pe), wenn dieses keine Vorsilben beinhaltet (ver-**lau**-fen). Prinzipiell kann die Betonung von Wörtern im Deutschen jedoch frei variieren. Dies zeigen u. a Wortpaare, die sich nur durch Betonung unterscheiden: um**fah**ren (außen herum fahren) – **um**fahren (kaputt fahren) oder **mo**dern (verfaulen) – mo**dern** (nicht altmodisch).

Übungen zur phonologischen Bewusstheit im engeren Sinne bieten die Anregungen *„Laute hören"* (S. 52) und *„Vokale in Wörtern entdecken"* (S. 53).

Eine besondere Schwierigkeit bereitet (nicht nur) Kindern das Heraushören von Vokalqualitäten (kurze oder lange Vokale). Hinzu kommt, dass – wie bei anderen lautlichen Phänomenen – unterschiedliche Schreibweisen zur Markierung der Vokalqualität möglich sind.

Die Schreibung der kurzen Vokale (außer „ä") ist eindeutig. Dagegen gibt es bei allen Langvokalen mehrere Alternativen. Erstaunlich ist jedoch, dass auch hier die Dehnung meist nicht besonders markiert wird (durchschnittlich in ca. 80 Prozent der Fälle). Eine Ausnahme bildet das lange „i", das meist als <ie> geschrieben wird.[4]

Das Erkennen der Vokalqualität ist auch für die Schreibung von Konsonantenverdopplungen relevant. Eine Konsonantenverdopplung kann nur nach kurzem Vokal kommen (z. B. „Mutter").

Die mit den kurzen und langen Vokalen verbundenen Rechtschreibphänomene beinhalten zahlreiche Ausnahmen. Die Anregung *„Kurze und lange Vokale erfahrbar machen"* (S. 53) bietet eine Abwechslung für das Üben von Wortschreibweisen.

Silben und Betonungen in Bewegung umsetzen

Die Kinder versuchen, Silben zu erkennen und die Unterscheidung durch Bewegungen zum Ausdruck zu bringen.

Vorschläge für den Unterricht

- Klassischerweise werden Silben im Unterricht geklatscht. Steigern lässt sich die Schwierigkeit, indem man zwischen betonten und unbetonten Silben unterscheidet (siehe Karteikarte M 2.2.1.1, S. 57).

- Zu Beginn der Übung kann die Karteikarte M 2.2.1.1 auch auf Folie kopiert und als Erinnerung projiziert werden.

☐ Spricht man längere Äußerungen in der Silbensprache (z. B. „Le-na-macht-das-pri-ma"), kann man die Silben auch mit verschiedenen Instrumenten betonen.

☐ *Zeitbedarf:* 3 bis 10 Minuten

Laute hören

Die Kinder sollen hören, ob ein bestimmter Laut in einem Wort am Anfang, in der Mitte oder am Schluss des Wortes vorkommt (phonologische Bewusstheit im engeren Sinn).

Vorschläge für den Unterricht

☐ Die Lehrerin/der Lehrer stellt eine Höraufgabe, z. B.: Wo hörst du „r" in Rose?

☐ Vorher wird vereinbart: Steht der Laut ganz vorne im Wort, fassen sich die Kinder mit den Händen auf den Kopf; steht der Laut ganz hinten, greifen sie mit den Händen (mit möglichst gestreckten Beinen) in Richtung Füße; steht der Laut in der Mitte, legen sie die Hände auf den Bauch (siehe Kopiervorlage M 2.2.1.2, S. 58).

☐ Werden die Wörter und Laute in kurzen Abständen genannt, wird auch die Konzentrations- und Koordinationsfähigkeit der Kinder herausgefordert.

☐ Zur Sicherung und Festigung Kopiervorlage M 2.2.1.2 (S. 58) bearbeiten, ggf. auch in Partnerarbeit.

☐ *Hinweis:* Schwächere Schüler könnten das Verhalten der stärkeren nachahmen. Um das auszuschließen, empfiehlt sich eine Aufstellung im Kreis mit dem Blick nach außen; alternativ: Augen schließen.

☐ Es ist darauf zu achten, dass nur Wörter mit eindeutig herauszuhörenden Lauten verwendet werden. Beispiel: In „Garten" „hört" man das „r" z. B. nur in manchen Dialekten. In „bange", „Stange" hört man kein „n" wie in Nase: [ŋ] wird nicht mit <n>, sondern mit <ng> verschriftet.[5]

☐ *Zeitbedarf:* für die Übungen 5 bis 10 Minuten, je nach Anzahl der Wörter bzw. Laute

Variation

☐ Die Übung ist auch als Wettbewerb möglich: Die Kinder der Klasse stehen in zwei Reihen mit dem Rücken zueinander. Jedes Kind mit einer falschen Geste scheidet aus. Es gewinnt die Reihe, in der nach einer vorher festgelegten Anzahl von Durchgängen noch die meisten Kinder im Spiel sind (gilt für Klassen mit einer geraden Anzahl von Kindern). Bei einer ungeraden Anzahl von Kindern in der Klasse gewinnt die Gruppe, bei der am wenigsten Kinder ausgeschieden sind.

☐ Im Rahmen von Stationenlernen können verschiedene Wortkarten ausgelegt und in Partnerarbeit genutzt werden. Auf der Wortkarte sollte der Laut, dessen Platzierung erkannt und dargestellt werden soll, unterstrichen sein. Ein Kind liest das Wort vor und benennt den Laut, um den es geht (unterstrichen). Das andere Kind führt die entsprechende Bewegung aus. Anschließend wird gewechselt.

Vokale in Wörtern entdecken

Die Kinder sollen erkennen, dass im Deutschen praktisch in jeder Silbe ein Vokal enthalten ist (z. B. To-ma-te). Zusätzlich gibt es Wörter mit Doppelvokalen (Diphtongen): z. B. Maus, Teu-fel, A-mei-se (kindgemäße Bezeichnung für Diphtonge: „Doppellaute"). Die Vokale (kindgemäße Bezeichnung: „Kapitänslaute") bilden den Silbenkern. Für jede geklatschte, gehüpfte usw. Silbe muss man also (mindestens) einen Kapitänslaut schreiben.

Es gibt im Deutschen fünf Vokale: a, e, i, o und u. Außerdem gibt es die Umlaute ä, ö und ü sowie die Doppellaute au, ei und eu.

Vorschläge für den Unterricht

☐ Mit Vorübungen zum Erkennen von Silben beginnen (Silben klatschen, hüpfen, schreiten usw.).

☐ Am Anfang sollte man vor allem Wörter mit den fünf Vokalen wählen und Wörter mit Umlauten bzw. Doppellauten meiden.

☐ Einführung der Vokale, dazu die Gesten vereinbaren (siehe Karteikarte M 2.2.1.3, S. 59). Zur Veranschaulichung kann die Karteikarte auf Folie vergrößert kopiert und projiziert werden.

☐ Kinder stellen den jeweiligen Laut mit der entsprechenden Körpergeste nach.

☐ Geeignetes Wortmaterial (möglichst mit gut hörbaren Vokalen): Telefon, Oma, Opa, Fotograf, Ananas, Anorak, Domino, Salami, Koala, Melone, Radio, Banane, Tomate, Foto usw.

☐ Wer findet weitere Wörter?

☐ *Zeitbedarf:* bei Einführung etwa 30 Minuten, später als Bewegungseinschub 5 bis 10 Minuten

☐ Ähnliche Körperbewegungen finden sich in der Tanzchoreografie: Rosin, V.; Gätgens, S.; Lehel, T. & TanzalarmKids (2006): Ki.Ka – Tanzalarm: Die DVD. Track 24: A-E-I-O-U (Der KI.KA Tanzalarm! Song). Berlin.

Kurze und lange Vokale erfahrbar machen

Die Unterscheidung von kurzen und langen Vokalen lässt sich durch verschiedene Formen von Bewegungen zum Ausdruck bringen. Parallel sollte stets das Zielwort schnell (kurze Vokale) oder langsam (lange Vokale) gesprochen werden, evtl. mit besonderer Dehnung der Vokale. Zum Üben sollte man einsilbige Wörter verwenden, damit klar ist, welche Silbe betrachtet wird.

Vorschläge für den Unterricht

☐ Die Kinder stehen sich in der Turnhalle oder auf dem Schulhof zu zweit gegenüber; jedes Paar bekommt einen Prellball. Bei einem kurzen Vokal wird der Ball von einem Kind zum anderen über den Boden geprellt; bei einem langen Vokal wird der Ball gerollt.

Beispiel:

Kurzes „o" wie in „Koch"   Langes „o" wie in „rot"

- ☐ Ist man sich unsicher, ob ein Wort nun mit langem oder kurzem Vokal gesprochen wird, hilft es, beide Varianten auszuprobieren: Was klingt besser? Zum Beispiel „Schatten" (kurzes „a") oder „Schaaaaaaten" (langes „a").

- ☐ Nach den Übungen werden die gleichen Wörter noch einmal im Klassenraum aufgegriffen und an die Tafel geschrieben. Dabei die Vokallänge visualisieren (z. B. „Koch" mit einem dicken Punkt unter dem „o" und „rot" mit einem dicken Strich unter dem „o").

- ☐ Beispielwörter zum Üben siehe Karteikarte M 2.2.1.4, S. 59

- ☐ *Zeitbedarf:* eine Unterrichtsstunde zur Einführung, dann ritualisierte Verwendung im Rechtschreibunterricht, besonders in der Unterrichtssequenz zu Rechtschreiben/Dehnungen

- ☐ *Hinweise:* Die Unterscheidung in lange und kurze Vokale ist nur ein erster Schritt auf dem Weg zur korrekten Schreibweise. Dabei ist stets zu beachten, dass lange Vokale im Deutschen unterschiedlich geschrieben werden können, wobei die verschiedenen Schreibweisen nicht gleich häufig (siehe Tabelle Seite 55) und auch nicht auditiv unterscheidbar sind (z. B. <Moor> versus <Mohr>, <Wahl> versus <Wal>, <Mahl> versus <Mal>, <wahr> versus <war> usw.). Die unmarkierte Schreibweise ist fast immer die häufigste. Dehnungsschreibweisen mit Dehnungs-h bzw. Vokaldopplung (nur bei <aa>, <ee> und <oo>) gehören zu den orthografischen Besonderheiten bzw. zu den Merkwörtern und müssen auswendig gelernt werden. Wortlisten bzw. übersichtliche Zusammenstellungen unterstützen dabei. Es empfiehlt sich:
  - ☐ Ein *Rechtschreib-Wörterheft* anlegen und über mehrere Jahre weiterführen. Auf jeweils einer Seite werden die Lernwörter zu einem bestimmten Rechtschreibfall gesammelt.
  - ☐ Selbst gezeichnete oder fertige Lernplakate[6] helfen, die Wörter zu einem Rechtschreibfall zu visualisieren. Man malt z. B. alle <oo>-Wörter in ein Bild.
  - ☐ Zur *Wiederholung mit Bewegung* könnte man immer wieder eine Seite aus dem Rechtschreib-Wörterheft aufgreifen und Rätselspiele gestalten (ein Kind sucht ein Wort aus und darf es malen, mit Bewegung pantomimisch darstellen oder mit eigenen Worten erklären).
  - ☐ Eine Alternative zum selbst erstellten Rechtschreib-Wörterheft ist das *Sprachforscherbuch.*[7] Dieses Buch enthält diverse Rechtschreibfall-Rubriken mit vielen Leerzeilen, in denen die Kinder ihr eigenes Wortmaterial sammeln können.

☐ *Tipp:* Wichtig bei der Gestaltung einer Unterrichtssequenz zu langen Vokalen ist es, die verschiedenen Arten der Dehnung systematisch im Unterricht zu behandeln und jeweils geeignetes Wortmaterial (inkl. Bildmaterial) auszuwählen. Einige Unterrichtswerke bieten Zusammenstellungen eines Grundwortschatzes[8] oder Materialsammlungen mit Wörterlisten[9]. Selbst zusammenstellen kann man Wort- und Bildmaterial mit dem Computer[10].

☐ In der folgenden Tabelle sind Beispielwörter für unterschiedliche Dehnungsarten zusammengestellt.[11]

Unterrichtssequenzen	Beispielwörter
Dehnungen mit <ah> (sehr häufig)	ahnen, Bahn, Draht, Fahne, fahren, Gefahr, Hahn, Jahr, kahl …
Dehnungen mit <eh> (sehr häufig)	dehnen, ehren, ehrlich, empfehlen …
selten mit <ih>	alle <ih>-Wörter: ihm, ihn, ihnen, ihr, ihre, ihren, ihres, ihrem
sehr selten mit <ieh>	nur in: Vieh; sowie Verben: sieht, stiehlt, empfiehlt …
selten mit <oh>	belohnen, Bohne, Bohrer, Floh, Fohlen …
selten mit <uh>	alle wichtigen <uh>-Wörter: Huhn, Ruhm, Stuhl, Uhr
Dehnungen mit <äh> (sehr häufig)	ähnlich, allmählich, ernähren, erzählen …
selten mit <öh>	dröhnen, Föhn, fröhlich, Höhe, Höhle …
selten mit <üh>	bemüht, berühmt, Brühe, Bühne, fühlen …
Dehnungen mit Vokaldopplung <aa> (häufig)	alle wichtigen aa-Wörter: Aal, Aas, Haar, Paar, Saal, Saat, Staat, Waage
Dehnungen mit Vokaldopplung <ee> (häufig)	Allee, Beere, Beet, Fee …
Dehnungen mit <ie> (häufig)	biegen, Biene, Bier, bieten, Brief, die, Dieb …
selten mit <oo>	alle <oo>-Wörter: Moos, Moor, doof, Boot, Zoo

Anmerkungen

(1) Die in dieser Klassenstufe verbreitete Arbeit mit Handzeichen wurde von den Herausgebern hier nicht aufgenommen. Entsprechende Übersichten für Handzeichentabellen sind in vielen eingängigen Schulbüchern und Unterrichtswerken zu finden. Siehe z. B. Reber, K. & Steidl, M. (2013): Anlautschriften & Co. Schriften für den Computer. Version 2.3. Weiden. <http://www.paedalogis.com>. Abfragedatum: 20.05.2013.

(2) Vgl. Forster, M. & Martschinke, S. (2008): Diagnose und Förderung im Schriftspracherwerb, neue Rechtschreibung, 2 Bde. Bd. 2: Leichter lesen und schreiben lernen mit der Hexe Susi. 8. Auflage. Donauwörth.

(3) Vgl. Institut für Deutsche Sprache (IDS) (2011): Deutsche Rechtschreibung. Regeln und Wörterverzeichnis. Überarbeitetes Regelwerk (Fassung 2006 mit den Aktualisierungen 2011), §2 ff. <http://www.ids-mannheim.de/service/reform/>. Abfragedatum: 26.05.2013.

(4) Siehe ausführlich Reber, K. (2009): Prävention von Lese- und Rechtschreibstörungen im Unterricht. Systematischer Schriftspracherwerb von Anfang an. München und Basel, S. 87 ff.

(5) Für die Beispiele danken wir Frau Prof. Dr. Uta Quasthoff, Technische Universität Dortmund.

(6) Siehe Wildegger-Lack, E. (2003): Littera. Metalinguistisches Schriftsprachtraining in 6 Stufen. Germering.

(7) Reinhardt, A. & Peschel, F. (2001): Der Sprachforscher: Rechtschreiben. Velber.

(8) Zum Beispiel Kuester, U.; Pristl, Th. & Schmidt, J. (2009): Das Sprachbuch 1–4. München; Steinleitner, U. (2010): Zauberlehrling 1–6. Braunschweig.

(9) Zum Beispiel Schönweiss, F. (2007): Lernserver. Individuelle Förderung. Donauwörth. <http://www.lernserver.de>. Abfragedatum: 27.05.2013; Wildegger-Lack, E. (2003): Littera. Metalinguistisches Schriftsprachtraining in 6 Stufen. Germering.

(10) Reber, K. & Steidl, M. (2011): Computerprogramm zabulo. Lernmaterialien mit System. Version 1.2. Weiden. <http://www.paedalogis.com>. Abfragedatum: 20.05.2013.

(11) Nach Wildegger-Lack, E. (2003): Littera. Metalinguistisches Schriftsprachtraining in 6 Stufen. Germering.

Silben klatschen und betonen

Schwierigkeitsgrad 1:
Silben

Ha   se

Schwierigkeitsgrad 2:
Silben und Betonung

Die betonten Silben klatschen,
die unbetonten Silben auf den
Oberschenkel patschen

 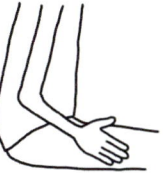

Ha   se

M 2.2.1.1

Vorne, hinten, mittendrin
– wo steckt der Laut?

Stefan zeigt, an welcher Stelle im Wort man „s" hören kann:
vorne, in der Mitte oder hinten.

<u>S</u>alat   Ha<u>s</u>e   Hal<u>s</u>

Finde zu den Bewegungen der Kinder passende Wörter zum Laut „t".

Fülle die Tabelle mit passenden Wörtern aus.

n	Nase		
e			Hose
p			
r			

Körpergesten: Vokale

M 2.2.1.3

Unterscheidung von langen und kurzen Vokalen – Beispielwörter zum Üben

Lautgetreue Einsilbler:

Ast, Bach, Blut, Buch, Brot, Busch, Fisch, Frosch, Glas, Hals, Huf, Hut, Koch, Licht, Loch, Schaf, Schal, Tal, Tisch, Topf, Wal, Zopf

Einsilbler mit h-Dehnung:

Bahn, Föhn, Hahn, Kohl, Kuh, Mehl, Reh, Schuh, Stuhl, Zeh

Einsilbler mit Doppelvokal-Dehnung:

Aal, Boot, Fee, Haar, Klee, Meer, Moos, Paar, Schnee, See, Speer, Tee, Zoo

M 2.2.1.4

Modul 2.2.2

Orthografie entdecken (2)

Thema

Ausgewählte rechtschriftliche Besonderheiten

Intentionen

- ❑ Schreibweise von Wörtern mit gleichem Auslaut, aber unterschiedlichem Buchstaben üben
- ❑ Wörter mit Konsonantenverdopplung nach Vokalen bewusst wahrnehmen
- ❑ Wörter nach dem Alphabet ordnen
- ❑ Aus Silben Wörter zusammensetzen
- ❑ Zu Stammmorphemen Wörter bilden

Materialien

M 2.2.2.1   Kopiervorlage: Hart oder weich?, S. 65
M 2.2.2.2   Kopiervorlage: Wörter springen, S. 66
M 2.2.2.3   Kopiervorlage: Wörterbuchspiel, S. 67

Bezug zu anderen Modulen

Deutsch: Sprache und Sprachgebrauch (2), S. 79

Inhalte und Übungen

- ❑ Hart oder weich?, S. 61
- ❑ Wörter springen, S. 62
- ❑ Wörterbuchspiel, S. 62
- ❑ Silben-Teams, S. 63
- ❑ Stammbaukasten, S. 63

Sachlicher Hintergrund und didaktische Überlegungen

Wenn Kinder sich Gedanken über die Schreibung von Wörtern machen, fördert das ihr „Rechtschreibgespür"[1] und Sprachbewusstsein. Neben dem Schreiben eigener Texte, dem Lesen und der Arbeit mit vorstrukturiertem Wortmaterial gehört daher auch die gemeinsame Beschäftigung mit schwierigen Schreibweisen zum methodischen Repertoire des Rechtschreibunterrichts.[2]

Die folgenden Übungen beschäftigen sich mit einigen Besonderheiten der deutschen Sprache. Dabei geht es vor allem darum, dass die Kinder auf diese Besonderheiten aufmerksam und zum Nachdenken angeregt werden.[3]

Die Konsonanten b-p, g-k und d-t sind als Auslaut von Wörtern und Silben in der Aussprache identisch und daher nicht zu unterscheiden. Ein hilfreiches Verfahren zur Bestimmung der Endbuchstaben ist die Verlängerung der Wörter. Dies geschieht bei Nomen durch Mehrzahlbildung (Kalb – Kälber), bei Adjektiven durch die Steigerung (lieb – lieber) und bei Verben durch das Bilden der Grundform bzw. der 1. Person Plural Präsens. Zum Beispiel: „er fliegt"/„er flog" – man hört jeweils [k]. Aber: „wir fliegen" (bzw. Infinitiv „fliegen") – der stimmhafte Konsonant befindet sich nicht mehr im Auslaut und ist als solcher hörbar. Weitere

Beispiele: „er schreibt"/„er schrieb"/„wir schreiben"; „er lädt (ein)"/„er lud (ein)"/ „wir laden ein".[4]

Dennoch ist die Unterscheidung der harten und weichen Auslaute für viele Kinder schwierig. Das liegt unter anderem daran, dass sich einige Wörter nicht ableiten bzw. so verlängern lassen, dass der Auslaut verschwindet (z. B. Quark, Jugend, Jagd, ob usw.). Bei der Übung „Hart oder weich?" (S. 61) wird die Unterscheidung zwischen harten und weichen Auslauten durch den Sprung in eine harte bzw. weiche Matte zum Ausdruck gebracht und so mit einer zusätzlichen Aktivität vernetzt.

Nach einem kurzen, betonten Vokal stehen in der deutschen Sprache immer mindestens zwei Konsonanten, meistens als Doppelkonsonant (Matte, Tasse, Waffel; aber auch Herbst, Luft, Rast). In der Übung „Wörter springen" (S. 62) geht es darum, die Schreibweise mit doppelten Konsonanten durch zusätzliche Bewegungen einprägsam zu üben.

Eine wichtige Voraussetzung für den Umgang mit dem Wörterbuch ist die gesicherte Kenntnis des Alphabets. Kindern fällt es schwer, dafür nicht nur die ersten, sondern alle notwendigen Buchstaben zu berücksichtigen. Beim „Wörterbuchspiel" (S. 62) wird das Ordnen von Wörtern nach dem Alphabet geübt.

Die Bestimmung von Sprech- und Schreibsilben in der Anregung „Silben-Teams" (S. 63) zielt auf die phonetische Strukturierung von Wörtern, während die Anregung „Stammbaukasten" (S. 63) die Beschäftigung mit Morphemen als Bedeutungseinheit in den Mittelpunkt stellt. Morpheme werden im Stammbaukasten durch ein oder mehrere Kinder dargestellt, die ihre Arme fest verschränken. Das Stammmorphem wird nicht bewegt, während die anderen Morpheme ausgetauscht werden. Damit soll die Einsicht weiter gefestigt werden, dass man über Ableitungen die Rechtschreibung verwandter Wörter erschließen kann.

Hart oder weich?

In der folgenden Übung geht es um die Unterscheidung von Wörtern mit b-p, g-k oder d-t im Auslaut.

Vorschläge für den Unterricht

☐ Die Klasse wird in zwei Gruppen aufgeteilt. Die Gruppen stellen sich in zwei Reihen einige Meter vor jeweils zwei Matten (zum Aufbau siehe Kopiervorlage M.2.2.2.1, S. 65, oberer Teil). Eine Matte ist eine Weichbodenmatte, die andere eine Gymnastikmatte. Hinter der Weichbodenmatte sollte eine zusätzliche Gymnastikmatte liegen, um der Verletzungsgefahr vorzubeugen.

☐ Zur Übung von Wörtern z. B. mit den Buchstaben „d" oder „t" ruft die Lehrerin/der Lehrer den ersten Läufern ein passendes Wort zu, z. B. „Wald".

☐ Jeweils das erste Kind aus der Reihe läuft los, entscheidet sich, auf welche Matte es springt, und läuft weiter zu den Wortkarten (siehe Kopiervorlage M 2.2.2.1, S. 65) am Ende der Turnhalle. Jeweils ein Kind der gegnerischen Gruppe kontrolliert. Wenn richtig gesprungen wurde, darf das Kind die Wortkarte mitnehmen. Gewonnen hat die Gruppe, die die meisten Wortkarten gesammelt hat bzw. zuerst fertig wurde.

☐ *Hinweis:* Falls ohne Matten auf dem Schulhof gespielt wird, kann man auch zwei Felder markieren, über die dann gelaufen wird („weich", „hart").

☐ Zur Einführung können zunächst auch nur Wörter mit weichem Auslaut verwendet werden. Die Kinder laufen mit der Wortkarte entsprechend nur über die Weichbodenmatte und haben so einen weiteren Anhaltspunkt, um sich die Schreibweise einzuprägen. Wenn die harte Matte dazukommt und die bereits geübten Wörter (b-p, g-k oder d-t im Auslaut) mit weiteren Wörtern vermengt werden, können die Kinder zeigen, was sie gelernt haben.

☐ *Zeitbedarf:* je nach Anzahl der Durchgänge ca. 10 bis 15 Minuten

Wörter springen

Die Übung „Wörter springen" beschäftigt sich mit der Konsonantenverdopplung nach einem kurzen, betonten Vokal (z. B. tt in Wetter, wetten, retten, Latten, Ratten usw.).

Vorschläge für den Unterricht

☐ Die Klasse wird in Gruppen von je zwei bis vier Kindern eingeteilt. Jede Gruppe bekommt eine Anzahl Wortkarten mit entsprechenden Konsonantenverdoppelungen ausgehändigt.

☐ Jeweils ein Kind liest ein Wort vor. Ein anderes Kind springt die Buchstaben ab und buchstabiert dabei das Wort. Jeder einzelne Buchstabe wird als Schlusssprung (Füße nahe zusammen) gehüpft; bei Doppelkonsonant erfolgt ein leichter Grätschsprung seitwärts (zum Bewegungsmuster siehe Kopiervorlage M 2.2.2.2, S. 66).

☐ Die anderen Kinder kontrollieren den Sprung; dann wechseln Vorleser und Springer.

☐ *Zeitbedarf:* je nach Anzahl der Wortkarten pro Gruppe 10 bis 15 Minuten

Wörterbuchspiel

Das Wörterbuchspiel wiederholt das Abc und bereitet auf dessen Anwendung beim Umgang mit einem Wörterbuch vor.

Vorschläge für den Unterricht

☐ Die Klasse wird in Gruppen eingeteilt. Je größer die Gruppen, desto schwieriger wird das Spiel. Zur Einführung haben sich Gruppen mit jeweils fünf Kindern bewährt.

☐ Jedes Kind einer Gruppe erhält von der Lehrerin/dem Lehrer eine Wortkarte. Auf ein Signal der Lehrerin bzw. des Lehrers hin stellen sich die Gruppenmitglieder in alphabetischer Reihenfolge auf. Nach dem ersten Durchgang wird das Wortmaterial neu unter den Gruppen verteilt und zugeordnet.

☐ Wenn zwei gleiche Sätze an Wortkarten vorbereitet werden, können auch Gruppen gegeneinander antreten. Nach Aufstellung wird anhand der Wortkarten kontrolliert, ob die richtige Reihenfolge gefunden wurde.

- ☐ Es kann sowohl über das verwendete Wortmaterial als auch über die Gruppengrößen differenziert werden. Je mehr Anfangsbuchstaben identisch sind, umso schwieriger wird die richtige Aufstellung.

- ☐ *Zeitrahmen:* abhängig von der Größe der Gruppen und der Anzahl der Spieldurchgänge

Silben-Teams

Die Kinder bilden aus Silben passende Wörter.

Vorschläge für den Unterricht
- ☐ Die Kinder erhalten eine oder mehrere Silbenkärtchen.

- ☐ Die Kinder bewegen sich im Raum. Die Lehrerin/der Lehrer ruft eine Zahl. Daraufhin müssen sich so schnell wie möglich genauso viele Kinder zusammenfinden und ein Wort mit entsprechender Silbenzahl bilden. Um zu signalisieren, dass das jeweilige Team ein Wort gefunden hat, setzen sich die Kinder mit ineinander verschränkten Armen auf den Boden.

- ☐ Im Anschluss können die Teams ihre Wörter an der Tafel notieren.

- ☐ *Zeitbedarf:* ca. 10 Minuten, je nachdem, wie viele Durchgänge gespielt werden

Stammbaukasten

In der Übung „Stammbaukasten" beschäftigen sich die Kinder mit Bedeutungseinheiten, aus denen Wörter zusammengesetzt sind (Morpheme). Die Kinder bilden mit Wortteilen und jeweils einem Stammmorphem Wörter und sprechen über die unterschiedliche Bedeutung.

Vorschläge für den Unterricht
- ☐ Die Lehrerin/der Lehrer bestimmt ein Stammmorphem, z. B. „spiel".

- ☐ Dieses Stammmorphem wird (im Beispielfall „spiel" durch 5) „Buchstaben-Kinder" dargestellt. Wenn möglich, bekommen diese Kinder Mannschaftsbänder oder T-Shirts in gleicher Farbe. Damit wird auch visuell unterstrichen, dass der Wortstamm zusammengehört und sich nicht ändert.

- ☐ Der Rest der Klasse hat die Aufgabe, um das Stammmorphem herum andere Morpheme zu finden, die zu sinnvollen Wörtern führen.

- ☐ Kinder, die entsprechende Morpheme gefunden haben, stellen sie zu den „Stammmorphem-Kindern".

- ☐ Die so entstandenen Wörter werden an der Tafel so notiert, dass die gleichen Stammmorpheme jeweils untereinander stehen.

- ☐ *Zeitbedarf:* je Stammmorphem etwa 5 bis 10 Minuten

Variation
- ☐ Wenn die Klasse in drei bis vier Gruppen geteilt wird, haben die einzelnen Kinder öfter Gelegenheit, an Stammmorpheme anzuschließen.

☐ In Klassen, in denen die Rechtschreibung noch nicht gefestigt ist, sollte Groß- und Kleinschreibung auseinandergehalten werden (also z. B. „Spiel" (wiese, er, ball, feld …) und „spiel" (en, gespielt, spielte …).

Anmerkungen

(1) Brinkmann, E. (2000): Vier Säulen des Rechtschreibunterrichts als Organisations- und Strukturierungshilfe im Deutschunterricht. In: Valtin, R. (Hrsg.): Rechtschreiben lernen in den Klassen 1–6. Grundlagen und didaktische Hilfe. Frankfurt am Main, S. 60.

(2) Ebd. S. 59 ff.; Hinney, G. (2011): Rechtschreiben. In: Einsiedler, W. u. a.: Handbuch Grundschulpädagogik und Grundschuldidaktik. 3. Auflage. Bad Heilbrunn.

(3) Vgl. auch Danckwerts, B. (2005): Kuckuckseier und andere Anlässe zum Nachdenken über Rechtschreibung. In: Grundschule Deutsch, H. 6, S. 6 f.

(4) Für diese Beispiele danken wir Frau Prof. Dr. Uta Quasthoff, Technische Universität Dortmund.

Hart oder weich?

✄ Wortkarten zum Ausschneiden

Urlaub	Wald
hart	kalt
Schrank	eng
jung	Hut
krank	lang
Tag	Weg
Staub	laut

Wörter springen

Finde zu den jeweiligen Mustern das passende Tunwort oder Namenwort mit doppeltem Mitlaut: Wetter, retten, Fall, essen, Untertasse, schwimmen, Watte, Flamme.

Denkt euch weitere Wörter zum Nachspringen aus.

Wörterbuchspiel

Trage die folgenden Wörter in der alphabetisch richtigen Reihenfolge in die Kästchen ein: Maler, Ball, Maus, Anblick, Zweck, Bach, Augenfarbe.

Sprache und Sprachgebrauch (1)

Thema

Wörter und Sätze

Intentionen

- ☐ Sätze erkennen, Sätze bauen
- ☐ Präpositionen anwenden
- ☐ Satzarten unterscheiden
- ☐ Verben richtig platzieren
- ☐ Groß- und Kleinschreibung üben

Materialien

M 2.3.1.1   Kopiervorlage: Vom Wort zum Satz – Wortkarten (1), S. 74

M 2.3.1.2   Kopiervorlage: Vom Wort zum Satz – Wortkarten (2), S. 75

M 2.3.1.3   Kopiervorlage: Am, auf, im, neben oder über?, S. 76

M 2.3.1.4   Kopiervorlage: Satzzeichen, S. 74

M 2.3.1.5   Kopiervorlage: Verben darstellen, S. 78

Bezug zu anderen Modulen

Deutsch: Sprache und Sprachgebrauch (2), S. 79

Inhalte und Übungen

- ☐ Wort und Satz, S. 69
- ☐ Sätze bauen – vom Wort zum Satz, S. 70
- ☐ Präpositionen anwenden, S. 71
- ☐ Aussagesatz, Fragesatz, Ausrufesatz – Satzarten, S. 71
- ☐ Verben bewegen, S. 72
- ☐ Groß oder klein?, S. 73

Sachlicher Hintergrund und didaktische Überlegungen

Beim Schriftspracherwerb lernen Kinder Fachbegriffe kennen, die vom konkreten Sprachgebrauch abstrahieren, z. B. Buchstabe, Laut, Satz, Silbe oder Wort. Das Verständnis dieser Begriffe wird durch vielseitige, in diesem Fall bewegungsorientierte Anwendungssituationen unterstützt.[1]

In den ersten Jahrgängen der Grundschule fällt es manchen Kindern noch schwer, vom Schreiben auf Wortebene hin zur Satzebene zu gelangen. Um Sätze zu verfassen, müssen Kinder nicht nur einzelne Wörter abrufen, abhören und verschriften, sondern auch den ausgedachten Satz im Gedächtnis behalten und zugleich die aktuelle Schreibposition berücksichtigen. Formale Konventionen wie Abstände zwischen Wörtern, später Satzzeichen sowie Groß- und Kleinschreibungsregeln kommen hinzu.[2]

Im Deutschen gibt es je nach ihrer Funktion verschiedenen Satzarten: Aussagesätze, Fragesätze, Ausrufesätze, Wunschsätze und Aufforderungssätze. Sie unterscheiden sich in der Satzstellung, der Intonation (Sprechmelodie) und im

Satzzeichen am Satzende.[3] Die Übung „Wort und Satz" (S. 69) dient der Unterscheidung zwischen Wörtern und Sätzen. Solange Kinder zu Beginn des Schriftspracherwerbs z. B. Sätze als Kettensätze bzw. Wörterschlangen verschriften und weder Wortzwischenräume noch Satzzeichen verwenden, ist dieses Wissen noch nicht genügend gefestigt. Das Bilden von Sätzen steht im Mittelpunkt der Übung „Sätze bauen – vom Wort zum Satz" (S. 70). Mit der Übung Präpositionen anwenden (S. 71) wenden Kinder Präpositionen an und unterscheiden dabei Nuancen wie z. B. über und auf. Satzarten und die dazugehörigen Satzzeichen sind Thema der Übung „Aussagesatz, Fragesatz, Ausrufesatz – Satzarten" (S. 71).

Mit der Besonderheit von Verben beschäftigen sich die Kinder in der Übung „Verben bewegen" (S. 72). Dabei erfahren sie über die Bewegung die Bedeutungssignale, die mit Bewegungsverben verbunden sind. Ebenso lassen sich Gemeinsamkeiten und Unterschiede zwischen Wörtern eines Wortfeldes zum Ausdruck bringen (z. B. laufen – rennen, gehen – schlendern). Das gilt auch für Unterschiede in Wortfamilien, die durch Vor- und Nachsilben gebildet werden (z. B. gehen – hingehen, weggehen). Bestimmte Vorsilben erzeugen übertragene Bedeutungen, z. B. vergehen, zergehen.

Mit der abschließenden Übung „Groß oder klein?" (S. 73) wird die Anwendung von Groß- und Kleinschreibung geübt.

Wort und Satz

Die Kinder unterscheiden zwischen „Wort" und „Satz". Sie erkennen das Ende eines Satzes und markieren es durch das passende Satzzeichen.

Vorschläge für den Unterricht
- Die Lehrerin/der Lehrer spricht langsam einen einfachen Satz (z. B. „Susi ist im Haus."), sodass die Kinder ihn simultan in Bewegung umsetzen können. Für jedes Wort gehen die Kinder einen Schritt weiter. Am Satzende setzen sich die Kinder auf den Boden. Am Anfang fällt den Kindern die Umsetzung in Bewegung leichter, wenn der Satz vorab einmal als Ganzes gesprochen wird. Hier muss beachtet werden, dass Sätze als grammatische Einheiten nicht unbedingt mit der Intonation übereinstimmen, die im Gesprochenen Einheiten markiert:

- „Susi strickt" (Senkung der Stimmer) versus „Susi strickt und hört dabei Radio" (durch Konjunktion verbundener grammatisch komplexer Satz).

- Zeitbedarf: 10 bis 20 Minuten, abhängig von der Anzahl der Sätze

Reflexion und Vertiefung
- Anstoß zur Reflexion geben folgende Fragen: Wie viele Schritte bist du gegangen? Wie viele Wörter bist du gegangen? Wie viele Wörter hat der Satz? Wo ist der Satz zu Ende? Wenn die Kinder sich eigene Sätze ausdenken, muss die Lehrerin/der Lehrer damit rechnen, dass es Diskussionen zum Konzept „Wort" geben wird: Wird z. B. in dem Satz „Susi steht auf"/„Susi steht immer früh auf" das (trennbare Verb) „aufstehen" als ein oder zwei Wörter gezählt?

Variation
- Wenn man die Rezitiergeschwindigkeit spontan verändert, wird die Übung anspruchsvoller: Wörter folgen schnell oder langsam aufeinander; Pausen werden deutlich gesprochen; Satz als eine Einheit sprechen (z. B. „susiistimhaus").

- Nach einigen Durchgängen können die Kinder auch selbst Sätze vorsprechen.

- Die Übung lässt sich auch gut mit den Körpergesten für Satzzeichen kombinieren (siehe *„Aussagesatz, Fragesatz, Ausrufesatz – Satzarten"*, S. 71). Die Kinder setzen sich am Satzende nicht auf den Boden, sondern führen die entsprechende Körpergeste für das Fragezeichen, den Punkt oder das Ausrufezeichen aus.

Sätze bauen – vom Wort zum Satz

Aus Wörtern bzw. kurzen Satzbausteinen werden Sätze gebildet. Das Satzende wird durch ein Satzzeichen markiert.

Vorschläge für den Unterricht

- Jedes Kind der Klasse erhält eine Wortkarte mit einfachen Satzbausteinen, z. B. Susi, Alisha, bastelt, malt, hat, eine Blume, ein Flugzeug, eine Pyramide usw. (siehe Kopiervorlagen M 2.3.1.1, S. 74, und M 2.3.1.2, S. 75; bitte zusätzlich eine Anzahl Karten mit Punkt bereitstellen).
  Beispielsätze:
  Stufe 1: Name + Verb: Susi malt. Tim hüpft. Alisha schläft.
  Stufe 2: Name + Verb + Objekt: Susi malt eine Blume. Tim bastelt ein Flugzeug. Alisha backt einen Kuchen.
  (Für nicht muttersprachliche Kinder ist hier jeweils Genus und Kasusflexion explizit zu klären.)

- Alle Kinder gehen oder laufen durch den Raum. Auf ein akustisches Signal hin sollen sie sich möglichst schnell zu einer Gruppe zusammenfinden, sodass sich ein vollständiger Satz ergibt. Anschließend notieren die Gruppen ihren Satz. Die gebildeten Sätze werden laut vorgelesen. Danach tauschen die Kinder gruppenübergreifend ihre Papierstreifen aus – und die nächste Runde beginnt. Es sollte darauf geachtet werden, dass sich die Sätze nicht wiederholen.

- In der Übung sollten möglichst einfach geschriebene Wörter verwendet werden. Außerdem sollten nur Nomen im Femininum oder Neutrum eingesetzt werden, da für diese Nominativ und Akkusativ gleich sind, z. B. Flugzeug (Neutrum, das Flugzeug): *Ein Flugzeug* fliegt – Nominativ; Tim bastelt *ein Flugzeug* – Akkusativ; versus z. B. Dino (Maskulinum, der Dino): *Ein Dino* schläft – Nominativ; Tim bastelt *einen Dino* – Akkusativ. Bei maskulinen Nomen unterscheiden sich die Artikel (Nominativ: ein/der → Akkusativ: einen/den).

- *Zeitbedarf:* 10 bis 20 Minuten, je nach Klassenstufe, Komplexität des Wortmaterials und Neuheitswert

Variation

- Es können auch bewusst formal korrekte und sinnvolle Sätze sowie formal korrekte und nicht sinnvolle Sätze gebildet werden. Zum Beispiel: „Tim bastelt ein Flugzeug", „Tim liest ein Flugzeug".

- Wenn die Klasse die verschiedenen Satzarten (Aussagesatz, Fragesatz, Ausrufesatz) sowie Satzendzeichen kennengelernt hat (siehe Kopiervorlage M 2.3.1.4, S. 77), können auch Frage- und Befehlssätze gebildet werden. Dabei verändert sich auch die Wortstellung (z. B. „Bastelt Tim ein Flugzeug?", „Bastle ein Flugzeug, Tim!"). Allerdings müssten für diese Übung manche Wörter in unterschiedlicher Schreibweise auf Karten zur Verfügung gestellt werden (z. B. „Bastelt", „bastelt").

Präpositionen anwenden

Einige Präpositionen wie *am, auf, im, neben* oder *über* anwenden. Nicht muttersprachliche Sprecher des Deutschen haben mit der richtigen Verwendung der Präpositionen häufig Schwierigkeiten, sodass diese Übung für sie besonders wichtig sein kann.

Vorschläge für den Unterricht

☐ Die Kinder bewegen sich frei im Raum (Klassenraum, Turnhalle, Schulhof).

☐ Die Lehrerin/der Lehrer ruft eine der folgenden Präpositionen: *am, auf, im, neben* oder *über*.

☐ Die Kinder setzen, stellen oder legen sich der Präposition entsprechend an einen Platz im Klassenraum (z. B. für die Präposition *neben*: neben den Stuhl, neben den Tisch, neben der Tafel). Hinweis: Bitte gefährliche Situationen vorab ausschließen, z. B. „steht *auf* dem Pult".

☐ Steigerung des Schwierigkeitsgrades: Jedes Kind erhält eine Wortkarte mit einer der genannten Präpositionen darauf. Die Lehrerin/der Lehrer nennt ein Verb (gehen, liegen, sitzen, stehen, stellen usw.). Nun versuchen die Kinder, zu ihrer Präposition in Kombination zu dem Verb eine Position im Raum einzunehmen. Beispiel: Kind A hat die Präposition *auf*; die Lehrerin/der Lehrer nennt das Wort „sitzen": „Ich sitze auf dem Stuhl." Kind B hat die Präposition *neben*: „Ich sitze neben Maria."

☐ Umgekehrt: Die Kinder erhalten Wortkarten mit Verben; die Lehrerin/der Lehrer liest Präpositionen vor.

☐ Zur Sicherung des Gelernten bearbeiten die Kinder die Kopiervorlage M 2.3.1.3, S. 76.

☐ *Zeitbedarf*: je nach Variation 10 bis 20 Minuten

Aussagesatz, Fragesatz, Ausrufesatz – Satzarten

Die Kinder sollen Aussage-, Frage- und Ausrufesätze unterscheiden und die entsprechenden Satzzeichen verwenden.

Vorschläge für den Unterricht

☐ Zunächst werden Beispiele für verschiedene Satzarten besprochen. Dazu wird eine jeweils passende Körpergeste vorgestellt (siehe Kopiervorlage M 2.3.1.4, S. 77).

	Körpergeste	Beispiele	Stimmliche Merkmale
Aussagesatz: Ich erzähle. Ich beschreibe.	Kind in Aussagehaltung (aufrecht stehen, Hände auf die Hüften gestützt)	Tim bastelt ein Flugzeug.	Stimme geht gegen Ende des Satzes nach unten

	Körpergeste	Beispiele	Stimmliche Merkmale
Fragesatz: Frage ich?	Kind in Fragehaltung (Arme fragend nach oben gehoben)	Hast du meinen Stift gesehen?	Stimme geht gegen Ende des Satzes nach oben
Ausrufesatz: Ich rufe!	Kind in Ausrufehaltung (beide Arme werden nach oben gestreckt)	Juchhu! Super!	Stimme bleibt auf gleicher Höhe, Stimme ist lauter und drückt Gefühle aus

Tab. 1: Körpergesten zu den Satzzeichen bzw. Satzarten

☐ Die Lehrerin/der Lehrer liest verschiedene Sätze vor. Die Kinder stellen am Ende des Satzes das richtige Satzzeichen mittels der vereinbarten Körpergeste dar.

☐ *Hinweis:* Die Unterscheidung zwischen Ausrufe- und Aussagesatz ist dabei teilweise interpretationsbedingt (Beispiel: „Wir haben gleich Pause."/„Wir haben gleich Pause!"). Bei unterschiedlichen Zeichensetzungen sollten daher sinnvolle Interpretationsmuster auch zur Sprache gebracht werden.

☐ Bildung kleinerer Gruppen: Reihum formuliert ein Kind einen Satz, die anderen Kinder stellen wieder die Satzzeichen dar.

☐ Umgekehrt: Ein Kind stellt das Satzzeichen dar, die anderen Kinder formulieren einen dazu passenden Satz.

☐ *Zeitbedarf:* ca. 20 Minuten

Verben bewegen

Die Kinder verknüpfen Verben mit Tätigkeiten. Für die im Folgenden genannten Wortkarten siehe die Kopiervorlage M 2.3.1.5 (S. 78).

Vorschläge für den Unterricht

☐ *Bewegungsverben-Pantomime:* Gut darstellbare Bewegungsverben werden auf kleine Wortkarten geschrieben. Ein Kind zieht eine Karte und stellt das Wort pantomimisch dar, die anderen Kinder erraten es. Um das Spiel spannender zu machen, kann auch ein Quizspiel gestaltet werden (Rategruppen in der Klasse bilden).

☐ *Bewegungsverben-Spiegel:* Auf Wortkarten werden jeweils gut darstellbare Verben geschrieben. Die Lehrerin/der Lehrer oder ein Kind macht das erste Wort vor. Die anderen Kinder ahmen die Bewegung nach. Am Ende wird das gespielte Verb genannt. Es können sich auch jeweils zwei Spielpartner gegenüberstehen: Einer macht das Wort vor, der Partner stellt dessen Spiegelbild dar. Dann erfolgt die Auflösung.

☐ *Bewegungsverben-Duo:* Benötigt werden Wortkarten mit Verben, wobei jedes Verb zweimal vorhanden sein muss. Die Wortkarten werden in der Klasse verteilt. Auf ein Startsignal hin legen alle Kinder die Karten an ihren Platz und führen die entsprechende Bewegung aus, um den Partner zu finden, der das gleiche Verb hat. Wer sich gefunden hat, blinzelt sich an.

- ☐ *Zeitbedarf*: ca. 15 bis 20 Minuten

Groß oder klein?

Die Kinder stellen die Groß- und Kleinschreibweise jeweils mittels einfacher Bewegungen dar.

Vorschläge für den Unterricht

- ☐ Die Kinder stehen hinter ihrem Stuhl an ihrem Platz. Die Lehrerin/der Lehrer nennt ein Wort (z. B. „Baum", „Blume", „schreiben", „singen", „trinken"). Wird das Wort großgeschrieben, bleiben die Kinder stehen. Wird es kleingeschrieben, gehen sie in die Hocke.

- ☐ Die Geschwindigkeit der Wortnennungen kann nach und nach gesteigert werden.

- ☐ *Zeitbedarf*: 5 bis 10 Minuten

Variation

- ☐ Nach einer kleinen Übungsphase wird das Spiel mit längeren Sätzen gespielt. Die Kinder nehmen zu jedem Wort die entsprechende Position ein. Dabei ist auf Großschreibung am Satzanfang zu achten. Beispiel: Die (stehen) Blume (stehen) blüht (Hocke) schön (Hocke).

Anmerkungen

(1) Vgl. Merzinger, A. (2002): Sprache untersuchen im 1. und 2. Schuljahr. München.
(2) Vgl. Reber, K. (2009): Prävention von Lese- und Rechtschreibstörungen im Unterricht. München.
(3) Vgl. Dudenredaktion (Hrsg.) (2006): Duden: Die Grammatik. Bd. 4. Mannheim, Leipzig, Wien, Zürich, §1387.

Vom Wort zum Satz – Wortkarten (1)

✂ Wortkarten zum Ausschneiden

Susi	Bleistift
eine	Sonja
Kuchen	malt
Michele	Flugzeug
trägt	backt
ein	Alisha
Blume	einen
hat	Erika

Vom Wort zum Satz – Wortkarten (2)

✂ Wortkarten zum Ausschneiden

bastelt	Serkan
eine	Apfel
sieht	Tim
Pyramide	einen
ein	Tasche
Maxi	eine
kauft	backt
Brot	einen

Am, auf, im, neben oder über?

Christine

Johann

Thomas

Olga

Trainer   Ursula

Ergänze die Sätze mit den passenden Wörtern.

Christine steht .... Zaun.

Olga setzt den Fuß .... den Ball.

Thomas schießt den Ball .... den Zaun.

Johann .... Tor.

Ursula ....

Satzzeichen

| Aussage | Frage | Ausruf |

Setze die fehlenden Satzzeichen ein.

Jan schläft in der Schule

Willst du mit mir Karten spielen

Sollen wir gemeinsam üben

Das hast du prima gemacht

Hast du meinen Radierer gesehen

Tor

Vladimir rechnet an der Tafel vor

Wir haben gleich Pause

Wer hat Max gesehen

Achtung

Lukas packt seine Stifte ein

Das war super

Ich lese ein Buch

Toll

Wo ist Jana

Warum ist es so laut

Arissa meldet sich

Verben darstellen

✂ Wortkarten zum Ausschneiden

schwimmen	lesen
schlafen	kriechen
rechnen	fahren
schreiben	fliegen
trinken	graben
pusten	baden
kämmen	putzen
schlendern	tanzen
suchen	hüpfen
beobachten	klettern
frieren	schwitzen

Sprache und Sprachgebrauch (2)

Thema

Mit Sprache experimentieren

Intentionen

- ☐ Mit Wortarten und Zeitformen umgehen
- ☐ Grammatische Kategorien einprägen
- ☐ Sprachbewusstsein entwickeln

Materialien

M 2.3.2.1   Kopiervorlage: Timewalk, S. 84
M 2.3.2.2   Kopiervorlage: Groß, größer, am größten, S. 85
M 2.3.2.3   Kopiervorlage: Wortfelder, S. 86
M 2.3.2.4   Kopiervorlage: Wörter verbinden, S. 87

Bezug zu anderen Modulen

Deutsch: Sprache und Sprachgebrauch (1), S. 68

Inhalte und Übungen

- ☐ Timewalk, S. 80
- ☐ Groß, größer, am größten, S. 80
- ☐ Sich im Wortfeld bewegen, S. 81
- ☐ Vorsilben fangen, S. 81
- ☐ Wörter verbinden, S. 82

Sachlicher Hintergrund und didaktische Überlegungen

Zum Umgang mit Sprache gehört die Fähigkeit, über Sprache und Sprachhandeln nachzudenken. Vielfältige Situationen können die Kinder zum Experimentieren und Reflektieren anregen.[1] Dadurch verbessert sich das Sprachgefühl der Kinder und die Beherrschung wichtiger grammatischer Kategorien wird erleichtert.[2]

Die Übung „*Timewalk*" (S. 80) beschäftigt sich mit den Zeitformen 1. Vergangenheit, 2. Vergangenheit, Gegenwart und Zukunft. Dabei schafft das Einbeziehen der Bewegung einen spielerischen Umgang mit Sprache. Diese Art des Zugangs hebt sich bewusst von einem konventionellen Grammatikunterricht ab, der sich primär an normativem Wissen orientiert und als solcher insbesondere von Muttersprachlern als wenig sinnvoll erlebt wird.[3] Da die Lernvoraussetzungen und Vorkenntnisse nicht nur bei Schülerinnen und Schülern mit Deutsch als Zweitsprache sehr heterogen sind, kommt der Beobachtung durch die Lehrerin/den Lehrer eine besondere Bedeutung zu. Übungen wie „*Timewalk*" schaffen dafür Möglichkeiten, weil sie das Verständnis für unterschiedliche Zeitformen unmittelbar sichtbar machen.

Die Übung „*Groß, größer, am größten*" (S. 80) beschäftigt sich mit den unterschiedlichen Steigerungsformen von Adjektiven. Zur Darstellung der Stufen verändern die Kinder ihre Körpergröße (in die Hocke gehen, stehen, strecken). Damit wird eine Situationsorientierung geschaffen, die in der Deutschdidaktik als ein mögliches Merkmal des Grammatikunterrichts gilt.[4]

Bei der Übung *„Sich im Wortfeld bewegen"* (S. 81) gruppieren sich die Kinder zu passenden Wortfeldern. So haben sie die Möglichkeit, ihr Verständnis von sinnverwandten Wörtern und deren Nuancierungen durch Bewegung zum Ausdruck zu bringen.

Die Übung *„Wörter verbinden"* (S. 82) macht über Bewegungserfahrungen unterschiedliche Formen der Wortbildung deutlich. Der handelnde Umgang mit Wörtern unterstützt das Erkennen von sprachlichen Besonderheiten und regt zum Nachdenken und Erproben an.[5]

Timewalk

Bei der folgenden Übung werden die unterschiedlichen Zeitformen über Bewegung dargestellt und veranschaulicht. Verben in der Zukunft werden durch einen Schritt nach vorne, Verben mit Vergangenheitsbezug durch einen Schritt nach hinten dargestellt. Die Gegenwartsform eines Verbs wird durch das Verbleiben bzw. das Stellen auf die Ausgangsposition ausgedrückt.

Vorschläge für den Unterricht

- Ausgangspunkt ist immer die Gegenwart (z. B. ich *trinke*). Dabei gehen die Kinder auf dem Platz kurz auf die Zehenspitzen.

- Nennt die Lehrerin/der Lehrer dasselbe Verb in der Zukunft (ich *werde trinken*), bewegen sich die Kinder einen Schritt nach vorne.

- Bei Verben in der 1. Vergangenheit (ich *trank*), gehen sie mit dem rechten Bein einen Schritt nach hinten. Bei Verben in der 2. Vergangenheit (ich *habe getrunken*) gehen sie mit dem linken Bein einen Schritt nach hinten.

- Nach jeder Schrittfolge wird wieder die Ausgangsposition (aufrechter Stand, beide Füße parallel) eingenommen. Hierdurch wird symbolisiert, dass der Zeitbezug sich am Sprechzeitpunkt orientiert.

- Zur Festigung des Gelernten siehe Kopiervorlage M 2.3.2.1, S. 84.

- *Zeitbedarf:* ca. 10 bis 15 Minuten

Groß, größer, am größten

In dieser Übung drücken die Kinder Steigerungsformen von Adjektiven durch passende Bewegungen aus.

Vorschläge für den Unterricht

- Die Lehrerin/der Lehrer nennt ein Adjektiv entweder in der Grundform oder in einer der beiden Steigerungsformen. Bei Nennung der Grundform gehen die Kinder in die Hocke, bei der 1. Steigerung stehen sie aufrecht und halten die Hände vor den Bauch, bei der 2. Steigerung strecken sie ihre Arme über den Kopf (siehe Kopiervorlage M 2.3.2.2, S. 85).

Variation

- ☐ Die Kinder bilden Dreiergruppen. Die Lehrerin/der Lehrer nennt ein Adjektiv in einer Grund- oder Steigerungsform. Die Kinder benennen die beiden anderen Formen und stellen sie (wie oben) dar.

- ☐ *Zeitbedarf:* ca. 10 bis 15 Minuten

Sich im Wortfeld bewegen

In der folgenden Übung stellen die Kinder verschiedene Verben (zunächst) eines Wortfeldes dar. Anschließend sollen die Kinder Verben zu passenden Wortfeldern gruppieren.

Vorschläge für den Unterricht

- ☐ Jedes Kind erhält eine Wortkarte, auf der ein Verb notiert ist (hier: aus dem Wortfeld „gehen"). Jedes Verb ist zweimal vorhanden.

- ☐ Die Kinder bewegen sich frei im Raum. Auf ein Signal der Lehrerin/des Lehrers hin setzt jedes Kind sein Verb in Bewegung um. Die Aufgabe lautet: „Finde den Partner, der das gleiche Bewegungsverb wie du darstellt."

- ☐ Beispielwortschatz zum Wortfeld „gehen": weggehen, eintreten, herumgehen, hochgehen, bergsteigen, spazieren, marschieren, trödeln, stolzieren, schleichen, schlendern, trampeln usw.

- ☐ Um mit weniger Wortschatz zu arbeiten, können sich auch immer drei Kinder finden.

- ☐ Die Kinder erhalten wieder Wortkarten mit Verben. Aber die Verben stammen diesmal aus zwei Wortfeldern (z. B. „gehen" und jetzt auch „essen", siehe Kopiervorlage M 2.3.2.3, S. 86). Die Kinder sollen sich zu passenden Wortfeldern gruppieren: Alle Kinder mit einem Verb aus dem Wortfeld „essen" finden sich zu einer Gruppe und alle Kinder aus dem Wortfeld „gehen". Wichtig ist, dass die Lehrerin/der Lehrer vorher nicht sagt, welche Wortfelder vorhanden sind.

- ☐ Steigerung: Um den Schwierigkeitsgrad der Übung zu erhöhen, können weitere Wortfelder hinzugefügt werden.

- ☐ *Zeitbedarf:* ca. 10 bis 30 Minuten

Vorsilben fangen

Bei dieser Übung verbinden Kinder Verben mit Vorsilben.

Vorschläge für den Unterricht

- ☐ Mindestens zwei, höchstens vier Kinder tragen Mannschaftsbänder in derselben Farbe. Sie stellen die Verben dar. Alle anderen Kinder kleben sich Zettel mit einer Vorsilbe auf die Brust. (Beispiele: ab-, an-, auf-, aus-, be-, bei-, dar-, durch-, ein-, ent-, er-, fort-, ge-, her-, hin-, hinter-, los-, mit-, nach-, über-, um-, unter-, ver-, vor-, weg-, wider-, zer-, zu-, zurück-, zusammen-)

- ☐ Auf ein Signal der Lehrerin/des Lehrers hin versuchen alle Verben-Kinder möglichst viele passende „Vorsilben" zu fangen. Sobald ein „Verb" eine „Vorsilbe" gefunden hat, geben sie sich die Hand und suchen gemeinsam weitere „Vorsilben". Die Übung endet, wenn keine sinnvollen Kombinationen aus Vorsilbe und Verb mehr gefunden werden können.

☐ Zum Abschluss werden die neu zusammengestellten Verben vorgestellt. Um sicherzugehen, dass es sich um sinnvolle neue Verben handelt, sollten die Kinder einen Satz mit den jeweils gefundenen Verben bilden. In der nächsten Runde werden andere Kinder zu Verben-Kindern.

☐ Weitere Möglichkeiten: (1) Gleiches Verb, aber alle Vorsilben werden getauscht. Außerdem wird die Verben-Kindergruppe neu besetzt (besonders geeignet für schwächere Lerngruppen). (2) Es wird ein neues Verb vorgegeben.

☐ *Zeitbedarf:* je nach Anzahl der Durchgänge ca. 15 bis 30 Minuten

Variation
☐ Je nach Anzahl und Auswahl der Vorsilben und Verben variiert der Schwierigkeitsgrad.

Wörter verbinden

Die Übung „*Wörter verbinden*" dient der Erweiterung des Wortschatzes und verdeutlicht, dass zusammengesetzte Nomen aus Grundwort und Bestimmungswörtern bestehen.

Vorschläge für den Unterricht
☐ Die Kinder bilden einen Kreis. Ein Kind (Grundwort) steht in der Mitte. Es wirft einem anderen Kind einen Ball zu.

☐ Die Fängerin bzw. der Fänger formuliert zum Grundwort (z. B. „Schlüssel") ein zusammengesetztes Nomen (z. B. „Autoschlüssel") und wirft den Ball zum Grundwort-Kind zurück.

☐ Das Grundwort-Kind wirft einem weiteren Kind den Ball zu, die Fängerin bzw. der Fänger versucht, ein neues zusammengesetztes Nomen zu finden (z. B. „Schrankschlüssel").

☐ Wenn es zu schwierig wird, neue Wörter zu finden, wird das Kind in der Mitte abgelöst und ein neues Grundwort-Kind bestimmt.

☐ Als Steigerung der Übung kann das jeweils gefundene Bestimmungswort zum Grundwort werden. Dann wirft die Fängerin bzw. der Fänger den Ball einem anderen Kind aus dem Kreis zu. (Beispiel: Ausgangswort „Schlüssel" – 1. Fänger: „Autoschlüssel", 2. Fänger: „Schlüsseldienst", 3. Fänger: „Dienstwagen" usw.)

☐ Zur Festigung des Gelernten können die Kinder die Kopiervorlage M 2.3.2.4 (S. 87) bearbeiten. Die Kinder können dabei entdecken, dass das Grundwort das Genus bestimmt: z. B. „der Autoschlüssel"/„die Autofarbe".

☐ *Zeitbedarf:* ca. 15 bis 30 Minuten

Variation
☐ Damit möglichst viele Kinder aktiv beteiligt sind, können die Kinder im Kreis Teams zu zweit oder zu dritt bilden.

□ Sobald die Übung ausreichend bekannt ist, kann die Klasse in Gruppen von ca. 6 bis 8 Kindern eingeteilt werden. Die Gruppen können dann themengleich zu demselben Grundwort passende Bestimmungswörter finden oder zu unterschiedlichen Grundwörtern Bestimmungswörter finden.

Anmerkungen

(1) Bartnitzky, H. (2006): Sprachunterricht heute. Berlin, S. 20.
(2) Menzel, W. (2008): Grammatikwerkstatt. Hannover, S. 15.
(3) Vgl. Markmann, G.; Osburg, C. & Valtin, R. (2011): Die Sprache im Blick. In: Deutsch differenziert, Grammatik verstehen, H. 3, S. 5.
(4) Vgl. Ebd., S. 6.
(5) Vgl. Bartnitzky, H. (2008): Wortarten: Mit Wörtern operieren statt sie definieren. In: Grundschule Deutsch, H. 18, S. 20 f.

Timewalk

Vervollständige die Tabelle mit den richtigen Verbformen.

1. Vergangenheit	2. Vergangenheit	Gegenwart	Zukunft
ich trank	ich habe getrunken	ich trinke	ich werde trinken
		ich gehe	
			ich werde spielen
ich sah			
	ich habe geschlafen		
ich tanzte			

Groß, größer, am größten

laut	lauter	am lautesten
ruhig		
		am kleinsten

Wortfelder

✂ Wortkarten zum Ausschneiden

Wortfeld gehen

weggehen	spazieren	trampeln
eintreten	trödeln	schleichen
herumgehen	marschieren	flanieren
hochgehen	stolzieren	schlendern

Wortfeld essen

naschen	knabbern	schlemmen
schlingen	speisen	mampfen
spachteln	schnabulieren	löffeln
sich vollstopfen	vertilgen	picknicken

Wörter verbinden

Finde die passenden Wörter.

Bestimmungs-wort	Grundwort	zusammengesetzt
Auto	Schlüssel	Autoschlüssel
	Schlüssel	
	Schlüssel	
Schlüssel		
Schlüssel		
	Schrank	
	Schrank	

Modul 2.4.1

Mit Texten und Medien umgehen

Thema

Sinnerschließend lesen – Texte verstehen

Intentionen

- ☐ Lesemotivation fördern
- ☐ Darstellerische Formen erproben
- ☐ Imaginationsfähigkeit erweitern
- ☐ Sichtweisen und Handlungen nachvollziehen

Materialien

M 2.4.1.1   Kopiervorlage: Schattentiere, S. 92

Bezug zu anderen Modulen

Deutsch: Sprechen und Zuhören (1), S. 27, und (2), S. 38

Inhalte und Übungen

- ☐ Märchenwald (Klasse 1–4), S. 89
- ☐ Märchen-Fotostory (Klasse 1–4), S. 89
- ☐ Fabel-Schattenspiel, S. 90

Sachlicher Hintergrund und didaktische Überlegungen

Die Förderung von Lesebereitschaft und Leselust bildet eine wichtige Basis für weiterführendes Lernen. In einem zeitgemäßen Literatur- und Textunterricht der Grundschule sollte die Erschließung des Sinngehalts literarischer Texte im Sinne der Rezeptionsästhetik[1] durch eine fantasievolle, spielende, musikalische, bildlich-illustrative und vor allem bewegungsintensive Umsetzung ergänzt werden.[2] Gleichzeitig wird dadurch die innere Vorstellungskraft der Mädchen und Jungen angeregt.[3] Allerdings sollte man auch beachten, dass Lesemotivation – gerade auch bei Jungen – zudem im Umgang mit Sachtexten erworben werden kann.

Die verbale, visuelle und szenische Umsetzung von Märchen und Geschichten („Märchenwald", S. 89; „Märchen-Fotostory", S. 89, „Fabel-Schattenspiel", S. 90) erleichtert es Mädchen und Jungen zudem, Sichtweisen und Handlungen anderer nachzuvollziehen und den Text in den eigenen Wissenskontext einzubetten.

Durch einen interessenorientierten Medieneinsatz eröffnen sich vielfältige Möglichkeiten der Rezeption und vor allem der Produktion neuer medialer Ausdrucksformen für Mädchen und Jungen. Grundsätzlich sollte im Deutschunterricht von einem weiten Medienbegriff ausgegangen werden, der technische und nicht technische Medien mit einschließt. Wenn dabei an individuellen Stärken und Schwächen angeknüpft wird, lässt sich der spezifische Förderbedarf im Lesen, Denken und Sprechen berücksichtigen. Außerdem kann so auf geschlechterspezifische Kompetenz- und Interessenunterschiede eingewirkt werden.[4]

Märchenwald

Die Übung fördert sinnerschließendes Lesen unter besonderer Berücksichtigung von Handlungskontexten.

Vorschläge für den Unterricht

☐ Vier Gruppen erhalten jeweils eine Szene eines Märchens in Form eines kurzen Textes. Innerhalb der Gruppen wird der Text gemeinsam gelesen. Jede Gruppe überlegt, wie sie die Szene pantomimisch darstellen kann.

☐ Die Gruppen spielen nacheinander ihre Szenen vor (noch nicht in der richtigen Reihenfolge!). Anschließend versucht die ganze Klasse, die richtige Reihenfolge der Szenen festzulegen.

☐ *Beispiel:*
  ☐ *1. Szene:* Hänsel und Gretel werden von den Eltern in den Wald geführt. Damit sie den Heimweg wiederfinden, streuen sie heimlich Brotkrümel aus.
  ☐ *2. Szene:* Hänsel und Gretel knabbern am Knusperhaus. Die Hexe kommt heraus und versucht, die beiden ins Haus zu locken.
  ☐ *3. Szene:* Die Hexe hat Hänsel eingesperrt. Gretel muss für Hänsel kochen. Die Hexe prüft an Hänsels „Finger" (in Wirklichkeit an einem von Hänsel zur Täuschung hingehaltenen dünnen Knochen), ob er schon dicker geworden ist.
  ☐ *4. Szene:* Gretel schubst die Hexe in den Ofen und befreit Hänsel. Die beiden freuen sich sehr und stopfen sich die Taschen mit den Schätzen der Hexe voll. Dann machen sie sich auf den Heimweg.

☐ *Zeitbedarf:* ca. 45 Minuten

Variation

☐ Der Komplexitätsgrad und die Länge des Textes können je nach Leistungsvermögen der Kinder variiert werden.

☐ Gruppenweise können die Kinder auch unterschiedliche Märchen erhalten. Sie bereiten zentrale Szenen ihres Märchens vor, das Publikum muss erraten und begründen, um welches Märchen es sich jeweils handelt.

☐ Die erste Variante ist jedoch besonders sinnvoll, um die Entstehung eines globalen Textverständnisses aufzubauen, das im Grundschulalter erworben wird und sich auf die produktive und rezeptive Verarbeitung größerer Textzusammenhänge bezieht.

Märchen-Fotostory

In der folgenden Übung werden Märchen in Form von „Standbildern" nachgestellt. Das Aneinanderfügen der einzelnen Standbilder gibt den Verlauf der Geschichte wieder.

Vorschläge für den Unterricht

☐ Die Kinder erhalten in Gruppen jeweils eine Szene eines Märchens (vgl. „Märchenwald", S. 89). Jede Gruppe erarbeitet zu ihrer Szene passende Standbilder. Die Standbilder werden fotografiert. Dabei sollten möglichst ausdrucksstarke Standbilder gefunden werden.

- Die Fotos werden ausgedruckt oder in ein Computer-Präsentationsprogramm eingebunden.

- Gemeinsam überlegen die Kinder die beste Reihenfolge für die Bilder.

- *Zeitbedarf:* ca. 45 Minuten

Variation
- Die Bilder können auch mit Ton und Texten (z. B. Sprechblasen) versehen werden.

Fabel-Schattenspiel

Die Kernidee dieser Übung basiert auf den Überlegungen zur Übung „*Märchenwald*" (S. 89). Beim Schattenspiel werden die Protagonisten durch Handbewegungen dargestellt und zum Leben erweckt.[5]

Vorschläge für den Unterricht
- Die Lehrerin/der Lehrer liest gemeinsam mit den Kindern einen Fabeltext.

- Ein Leintuch oder eine weiße Wand wird mit einer punktförmigen Lichtquelle (Tageslichtprojektor) beleuchtet.

- Die Kinder überlegen sich passende Handbewegungen zu den beteiligten Tieren und probieren diese hinter dem Leintuch bzw. vor der Wand aus. Beispiele für Schattentiere siehe Kopiervorlage M 2.4.1.1 (S. 92).

- Der Fabeltext wird anschließend von einem oder mehreren Kindern gelesen. Die Akteure sitzen hinter dem Leintuch bzw. vor der Wand und stellen die beteiligten Tiere mit passenden Handbewegungen dar. Hier kommt es auf flüssiges Lesen an, damit die Vorgänge von den ausführenden Kindern erkannt und umgesetzt werden können.

- Die Kinder erlernen zunächst verschiedene Handbewegungen und können sich dann gruppenweise eigene Geschichten ausdenken, in denen verschiedene Tiere mitspielen.

- *Zeitbedarf:* ca. 45 Minuten

Variation
- Die Handschatten können durch Kulissen aus Pappe ergänzt werden. Die Kulissen werden an Holzstäben befestigt und bewegt. Die Textauswahl erfolgt altersgemäß.[6]

- Das Schattenspiel kann auch in Form eines szenischen Spiels mit den Körpern der Kinder umgesetzt werden. Auch für die Umsetzung eines Gedichtes ist das Schattenspiel gut geeignet.

- Eventuell kann die Vorführung gefilmt werden, damit die Akteure im Nachhinein ihre eigene Darstellung sehen können.

Anmerkungen

(1) Die Rezeptionsästhetik beschäftigt sich mit dem Leseprozess und stellt heraus, dass der Sinn eines Textes immer vom Leser selbst geschaffen wird. Vgl. Haas, G.; Menzel, W. & Spinner, K. (2000): Handlungs- und produktionsorientierter Literaturunterricht. In: Praxis Deutsch Sonderheft, S. 7–15.

(2) Vgl. ebd.

(3) Vgl. ebd.

(4) Hauck-Thum, U. (2011): Medienarbeit im Deutschunterricht. Weinheim.

(5) Vgl. ebd.

(6) Beispiele für Texte und Figuren finden sich in: Collins, S. (2008): Schattenfiguren: 100 Tiermotive mit der Hand gezaubert. München; Zimmermann, E. (2011): Wir spielen Schattentheater. Stuttgart.

Schattentiere

Schwan

Elefant

fliegender Vogel

Hund

Lernbereich Mathematik

Modul 3.1.1

Zahlen und Operationen (1)

Thema

Zahlen als Mengen verschieden zusammensetzen und aufteilen

Intentionen

☐ Die Teilbarkeit einer Zahl durch 2 als Unterscheidung zwischen geraden und ungeraden Zahlen erkennen

☐ Ziffernzahl und Anzahl in variierenden Übungen unterscheiden

☐ Das Verständnis von Zahlen als Summe zweier Zahlen fördern

☐ Teil-Ganzes-Beziehungen an verschiedenen Beispielen erkennen und nutzen

☐ Multiplikation als mehrfache Addition gleich großer Summanden erkennen

☐ Die Mächtigkeit von Mengen beurteilen und die Beziehungen „größer", „kleiner" und „gleich" treffend anwenden

☐ Das Stellenwertsystem im Hunderterraum anwenden und Lösungen begründen

Materialien

M 3.1.1.1   Kopiervorlage: Welche Zahl wird gesucht?, S. 106

M 3.1.1.2   Kopiervorlage: Wie viele Kinder fehlen noch?, S. 107

M 3.1.1.3   Kopiervorlage: Übung macht die Meisterin – und den Meister!, S. 108

M 3.1.1.4   Kopiervorlage: Wanderung mit Hindernissen, S. 109

Bezug zu anderen Modulen

Mathematik: Zahlen und Operationen (2), S. 110

Inhalte und Übungen

- ☐ Zwei finden sich – gerade und ungerade Zahlen, S. 95
- ☐ Sich strecken oder kleiner machen? Die passende Zahl finden, S. 96
- ☐ Aufgescheuchter Vogelschwarm – Zahlzerlegung, Mengenwahrnehmung, S. 97
- ☐ Passende Gruppen bilden – Zahlen zusammensetzen, S. 99
- ☐ „Zehner" und „Einer" finden sich, S. 100
- ☐ „Fährmann, hol über!" – Multiplikation und Division veranschaulichen, S. 102
- ☐ „Größermaul" – vergleichen und ordnen, S. 103

Sachlicher Hintergrund und didaktische Überlegungen

In den ersten beiden Jahren der Grundschule kommt es im Mathematikunterricht unter anderem darauf an, Einsicht in Regelmäßigkeiten und Zusammenhänge des Zahlenraums anzubahnen und die Entwicklung von „tragfähigen und vielfältigen Vorstellungen von Zahlen"[1] zu fördern. Um das Verständnis von Zahlen und von Operationen mit Zahlen so entwickeln zu können, dass es für den weiteren Mathematikunterricht anschlussfähig ist[2], sollten Kinder Mathematik möglichst nicht als eine Quelle für Probleme und Aufgaben erfahren, die man lösen muss, weil es Mathematikunterricht gibt. Besser ist die umgekehrte Erfahrung: Mathematik zu erfahren als Hilfe bei der Lösung von Problemen, die von den Kindern als herausfordernd oder als interessant wahrgenommen werden.

Dies kann bereits bei der Unterscheidung von geraden und ungeraden Zahlen erfolgen. Mit diesem Unterschied haben viele Kinder schon Erfahrungen gesammelt, ohne sich einer Systematik dafür bewusst zu werden: Will man eine Menge beliebiger Objekte (z. B. eine Handvoll Weintrauben) „gerecht" zwischen zwei Kindern aufteilen, dann geht das entweder auf oder es bleibt ein Objekt übrig. Und wer schon ein wenig zählen kann, hat vielleicht bereits bemerkt, dass die Hausnummern auf vielen Straßenseiten eine Zahl überspringen.

Ob eine Zahl gerade oder ungerade ist, entscheidet sich an der Teilbarkeit durch 2. Ganze Zahlen, die beim Teilen durch 2 den Rest 0 ergeben, sind gerade Zahlen, alle anderen sind ungerade. Jede Anzahl an Elementen lässt sich so in Paare aufteilen, dass entweder genau ein Element oder genau kein Element (Parität) übrig bleibt. Die Übung „Zwei finden sich – gerade und ungerade Zahlen" (S. 95) nutzt das Prinzip der Paarbildung, um dieses Verständnis anzubahnen.

Mit der Anregung „Sich strecken oder kleiner machen? Die passende Zahl finden" (S. 96) wird eine dynamische Variante zum Üben von Addition und Subtraktion vorgeschlagen, die je nach Niveau der Klasse sowohl für den Zehner- als auch für den Zwanzigerraum geeignet ist. Die vorgeschlagenen Bewegungen sollen es den Kindern ermöglichen, sich gegenseitig zu kontrollieren und voneinander zu lernen.

Eine Quelle für Lernschwierigkeiten in Mathematik ist das Verständnis von Zahlen lediglich als „Zählworte"[3] oder als Positionen auf dem Zahlenstrahl. Diese Vorstellung macht es für die Kinder schwierig, einen verständigen Zugang zum Zehnersystem zu finden[4] und sich von einem bloßen „zählenden Rechnen"[5] abzulösen.

Daher sollten im Mathematikunterricht Anlässe geschaffen werden, die die Vorstellung herausfordern und damit schulen, dass Zahlen aus anderen Zahlen zusammengesetzt sind (14 zum Beispiel aus 10 und 4, „Teil-Ganzes-Verständnis"[6]). Die Übungen „*Aufgescheuchter Vogelschwarm – Zahlzerlegung, Mengenwahrnehmung*" (S. 97) und „*Passende Gruppen bilden – Zahlen zusammensetzen*" (S. 99) sollen diesem Ziel dienen. Die erstgenannte Übung ist von geringerer Komplexität. Hier geht es vor allem darum, zufällig entstehende Aufteilungen einer Ausgangsmenge und die dafür verwendeten Zahlen zu verknüpfen. Die zweite Übung erfordert dagegen bereits eine Kombination aus Rechnen, Beobachten, Vergleichen und Reagieren.

Bei der Übung „,Zehner' und ,Einer' finden sich" (S. 100) wird die Orientierung im dekadischen System gefestigt. Die dort unter „Variation" beschriebene Anregung soll die Auseinandersetzung mit der Zahlensyntax[7] fördern. Die Kinder werden angeregt, über die unterschiedliche Bedeutung der einzelnen Ziffern hinsichtlich ihres Stellenwertes nachzudenken. Ein wachsendes Verständnis für dieses Grundelement des Zehnersystems verringert die Gefahr der Inversion, die im Grundschulalter eine verbreitete Fehlerquelle im Hunderter- und Tausenderraum darstellt.[8]

Der Vorschlag „,Fährmann, hol über!' – Multiplikation und Division veranschaulichen" (S. 102) macht sich das Prinzip der Bündelung zu Nutze und dient der Sicherung des Verständnisses der Multiplikation als eine verkürzte Addition.

Die abschließend vorgestellte Übung „,Größermaul' – vergleichen und ordnen" (S. 103) erfordert rasches Erfassen der Mächtigkeit von Mengen und kann zudem als Merkhilfe für die Richtung der Zeichen > und < dienen. Je nach Größe der Gruppen, die an diesem Spiel beteiligt sind, lässt es sich mit Bündelungsaufgaben verbinden (z. B. 5er-Bündelungen). Stellt man das Bündeln in den Vordergrund, dann lassen sich, einem Vorschlag von Padberg & Benz (2011) folgend[9], auch verschiedene Bündelungen üben.

Zwei finden sich – gerade und ungerade Zahlen

Den Kindern soll zunächst Zeit gegeben werden, zu entdecken, dass die Aufteilung von beliebig zusammengestellten Gruppen in der Klasse in Zweiergruppen immer dazu führt, dass entweder kein Kind oder immer genau ein Kind übrig bleibt. Bei der unter „Variation" beschriebenen Übung wird zugleich das Prinzip der Mengenbildung erfahren (Elemente, für die mindestens ein wohldefiniertes Kriterium in gleicher Weise zutrifft).

Vorschläge für den Unterricht

- Einleitender Impuls: Ihr habt doch sicher schon einmal zu zweit (mit Bruder, Schwester, mit Freund, Freundin) eine Anzahl von Dingen (Erdbeeren, Bauklötze usw.) gerecht aufteilen wollen.

- Die Kinder erzählen. – Geht das immer genau auf? Wovon hängt das ab?

- Die Klasse bildet unterschiedlich starke Gruppen.

- Jede Gruppe soll sich so aufstellen, dass sich immer zwei Kinder an die Hand nehmen. – Was fällt auf?

□ Die Anzahl der Kinder in jeder Gruppe wird auf einem Zettel notiert. Die Zettel mit den Zahlen, bei denen ein Kind übrig geblieben ist, werden auf einen Stapel gelegt, die Zettel mit den anderen Zahlen auf einen zweiten Stapel.

□ Wiederholung der Übung mit anderen Gruppenstärken. Immer bleibt entweder ein Kind übrig oder alle Kinder finden genau einen Partner.

□ Sachinformation: Zahlen, die man durch 2 teilen kann, nennt man gerade Zahlen; Zahlen, bei denen beim Teilen durch 2 immer 1 übrig bleibt, heißen ungerade Zahlen.

□ Um nicht zu schnell von der Erfahrung zur Abstraktion zu kommen, werden mehrere Wiederholungen mit jeweils unterschiedlicher Anzahl Kinder in den einzelnen Gruppen empfohlen.

□ *Zeitbedarf:* pro Aufteilübung und anschließender Sicherung der jeweiligen Beobachtung ca. 5 Minuten

Variation
□ Dynamischer wird die Übung, wenn die Lehrerin/der Lehrer den Kindern zuvor verschiedene Gegenstände in die Hand gibt, zum Beispiel 4 Kindern rote Plättchen (oder Kärtchen usw.), 7 Kindern gelbe, 6 Kindern grüne usw. Die Kinder gehen oder laufen durch den Raum. Auf ein Signal hin finden sich die passenden Gruppen zusammen – erst dann beginnt die Paarbildung.

Reflexion und Vertiefung
□ Wo findet man häufiger nur gerade oder nur ungerade Zahlen? – Zum Beispiel bei den Hausnummern.

□ Vertiefung: Wenn sich zwei Gruppen, bei denen jeweils ein Kind übrig geblieben ist, zusammentun, wird erfahrbar, dass die Summe zweier ungerader Zahlen durch 2 teilbar wird; die zwei übrig gebliebenen Einzelelemente bilden nun wieder ein weiteres Paar. Finden sich jedoch zwei Gruppen zusammen, bei der nur bei einer Gruppe ein Kind übrig geblieben ist, geht das nicht auf, das Kind bleibt weiter ohne Partner.

□ Bei der unter „Variation" beschriebenen Übung kann das Prinzip der Mengenbildung bewusst gemacht werden: Zusammenfassung von Elementen im Hinblick auf definierte Eigenschaften (für die Kinder zum Beispiel gut nachvollziehbar durch die roten, gelben, grünen Plättchen in ihrer Hand).

Sich strecken oder kleiner machen? Die passende Zahl finden

Welche Zahl muss zu einer genannten Zahl addiert oder von einer gegebenen Zahl subtrahiert werden? Passende „Zahlenkinder" strecken sich bzw. gehen in die Hocke. Je nach Altersgruppe und Leistungsstand kann man zunächst, wie im Folgenden beschrieben, mit dem „vollen Zehner" als die zu treffende Zahl beginnen. Im Prinzip kann jede andere Zahl im Zwanzigerraum als Ziel genutzt werden.

Vorschläge für den Unterricht
□ Alle Kinder der Klasse bekommen eine Zahl von 1 bis 9 zugewiesen (z. B. auf einem gefalteten DIN-A4-Blatt; einige Zahlen sind entsprechend der Klassengröße mehrfach vertreten).

- *Aufgabe:* Die Kinder gehen durch den Raum. Verabredet wird: Wenn die Lehrerin/der Lehrer eine Zahl ruft (z. B. 6), strecken alle Kinder, die die fehlende Zahl bis zum vollen Zehner haben, ihre Arme hoch (also alle Kinder mit der Zahl 4 auf ihrem Blatt).

- Kurze Prüfung durch die ganze Gruppe: Haben sich die richtigen „Zahlenkinder" gestreckt?

- Die Übung wird variiert, wenn die Kinder ihre Zahl nach zwei bis drei Durchgängen tauschen. So kann eine Zahl, z. B. 6, mehrfach genutzt werden, ohne dass immer dasselbe Kind an der Reihe ist.

- Mit zunehmender Schnelligkeit wächst die Anforderung an die Konzentration.

- Erweiterung auf den Zwanzigerraum, zunächst nur mit Subtraktion. Jetzt ruft die Lehrerin/der Lehrer eine Zahl über 10, z. B. 17. Wer die Zahl mit der passenden Differenz hat, geht rasch in die Hocke. Danach erfolgt eine kurze Prüfung durch die Kinder.

- Auch hier die Zahlen nach zwei bis drei Durchgängen tauschen.

- Anspruchsvollere Variante, die die kognitive Flexibilität herausfordert: Die Lehrerin/der Lehrer gibt mit der Zahl auch die Bedingung vor, dass entweder der nächsthöhere Zehner oder der niedrigere Zehner (in diesem Fall zunächst immer die 10) angesteuert werden soll (Beispiel: „17 nach unten": die „Siebenerkinder" hocken sich hin; „17 nach oben": die „Dreierkinder" strecken sich).

- Die Übung lässt sich auch gut mit der am Zehner orientierten Zusammensetzung des Rechenvorgangs verbinden: Die Lehrerin/der Lehrer nennt zwei Zahlen, die in der genannten Reihenfolge angesteuert werden müssen. Vereinbarung: Jedes Kind soll immer nur den passenden Abstand zum Zehner zum Ausdruck bringen. Beispiel: Lehrerin/Lehrer nennt die Zahlen 8 und 17: Das „Zweierkind" und das „Siebenerkind" strecken sich. Anschließend wird die Aufgabe formuliert: 8 + 2 = 10; 10 + 7 = 17. – Welche Zahl hätte man wählen müssen, wenn man in einem Schritt gerechnet hätte?

- Analoge Vorgehensweise mit Subtraktionsaufgaben: Werden z. B. 16 und 5 genannt, gehen das „Sechserkind" und das „Fünferkind" in die Hocke.

- Die Übung lässt sich auch ohne Zerlegung mit Bezug auf den Zehner ausweiten.

- Begleitend kann die Kopiervorlage M 3.1.1.1 (S. 106) eingesetzt werden.

- *Zeitbedarf:* je nach Anzahl der Aufgaben ca. 15 bis 30 Minuten

Aufgescheuchter Vogelschwarm – Zahlzerlegung, Mengenwahrnehmung

Eine Anzahl Kinder teilt sich jeweils unterschiedlich auf. So können Zahlen als Zusammensetzung aus Zahlen realisiert werden. Im Mittelpunkt der Übung steht die jeweilige Aufteilung in Bündel.

Vorschläge für den Unterricht
- Der Raum, in dem sich die Kinder bewegen, wird durch eine Trennlinie geteilt (Markierung am Boden, Bank in der Turnhalle usw.).

- Eine bestimmte Anzahl von Kindern (anfangs bis zu zehn, im folgenden Beispiel 8) spielt den Vogelschwarm, die übrigen Kinder übernehmen die Aufgabe des Ablesens.

- Der „Vogelschwarm" steht noch in der Gruppe zusammen. Die Lehrerin/der Lehrer klatscht in die Hände. Der „Vogelschwarm" stiebt auseinander. Die Kinder laufen frei durch den Raum und queren dabei auch die Trennmarkierung; evtl. Flatterbewegungen.

- Auf Zuruf der Lehrerin/des Lehrers, z. B. „stopp", bleiben die Kinder auf der Stelle stehen.

- Die Lehrerin/der Lehrer zeigt nacheinander auf die Gruppen links und rechts von der Markierung; die Kinder lesen die Zerlegung ab und verbalisieren, z. B. 3 + 5 = 8 oder „Die Zahl 8 lässt sich z. B. aus den Zahlen 3 und 5 zusammensetzen".

- Nach mehreren Durchgängen mit der gleichen Anzahl Kinder (in diesem Fall weiter 8) werden unterschiedliche Möglichkeiten der Zahlzerlegung deutlich.

- Wenn mit jeder neuen Ausgangszahl, die zerlegt wird, die „Vogelkinder" wechseln, kommen alle in Bewegung.

- Wenn alle Kinder der Klasse oder deutlich mehr als 10 Kinder die „Vogelkinder" darstellen, sollte erwogen werden, ob man dem bloßen Zählen durch die Vereinbarung vorbeugt: Die Kinder auf jeder Seite sollen sich zu fünft aufstellen, „solange es geht".

- Begleitend und als Erweiterung kann die Kopiervorlage M 3.1.1.2 (S. 107) eingesetzt werden.

- *Zeitbedarf*: für die Zerlegung einer Zahl (mehrere Durchgänge) 5 bis 10 Minuten

Variation
- Eine kleine Gruppe von Kindern versteckt sich bei der Aufteilung hinter einem Tuch (aufgehängt oder von zwei Kindern gehalten) oder hinter Tisch, Schrank, Matte, Tür. Wie viele fehlen?

- Drei oder mehr Felder erweitern die Zusammensetzungsmöglichkeiten, z. B. bei neun „Vogelkindern" und drei Feldern: 3 + 4 + 2 = 9 oder 4 + 2 + 3 = 9.

- In Turnhallen oder auf dem Schulhof können bei entsprechender Aufteilung auch mehrere Gruppen gleichzeitig „Vogelschwarm" spielen.

- Eine weitere Variante für drei Felder zum schnellen Rechnen mit Zahlen größer als 10:
  - Die ganze Klasse nimmt teil. In einem Feld befindet sich eine Sichtbarriere (zwei bis drei Kästen nebeneinander, gespanntes Fallschirmtuch, Decke usw.). Die Barriere ist so aufgestellt, dass man von den anderen Feldern aus nicht dahintersehen kann.
  - Beim Stoppsignal bleiben alle Kinder in ihrem Feld stehen; die Kinder hinter der Barriere ducken sich schnell weg.
  - Die Kinder auf den beiden anderen Feldern bilden nun zwei Mannschaften: Welche Mannschaft hat als Erste ausgerechnet, wie viele Kinder hinter der Barriere sind? Dazu muss berücksichtigt werden: A) die Anzahl aller Kinder, diese ist jeweils bekannt; B) die Summe der Kinder aus den beiden einsehbaren Feldern; C) die Differenz aus A und B.
  - Wenn Parallelklassen zusammen eine Übungsstunde durchführen, werden die Rechenaufgaben anspruchsvoller.

Reflexion und Vertiefung
- Die Übung lässt sich auch mit der vorausgehenden Übung verbinden (gerade/ungerade): Wenn auf einer Seite eine gerade Zahl von Kindern steht, kann man die Frage aufwerfen, wie sich die Kinder in den nächsten Spielrunden bewegen müssen, damit auf dieser Seite die Zahl immer gerade bleibt: Entweder laufen immer eine gerade Anzahl von Kindern in das eine oder in das andere Feld oder es werden immer gleich viele Kinder getauscht.

Passende Gruppen bilden – Zahlen zusammensetzen

Mit der Umsetzung dieser Anregung lassen sich unterschiedliche Möglichkeiten zur Zusammensetzung zunächst der Zahl 10 üben. Da eine Ausgangszahl festgelegt wird, muss schnell aufgeteilt und gerechnet werden. Beobachten, Kombinieren, Rechnen und Reagieren sind gefordert.

Vorschläge für den Unterricht
- Die Kinder einer Klasse bilden zwei Gruppen zu jeweils 10 Kindern. Die übrigen Kinder prüfen gemeinsam mit der Lehrerin/dem Lehrer die jeweilige Aufteilung. Selbstverständlich wird immer ausgewechselt.

- Die Lehrerin/der Lehrer nennt eine Zahl. Die Kinder in jeder Gruppe haben die Aufgabe, sich möglichst schnell so in Gruppen aufzustellen, dass drei Gruppen gebildet werden. Eine davon muss die Ausgangszahl darstellen (z. B. 4). Dabei gibt es verschiedene Möglichkeiten der Aufstellung: 4er-Gruppe plus 3er-Gruppe plus 3er-Gruppe; oder: 4er-Gruppe plus 4er-Gruppe plus 2er-Gruppe.

- Welche Gruppe hat am schnellsten eine passende Aufstellung gefunden? Nach jedem Durchgang werden die Gruppen verglichen. Es gibt verschiedene richtige Lösungen. Danach wird die nächste Zahl genannt (z. B. 3: 3er-Gruppe plus 5er-Gruppe plus 2er-Gruppe; oder: 3er-Gruppe plus 4er-Gruppe plus 2er-Gruppe usw.).

- Damit bei der Nennung der gleichen Ausgangszahl (z. B. 4) nicht immer die gleiche Zusammensetzung gewählt wird, werden die bereits gefundenen Zusammensetzungen an der Tafel oder auf einem Flipchart notiert. Wiederholung verboten (z. B. steht 4 + 4 + 2 = 10 bereits an der Tafel und scheidet als Möglichkeit im weiteren Verlauf aus. Das Unterstreichen erinnert an die Ausgangszahl; deutlich wird auch: 4 + 2 + 4 = 10 ist die gleiche Aufteilung und gilt also nicht).

- Statt zwei Zehnergruppen zu bilden, kann die Klasse auch in zwei gleich große Gruppen geteilt werden; die jeweilige Gruppenstärke markiert dann die anzustrebende Zahl; falls ein Kind übrig bleibt, wird nach jedem Durchgang eingewechselt.

- Wenn zwei Klassen sich für eine Übungsstunde in der Turnhalle oder auf dem Hof zusammenfinden, kann auch der Zahlenraum bis 20 genutzt werden.

- *Zeitbedarf:* je nach Anzahl der Aufgaben ca. 15 bis 30 Minuten

Reflexion und Vertiefung

- Erörterung von gleichen Zusammensetzungen wie 4 + 4 + 2 = 10 und 4 + 2 + 4 = 10. – Warum gilt das nicht, obwohl die Zahl 2 vielleicht das eine Mal z. B. von Kai und Meike und das andere Mal von Kira und Paul gebildet wurde?

„Zehner" und „Einer" finden sich

Auf dem Boden in der Turnhalle oder auf dem Schulhof wird ein Rechenstrich[10] für den Zahlenraum von 0 bis 100 ausgelegt bzw. aufgezeichnet (Seile in Turnhalle, evtl. auch Bodenmarkierungen nutzbar, Kreidelinien). Einige Zahlen werden markiert (Platzierung von Hütchen, und/oder Querstrichen auf der Rechenstrichlinie). An einer Stelle des Schulhofs bzw. der Turnhalle werden Einer (z. B. viele Tischtennisbälle, Kugeln, Tennisbälle oder Schlagbälle) und Zehner (Handbälle, Fußbälle oder Medizinbälle) ausgelegt (jeweils nur eine Sorte von Bällen).

Vorschläge für den Unterricht

- Die Klasse wird in Mannschaften aufgeteilt (je nach Größe der Klasse und Anzahl der verfügbaren Bälle und Kugeln jeweils drei oder vier Kinder pro Mannschaft).

- Jeweils zwei Mannschaften treten gegeneinander an. Die Lehrerin/der Lehrer nennt eine Zahl bis 100. Jede Mannschaft soll die Zahl mithilfe der großen und kleinen Bälle (Zehner und Einer) möglichst schnell an einer zuvor markierten Stelle auslegen (z. B. 37: 3 Medizinbälle, 7 Tennisbälle). Beide Mannschaften begründen die gewählte Ballkombination (37 besteht aus 3 Zehnern und 7 Einern).

- Zur Beratung und Vertiefung kommen alle Kinder zusammen: Welche Zahl würde sich ergeben, wenn man 2 Medizinbälle wegnimmt, einen dazulegt usw.? Variationen auch mit Tennisbällen. Sehr herausfordernd mit Zehnerübergang, Beispiel: Welche Zahl ergibt sich, wenn man 6 Tennisbälle dazulegt? Wie könnte man diese Zahl noch darstellen? (Im obigen Beispiel [37 + 6 = 43] also 4 Medizinbälle und 3 Tennisbälle.) Einzelne Kinder stellen ihren jeweiligen Lösungsvorschlag vor und begründen ihn.

- Wer kann von der jeweiligen Zahl spontan weiterzählen, wer zurückzählen?

☐ Wenn ausreichend Zehner und Einer zur Verfügung stehen, können auch mehrere Gruppen gleichzeitig gegeneinander antreten.

☐ Anschließend wird die Zahl auf dem Zahlenstrich markiert (in der Turnhalle z. B. mit einem DIN-A4-Blatt, auf dem die Ziffern notiert sind; auf dem Schulhof mit Kreide geschrieben).

☐ Vorschlag für eine dynamischere Variante: Die Kinder stellen selbst Zehner, Fünfer und Einer dar („Zehnerkinder" z. B. roter Punkt oder Zettel mit der Zahl 10 auf dem Rücken; entsprechend für die anderen Kinder verschiedene Farbpunkte oder „Fünferkinder"-Zettel mit der Zahl 5 auf dem Rücken; „Einerkinder" zeigen jeweils unterschiedliche Einer mit den Fingern). Die Lehrerin/der Lehrer nennt eine Zahl bis 100. Die Kinder versuchen, sich in passenden Gruppen zusammenzufinden (z. B. 57: 5 „Zehnerkinder", 1 „Fünferkind", „Einerkind" mit 2 gezeigten Fingern oder: 4 „Zehnerkinder", 3 „Fünferkinder", „Einerkind" mit 2 gezeigten Fingern). Wenn keine Gruppen mehr gebildet werden können, überprüfen sich die bestehenden Gruppen gegenseitig.

☐ Auch hier kann wie oben variiert und vertieft werden: Welche Zahl ergibt sich, wenn ein, zwei oder mehr „Zehnerkinder" aus der Gruppe gehen oder dazukommen?

☐ Um zu vermeiden, dass sich die Kinder nach Freundschaften zusammentun oder absprechen, wechselt nach einigen Durchgängen die Zuordnung der Kinder nach Zehner, Fünfer und Einer.

☐ *Zeitbedarf*: je nach Anzahl der Durchgänge und Variationen zur Vertiefung ca. 10 bis 20 Minuten

Variation

☐ Zur Festigung des Stellenwertsystems kann folgende Übung dienen: Die Kinder der Klasse werden in drei Gruppen aufgeteilt. Jede Gruppe wird durch ein Merkmal gekennzeichnet (z. B. jedes Kind der einen Gruppe bekommt ein rotes Band, die Kinder der anderen Gruppe ein grünes oder gelbes). Vereinbarung: Die „roten" Kinder stellen die Einer dar, die „grünen" die Zehner und die „gelben" die Hunderter. Nun zieht jedes Kind eine Zahlenkarte von 0 bis 9. Die Karte soll den anderen Kindern zunächst nicht gezeigt werden.

☐ Alle Kinder laufen, springen, hüpfen im Raum. Auf ein Signal hin bleiben sie stehen. Jeweils drei Kinder, die nahe beieinanderstehen, bilden nun eine Gruppe.

☐ Welche Zahl hat sich zusammengefunden? Beispiel: Das gelbe (Hunderter-) Kind hat eine Karte mit einer 3, das grüne (Zehner-)Kind mit einer 6 und das rote (Einer-)Kind eine 4: ergibt 364. Falls zur Unterstützung notwendig, können sich die Kinder zunächst auch in der Reihenfolge des Stellenwerts aufstellen.

☐ Jetzt wird es schwierig: Welche Zahl würde sich ergeben, wenn Grün der Hunderter wäre und Gelb der Zehner? Erst überlegen, dann aufstellen!

☐ Welche Farben müssten den Hunderter, den Zehner und den Einer darstellen, wenn die größte/die kleinste mögliche Zahl mit den drei zur Verfügung stehenden Zahlen dargestellt werden soll? Überlegt zusammen und begründet eure Entscheidung.

☐ Statt Farbkärtchen einzusetzen, können in der Sporthalle oder auf dem Schulhof drei rechteckige Felder auf dem Boden eingezeichnet werden. Im rechten Feld sind Einer, links davon Zehner (jedes Kind in diesem Feld ist 10 wert) und wieder links davon Hunderter (jedes Kind im Feld ist 100 wert).[11]

„Fährmann, hol über!" – Multiplikation und Division veranschaulichen

Die Klasse geht (in der Turnhalle oder auf dem Schulhof) auf Wanderschaft im einsamen Gelände. Viele Flüsse müssen überwunden werden. Es gibt keine Brücken, aber an jedem Fluss einen Fährmann, der die Kinder übersetzt. Die Boote sind verschieden groß. Wie müssen sich die Kinder aufteilen, damit der Fährmann möglichst wenige Fahrten hat?

Vorschläge für den Unterricht

☐ In der Turnhalle können die Flüsse durch quer liegende Matten symbolisiert werden, auf dem Schulhof reichen Kreidemarkierungen.

☐ Zu Beginn sollte eine häufig aufteilbare Zahl ohne Rest genommen werden: Je nach Klassengröße z. B. 18, 24 oder auch 20. Kinder, die übrig bleiben, werden nach jedem Durchgang eingewechselt.

☐ Die Tragfähigkeit der Boote wird mit einem Hinweiszettel an jeder „Querungsstelle" markiert. Beispiel für 24 teilnehmende Kinder: an der ersten Matte „6 Personen", an der zweiten Matte „3 Personen", an der dritten Matte „4 Personen", an der vierten Matte „12 Personen" usw.

☐ Wie müsst ihr euch aufteilen, damit der Fährmann möglichst wenige Fahrten hat? (Beispiel: Sechsergruppen 4-mal fahren; Dreiergruppen 8-mal fahren; am anderen Ufer addieren sich alle Gruppen wieder zur Gesamtzahl.)

☐ Spielleiter oder Kinder zählen die Anzahl der Gruppen und verbalisieren, z. B.: „Es gibt 6 Gruppen mit jeweils 4 Kindern", oder: „6 x 4 = 24".

☐ Am anderen Ufer addieren sich die Gruppen wieder zur Gesamtzahl (4 + 4 + 4 + 4 + 4 + 4 = 6 x 4 = 24).

☐ Vergleich mit Dreiergruppen: Wenn man Dreiergruppen bildet, benötigt man 8 Gruppen, die der Fährmann fahren muss. Man muss also sorgfältig unterscheiden zwischen der Anzahl der Kinder in einer Gruppe (Multiplikand) und der Anzahl der Gruppen (Multiplikator), die man zusammenzählt.

☐ Eventuell weitere Unterscheidungen, um das Bewusstsein für die Größe der Gruppen und die Anzahl der Gruppen zu festigen.

☐ Wenn zwei Klassen für eine Übungsstunde zusammenkommen, können zwei Parcours aufgebaut werden. Welche Gruppe schafft die Aufteilung am schnellsten und überquert am schnellsten die Flüsse? (An jedem Fluss kontrollieren entweder eine Lehrerin/ein Lehrer oder Kinder.)

☐ Begleitend können die Kopiervorlagen M 3.1.1.3 (S. 108) und M 3.1.1.4 (S. 109) eingesetzt werden.

☐ *Zeitbedarf:* je nach Häufigkeit, mit der die Größe des Multiplikanden variiert wird, zwischen 10 und 20 Minuten

Variation

☐ Zahlen verwenden, bei denen ein Rest bleibt

Reflexion und Vertiefung

☐ Wenn sich die Kinder zu Sechsergruppen statt zu Vierergruppen zusammen-finden, ergeben sich 4 Gruppen, also wieder 24 Kinder. Dem Endergebnis 24 sieht man es nicht an, ob 6 Gruppen zu 4 Kinder oder ob 4 Gruppen zu 6 Kinder gemeint sind. Aber bei Teilaufgaben ist dies wichtig: Wenn 24 Kinder in Sech-sergruppen fahren können, muss der Fährmann 4-mal fahren; wenn aber das Boot nur 4 Kinder transportieren kann, fährt er 6-mal.

☐ Über weitere Beispiele für diesen Unterschied in der Wirklichkeit sprechen, der beim Teilen beachtet werden muss, z. B. Aufteilung von 20 Bällen auf 5 Kinder beim Schießen/Werfen auf ein Tor; Aufteilung beim Aufräumen: Jedes Kind kann 4 Bälle tragen. Wie viele Kinder braucht man, damit jedes nur einmal laufen muss?

„Größermaul" – vergleichen und ordnen

Bei dieser Übung geht es darum, die relationalen Beziehungen „größer als", „kleiner als" und „gleich" fließend nachzuvollziehen und die entsprechenden Größer-als-, Kleiner-als- und Gleich-Zeichen richtig zu verwenden. Ein hungriges Krokodil (offe-nes Maul: > oder <) würde zu der größeren Menge an Fischen schwimmen. Beim Spiel sollte darauf geachtet werden, dass die jeweils gebildeten Teilmengen für die Kinder als Ganzes erfassbar sind, sodass in den meisten möglichen Konstellatio-nen nicht abgezählt werden muss, um „größer als" und „kleiner als" zu erkennen. Eventuell das Spiel mit zwei oder drei Teilgruppen (und entsprechend mit zwei oder drei „Krokodilen") durchführen, sodass sich in jeder Teilgruppe maximal zehn Kinder befinden. Beim Aufteilen von Gruppen dieser Größe in zwei Teile lassen sich auch gleich große Gruppen leicht erfassen.

Vorschläge für den Unterricht

☐ Ein Kind ist das „Krokodil" und symbolisiert mit seinen nach vorne gestreckten Armen ein offenes Maul (ähnlich dem Größer-als- bzw. Kleiner-als-Zeichen). Das „Krokodil" steht in der Mitte der Turnhalle.

☐ Die Kinder bewegen sich frei im Raum. Die Lehrerin/der Lehrer macht eine Ansage, auf die hin sich die Gruppe in zwei Teile aufteilt, z. B. alle Kinder mit blonden Haaren oder weißen T-Shirts usw. laufen in die rechte Hallenhälfte. Unterschiedliche Gruppen lassen sich auch bilden, wenn Kinder zuvor verschie-denfarbige Klebepunkte oder Ähnliches bekommen.

☐ Das „Krokodil" richtet sich entsprechend der jeweiligen Anzahl richtig aus („offenes Maul" bei der größeren Gruppe).

☐ Wenn sich auf beiden Seiten gleich viele Kinder befinden, klappt das „Krokodil" sein Maul zu (ähnlich Gleichzeichen) und bleibt in der Mitte stehen.

☐ Falls eine Erweiterung für das Üben des Zehnersystems genutzt werden soll, können für größere Zahlen Zehnerkinder besonders gekennzeichnet werden: 3 „Zehnerkinder" und 4 „Einerkinder" auf der einen Seite sind weniger als 1 „Zehnerkind" und 8 „Einerkinder" auf der anderen Seite.

☐ *Hinweis:* Um die Anwendung des Größer-als- bzw. Kleiner-als-Zeichens zunächst ohne Zahl zu üben, bilden sich Dreiergruppen; jedes Kind ist einmal „Krokodil"; seine Öffnung (größer) zeigt auf das größere der beiden anderen Kinder.

☐ *Zeitbedarf:* für einzelne Durchgänge ca. 3 bis 5 Minuten

Reflexion und Vertiefung

☐ Manchmal kann man sofort erkennen, welche Mengen größer oder kleiner sind, manchmal fällt es schwerer. Was muss man dann machen? Wie könnte man das herausfinden, ohne zählen zu müssen? Zum Beispiel: Aufteilung in 2er-, 3er-, 5er-Gruppen. Die Anzahl der Gruppen lässt sich leicht miteinander vergleichen. Anregung: Wenn die „Fische" das „Krokodil" sehen, rücken sie immer zu zweit, zu dritt usw. zusammen.

Weiterführende Informationen

Anregungen aus dem Projekt „SINUS-Transfer Grundschule" für die Förderung eigenständiger Auseinandersetzung mit mathematischen Anforderungen in kooperativen Lernsituationen finden sich in Nührenbörger, M. & Verboom, L. (2005): MATHEMATIK, Modul G 8: Eigenständig lernen – Gemeinsam lernen. <http://www.sinus-an-grundschulen.de/fileadmin/Materialien/Modul8.pdf>. Abfragedatum: 11.3.2013.

Anmerkungen

(1) Padberg, F. & Benz, Ch. (2011): Didaktik der Arithmetik. 4., erweiterte, stark überarbeitete Auflage. Heidelberg, S. 13; siehe auch Spiegel, H. & Selter, Ch. (2011): Kinder und Mathematik. Was Erwachsene wissen sollten. Stuttgart, S. 30 ff.

(2) Vgl. z.B. Sekretariat der Ständigen Konferenz der Kultusminister der Länder in der Bundesrepublik Deutschland (Hrsg.) (2005a): Bildungsstandards im Fach Mathematik für den Primarbereich. Beschluss vom 15.10.2004. München, S. 9. <http://www.kmk.org/fileadmin/veroeffentlichungen_beschluesse/2004/2004_10_15-Bildungsstandards-Mathe-Primar.pdf>. Abfragedatum: 11.03.2013.

(3) Lorenz, J. H. (2011): Rechenschwäche. In: Einsiedler, W. u. a. (Hrsg.): Handbuch Grundschulpädagogik und Grundschuldidaktik. 3. Auflage. Bad Heilbrunn, S. 485.

(4) Vgl. Gerster, H.-D. (2010): Schwierigkeiten beim Erwerb arithmetischer Konzepte im Anfangsunterricht. In: Lenart, F.; Holzer, N. & Schaupp, H. (Hrsg.): Rechenschwäche, Rechenstörung, Dyskalkulie. Graz, S. 154.

(5) Vgl. z.B. Gaidoschik, M. (2010): Rechenstörungen: Die „didaktogene Komponente". Kritische Thesen zur „herkömmlichen Unterrichtspraxis" in drei Kernbereichen der Grundschulmathematik. In: Lenart, F.; Holzer, N. & Schaupp, H. (Hrsg.): Rechenschwäche, Rechenstörung, Dyskalkulie. Graz, S. 130 ff.

(6) Vgl. z.B. Padberg, F. & Benz, Ch. (2011): Didaktik der Arithmetik. 4., erweiterte, stark überarbeitete Auflage. Heidelberg, S. 34 ff.

(7) Landerl, K. & Butterworth, B. (2010): Spezifische Rechenschwierigkeiten/Dyskalkulie: Viele Fragen, erste Antworten. In: Lenart, F.; Holzer, N. & Schaupp, H. (Hrsg.): Rechenschwäche, Rechenstörung, Dyskalkulie. Graz, S. 35.

(8) Vgl. Lorenz, J. H. (2011): Rechenschwäche. In: Einsiedler, W. u. a. (Hrsg.): Handbuch Grundschulpädagogik und Grundschuldidaktik. 3. Auflage. Bad Heilbrunn, S. 484.

(9) Vgl. Padberg, F. & Benz, Ch. (2011): Didaktik der Arithmetik. 4., erweiterte, stark überarbeitete Auflage. Heidelberg, S. 59 f.

(10) Der Rechenstrich ist ein nur wenig strukturierter Zahlenstrahl, an dem die Kinder sich auf die Reihenfolge der Zahlen konzentrieren können, vgl. Nührenbörger, M. & Verboom, L. (2005): MATHEMATIK, Modul G 8: Eigenständig lernen – Gemeinsam lernen. <http://www.sinus-an-grundschulen.de/fileadmin/Materialien/Modul8.pdf>, S. 21. Abfragedatum: 11.03.2013.

(11) Diesen Vorschlag verdanken wir Prof. Dr. Regina Möller, Erfurt School of Education (ESE), Universität Erfurt.

Welche Zahl wird gesucht?

Wer hat die passende Zahl bis zur 10? Der Mathelehrer, Herr Schmidt, nennt eine Zahl. Das Kind mit der richtigen Zahl auf dem Blatt geht in die Hocke, wenn abgezogen werden muss, oder streckt sich, wenn zu ergänzen ist. Notiere die richtigen Zahlen auf den Blättern der Kinder. Vervollständige die Rechenaufgaben.

Herr Schmidt sagt: „3".		3 + ... = 10
Herr Schmidt sagt: „6".		..... + ... = 10
Herr Schmidt sagt: „17".		17 – ..... = 10
Herr Schmidt sagt: „8".		.... = 10
Herr Schmidt sagt: „15".		.... = 10

Wie viele Kinder fehlen noch?

Die Klasse 2a besteht aus 19 Kindern. Sie laufen kreuz und quer durch die Turnhalle, die in drei Felder aufgeteilt wurde. Wenn Frau Pfeiffer „stopp!" ruft, bleiben alle Kinder in dem Feld, wo sie sich gerade befinden. Dort stellen sie sich, soweit es geht, in 5er-Reihen auf.

Hier siehst du die Aufteilung für die drei Felder.

In den folgenden Beispielen haben sich die 19 Kinder anders verteilt. Ergänze jeweils das leere Feld. Jede Kugel bedeutet ein Kind. Du kannst auch gleich die passende Zahl hineinschreiben.

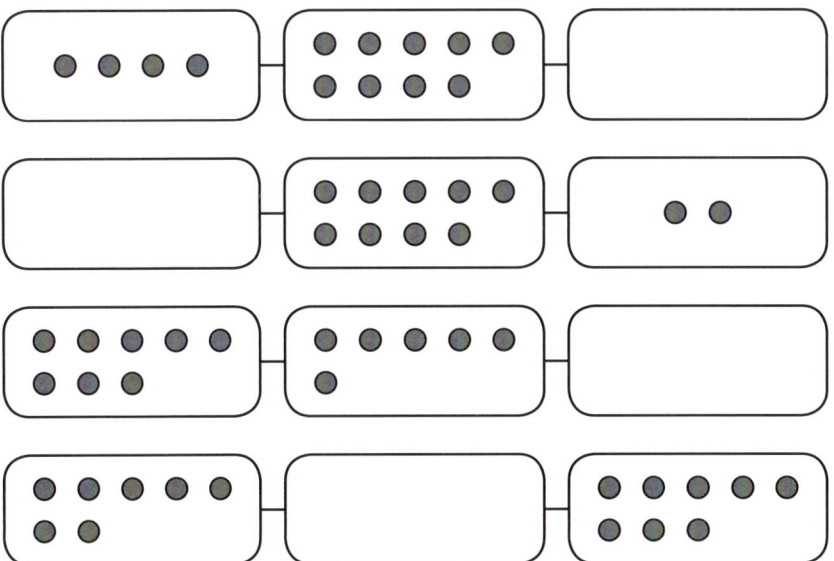

Übung macht die Meisterin – und den Meister!

Fünf Kinder aus der Zirkus-AG üben mit jeweils zwei Bällen Jonglieren. Oskar hat schon angefangen. Wie viele Bälle werden für die anderen Kinder insgesamt benötigt? Ziehe Linien um die passende Anzahl Bälle, die jedes Kind bekommt.

Schreibe die Rechenaufgabe dazu auf.

....

Wie viele Kinder könnten noch mitmachen? ....

Heute soll jedes Kind mit drei Bällen jonglieren.
Wie viele Bälle fehlen noch?

Wanderung mit Hindernissen

Auf ihrer Wanderung kommt die
Klasse 2b an einen Fluss. Hier gibt es
nur eine kleine Fähre.

Wie viele Fahrten muss der Fährmann mindestens machen, um alle
24 Kinder ans andere Ufer zu bringen?

....

Wie oft müsste der Fährmann fahren, wenn er ein größeres Boot hätte,
in dem Platz für 8 Kinder wäre? Wie oft müsste er fahren, wenn er nur ein
kleines Boot mit Platz für 2 Kinder hätte?

....

....

Modul 3.1.2

Zahlen und Operationen (2)

Thema

Sich im Zahlenraum bis 1000 bewegen

Intentionen

- ☐ Das Verständnis von Zahlen als Zusammensetzung aus anderen Zahlen fördern
- ☐ Räumliche Vorstellungen für Zahlen bis 1000 anbahnen und üben
- ☐ Sicherheit in der Verwendung verschiedener Notationsformen für Zahlen im Tausenderraum gewinnen
- ☐ Das Stellenwertsystem im Tausenderraum anwenden und Lösungen begründen

Materialien

M 3.1.2.1   Kopiervorlage: Hunderter gliedern, S. 117
M 3.1.2.2   Kopiervorlage: Wohin auf dem Zahlenstrahl?, S. 118
M 3.1.2.3   Kopiervorlage: Das laufende Zahlenquartett, S. 119

Bezug zu anderen Modulen

Mathematik: Zahlen und Operationen (1), S. 93

Inhalte und Übungen

- ☐ Passende Gruppen bilden – große Zahlen in Hunderter zerlegen, S. 111
- ☐ Seinen Platz finden – sich auf dem Zahlenstrahl positionieren, S. 111
- ☐ Laufendes Zahlenquartett – Notationsformen anwenden und sichern, S. 113
- ☐ Sich einigen zu dritt – Zahlen im Stellenwertsystem, S. 113
- ☐ Was kommt denn hier zusammen? – Zahlen erkennen, S. 114

Sachlicher Hintergrund und didaktische Überlegungen

In der zweiten Hälfte der Grundschulzeit soll ein sicherer Umgang mit den Beziehungen zwischen Zahlen und Operationen mit Zahlen im Tausenderraum und darüber hinaus erreicht werden[1].

Mit der „Anregung *Passende Gruppen bilden – große Zahlen in Hunderter zerlegen*" (S. 111) wird die Gewöhnung an die Vorstellung von Zahlen als Zusammensetzung aus anderen Zahlen auf den Tausenderraum ausgedehnt. Die Kognitionen der Kinder werden vielfältig stimuliert; um die passenden Gruppen zu finden, müssen sie beobachten, rechnen und vergleichen.

Die Übung „*Seinen Platz finden – sich auf dem Zahlenstrahl positionieren*" (S. 111) dient zur Orientierung im Zahlenraum und lässt sich mit unterschiedlich anspruchsvollen Aufgaben kombinieren.

Der Vorschlag „*Laufendes Zahlenquartett – Notationsformen anwenden und sichern*" (S. 113) greift die Idee des Zahlenquartetts[2] auf, um die im dritten und vierten Schuljahr angestrebte sichere Beherrschung verschiedener Notationsformen für große Zahlen zu fördern.[3]

Die beiden Anregungen „*Sich einigen zu dritt – Zahlen im Stellenwertsystem*" (S. 113) und „*Was kommt denn hier zusammen? – Zahlen erkennen*" (S. 114) sollen mittels unterschiedlicher Anwendungsübungen die Einsicht festigen, dass nicht nur die Ziffer selbst, sondern zusätzlich ihr Platz im Stellenwert ihre Bedeutung als Zahl konstituiert.[4]

Passende Gruppen bilden – große Zahlen in Hunderter zerlegen

In Anlehnung an die Übung „*Passende Gruppen bilden – Zahlen zusammensetzen*" (S. 99) aus Modul 3.1.1 (1./2. Jahrgangsstufe) werden hier Hunderterzahlen zerlegt.

Vorschläge für den Unterricht

- ☐ Die Kinder einer Klasse bilden zwei Gruppen; jedes Kind stellt eine volle Hunderterzahl dar.

- ☐ Die Lehrerin/der Lehrer nennt eine Startzahl (z. B. 400) und eine Zielzahl (z. B. 900). Die Kinder in jeder Gruppe haben die Aufgabe, sich möglichst schnell so aufzustellen, dass drei Gruppen gebildet werden. Eine davon muss die Startzahl darstellen (hier also 400). Natürlich gibt es verschiedene Möglichkeiten, die Zielzahl 900 zu erreichen (z. B. 4er-Gruppe plus 2er-Gruppe plus 3er-Gruppe; oder: 4er-Gruppe plus 5er-Gruppe; oder: 4er-Gruppe plus 4er-Gruppe plus 1er-Gruppe).

- ☐ Die in der jeweiligen Gruppe nicht benötigten Kinder stellen sich neben die Zahlengruppe. Welche Mannschaft hat am schnellsten eine passende Aufstellung gefunden? Anschließend Vergleich beider Gruppen, dann wird das nächste Zahlenpaar genannt.

- ☐ Zur Übung der Gliederung von Hundertern kann vorbereitend oder danach die Kopiervorlage M 3.1.2.1 (S. 117) genutzt werden.

- ☐ *Zeitbedarf:* je nach Anzahl der Aufgaben 10 bis 15 Minuten

Seinen Platz finden – sich auf dem Zahlenstrahl positionieren

Mit einer Laufeinlage zum Aufwärmen (Sport) oder zur Auflockerung (Schulhof) lassen sich Übungen zur Orientierung im Zahlenraum bis 1000 an einem grob vorstrukturierten Zahlenstrahl verbinden.

Vorschläge für den Unterricht

- ☐ Einen Zahlenstrahl bis 1000 in Hunderterabschnitten markieren, zum Beispiel in der Turnhalle durch das Aufstellen von Hütchen, auf dem Schulhof durch Kreidestriche.

- ☐ Die Lehrerin/der Lehrer hat einen Stapel Zahlenkarten mit verschiedenen Zahlen im Tausenderraum vorbereitet und gut gemischt.

- ☐ Die Kinder laufen zwei, drei Runden; in der letzten Runde nehmen sie im Lauf eine Zahlenkarte entgegen. Verabredung: Noch nicht auf die Zahl schauen, erst wenn die Lehrerin/der Lehrer ein verabredetes Stoppsignal gibt. Falls die Neigung besteht, zu sehr zu schummeln, kann man ausmachen, dass beim Stoppsignal jeder seine Karte sofort dem Hintermann geben muss.

- Beim Signal „jetzt", das unmittelbar nach dem Stoppsignal kommen sollte, suchen die Kinder möglichst schnell ihren passenden Platz auf dem Zahlenstrahl. Eine erste grobe Orientierung sind die „Hunderter". Da in den meisten Hunderterabschnitten jeweils mehrere Kinder eintreffen werden, müssen sie sich rasch darüber verständigen, wer sich wo aufstellt.

- Jedes Kind legt seine Karte vor sich ab; zwei oder drei Kinder kontrollieren die richtige Aufstellung.

- Anschließend geben alle Kinder die Zahlenkarten wieder ab. Sie werden zusammen mit den übrigen Zahlenkarten gemischt. Dann können neue Runden beginnen. Nach jeder neuen Runde wechselt die Kontrollgruppe.

- Wenn zwei Gruppen mit jeweils gleichen Zahlenkarten gebildet werden (markiert z. B. mit farbigen Mannschaftsbändern), können sich links und rechts vom Zahlenstrahl Paare finden (z. B. die beiden Kinder mit der Zahl 484).

- Die Übung kann zunächst mit einfacheren Zahlen durchgeführt werden (volle Hunderter und Zehner), danach Hunderter-Zehner-Einer-Kombinationen.

- Für Zuordnungsübungen am Zahlenstrahl siehe Kopiervorlage M 3.1.2.2 (S. 118).

- *Zeitbedarf*: ca. 5 Minuten pro Aufstellung

Variation

- Als Geschicklichkeitsübung: Die Klasse verteilt sich auf zwei Langbänke. Die Lehrerin/der Lehrer gibt jedem Kind eine Zahlenkarte. Wenn alle Kinder auf der Bank ihre Karte haben, muss sich die Gruppe in der richtigen Reihenfolge aufstellen. Die Kinder sollen versuchen, beim Vorbeigehen möglichst nicht herunterzufallen (evtl. Bodenmatten auslegen). Gewinner ist die „Bank", bei der die wenigsten Bodenkontakte vorkommen. Falls die Übung auf Bänken für die Klasse motorisch und koordinativ zu anspruchsvoll ist, sollte (zunächst) statt der Langbank eine breite Bodenmarkierung verwendet werden.

Reflexion und Vertiefung

- Im Gespräch klären, was durch die Aufstellung wiedergegeben wird: die Reihenfolge der Zahlen, aber nicht die genauen Abstände zwischen den Zahlen.

- Erweiterung: Jedes Kind nennt zu seinem Platz die beiden Nachbarzahlen (z. B. das Kind „385" nennt die Zahlen 384 und 386); die nächsten Zehnerzahlen: 380, 390; die nächsten Hunderterzahlen: 300 und 400. Die beiden zuletzt genannten Varianten dienen auch der Vorbereitung des „Rundens".[5]

- Auch Rechenoperationen sind möglich, z. B.: Wie groß ist der Unterschied zwischen Marias Zahl (456) und Svens Zahl (320)? Wie groß ist der Abstand von deiner Zahl bis zum nächsten Zehner oder Hunderter?

- Wenn verschiedene Notationsformen genutzt werden (z. B. 428 in Ziffernschreibweise; 745 in Wortform: siebenhundertfünfundvierzig; 316 in Bündelungseinheiten: 3H 1Z 6E; 300 + 10 + 6) wird zugleich der Umgang mit verschiedenen Schreibweisen geübt.

Laufendes Zahlenquartett – Notationsformen anwenden und sichern

Verschiedene Notationsformen für die gleiche Zahl finden zusammen.

Vorschläge für den Unterricht

☐ Die Lehrerin/der Lehrer bereitet Zahlenkarten mit jeweils vier verschiedenen Notationsformen pro Zahl vor (z. B. 745 in Ziffernschreibweise, in Wortform: siebenhundertfünfundvierzig, in Bündelungseinheiten: 7H 4Z 5E und 700 + 40 + 5).

☐ Die Kinder stehen im Raum mit Platz zum Bewegen (Schulhof; Klassenraum, Stühle und Tische an der Seite; Turnhalle). Die Lehrerin/der Lehrer legt vor jedes Kind eine Zahlenkarte verdeckt auf den Boden. Auf ein zuvor verabredetes Signal hin heben die Kinder die Zahlenkarte auf. Welche Vierergruppe findet zuerst zusammen?

☐ *Hinweis:* Da die Anzahl der Kinder in der Klasse nicht immer durch 4 teilbar sein wird, müssen eventuell in jeder Runde Kinder aussetzen. Da eine Runde schnell vorbei ist, erfolgt ein rascher Wechsel. Nach jeder Runde werden die Zahlenkarten neu gemischt.

☐ Begleitend kann die Kopiervorlage M 3.1.2.3 (S. 119) eingesetzt werden.

☐ *Zeitbedarf:* pro Runde ca. 2 Minuten

Variation

☐ Die Übung lässt sich auch mit Rechenaufgaben durchführen, wenn ein oder zwei Zahlenkarten je Viergruppe entsprechend gestaltet sind (mit Bezug zu oben zum Beispiel 650 + 95). Dabei kann der Schwierigkeitsgrad stark variiert werden (812 – 67). Allerdings sollten der Fairness halber die Schwierigkeitsgrade für jede Zahl gleich sein. Je nach Anzahl zusätzlicher Rechenaufgaben lassen sich die zu bildenden Gruppen entsprechend vergrößern. Auch eine Binnendifferenzierung ist leicht möglich: Rechenstarke Kinder können jeweils die Zahlenkarte mit den anspruchsvollen Aufgaben bekommen. Es können auch Multiplikations- und Divisionsaufgaben gestellt werden.

Sich einigen zu dritt – Zahlen im Stellenwertsystem

Um die kleinste und die größte Zahl zu finden, die man aus drei zufällig zugewiesenen Ziffern bilden kann, muss man Ziffern und Stellenwert geschickt kombinieren.

Vorschläge für den Unterricht

☐ Die Lehrerin/der Lehrer fertigt Zahlenkarten mit den Ziffern von 0 bis 9 an: pro Karte eine Ziffer. Wenn jede Ziffer 4-mal vertreten ist, genügt das auch für große Klassen. Die Karten werden so gefaltet, dass die Ziffer zunächst nicht erkennbar ist.

☐ Jedes Kind zieht eine Zahlenkarte; zunächst darf die Ziffer nicht angeschaut werden.

☐ Die Kinder bewegen sich frei im Raum; auf ein Zeichen hin bilden sich Dreiergruppen nach einem zuvor verabredeten Prinzip, zum Beispiel
  ☐ jeweils die drei Kinder, die am nächsten zusammenstehen (bei Bedarf regelt Lehrerin/Lehrer mit) oder

- Aufstellung in drei parallelen Reihen: jeweils die ersten, die zweiten, die dritten Kinder usw. bilden eine Dreiergruppe.

- *Aufgabe:* Ordnet euch in der Gruppe so an, dass die größte mögliche Zahl mit euren drei Ziffern gebildet wird. Beispiel: Drei Kinder haben beispielsweise die Ziffern 6, 8 und 4 auf der Karte stehen (864) – bildet nun die kleinste mögliche Zahl (468).

- Die Kontrolle können die Kinder durchführen, die eine Runde aussetzen mussten; benachbarte Gruppen können sich auch gegenseitig korrigieren.

- Erweiterung durch Nachbarschaftsaufgaben: Welche Zahl ist der nächste Zehner, der nächste Hunderter …?

- Ausweitung auf den Zahlenraum über 1000 möglich, wenn Vierergruppen gebildet werden.

- *Zeitbedarf:* pro Runde ca. 3 Minuten

Reflexion und Vertiefung

- Die einzelnen Ziffern haben unterschiedliche Bedeutung – je nachdem, an welcher Stelle sie stehen.

- Beobachtung der Auswirkung der Null: Bei der Bildung der kleinsten Zahl wird die Null für die Hunderter (bzw. in Vierergruppen für die Tausender) genutzt, bei der Suche nach der größten Zahl am besten für die Einer. Wer kann erklären, warum ihr das so gemacht habt?

Was kommt denn hier zusammen? – Zahlen erkennen

Die Kinder markieren unterschiedliche Stellenwerte im Stellenwertsystem und ermitteln zufällig entstehende Zahlen. In einer Variation wird die unterschiedliche Größe von Bällen genutzt, um den Stellenwert zu kennzeichnen.

Vorschläge für den Unterricht

- Jedes Kind in der Klasse bekommt eine Zuordnung – entweder als Hunderter, Zehner oder Einer. Diese wird durch farbige Mannschaftsbänder kenntlich gemacht (z. B. rot: „Hunderterkind", blau: „Zehnerkind", ohne Band: „Einerkind"; auch farbige Karteikarten in der Hand erfüllen ihren Zweck).

- Die Turnhalle, der Klassenraum oder eine begrenzte Fläche des Schulhofs werden in zwei Felder aufgeteilt. Die Kinder bewegen sich frei im Raum, eventuell zu Musik. Wenn die Musik unterbricht (oder auf ein anderes Zeichen hin), bleiben die Kinder in dem Feld stehen, in dem sie sich gerade befinden. Welche Zahl ist entstanden?

- Um die Zahlenerkennung zu vereinfachen, kann das Prinzip der Stellenwerttafel genutzt werden. Beispiel mit der Zuordnung wie oben beschrieben: 4 „rote" Kinder in einer Reihe, daneben 3 „blaue", daneben 5 ohne Band: 435.

- Welche Zahl ergibt sich in Aylins (blaues Band) Feld, wenn sie in das andere Feld wechselt? Welche Zahl ergibt sich dann in dem anderen Feld?

- Variation für verschiedene Aufgabenstellungen: Wer könnte das Feld wechseln, wenn in unserem Feld (435) die Zahl 455 entstehen soll? Zum Beispiel: Patrizio und Sabina, beide mit einem blauen Band; falls weitere „blaue" Kinder in diesem Feld sind, natürlich auch diese: Es kommt nicht auf das Kind, sondern auf seine Bedeutung im Stellenwertsystem an.

- *Zeitbedarf:* ca. 3 Minuten pro Aufstellung; anschließend abhängig von der Anzahl weiterer Aufgaben

Variation

- Als Geschicklichkeitsübung: Der Klasse wird eine möglichst große Anzahl an Bällen drei verschiedener Größen zur Verfügung gestellt (z. B. Fußball, Handball, Schlagball/Tennisball). Die Bälle symbolisieren verschiedene Stellenwerte (Fußball: Hunderter; Handball: Zehner, Schlagball: Einer).

- Die Kinder stellen sich hintereinander an einer Wurflinie auf. In drei bis fünf Meter Abstand wird ein kleiner Kasten (aus der Sportgerätesammlung) mit der Öffnung nach oben aufgestellt. Jedes Kind bekommt einen Ball und versucht, ihn von der Wurflinie aus im Kasten zu platzieren. Welche Zahl ergibt sich?

- *Hinweis:* Die Lehrerin/der Lehrer sollte darauf achten, dass nicht immer die gleichen Kinder die großen Bälle bekommen. Wenn die Klassen in zwei oder drei Gruppen aufgeteilt werden und jede Gruppe einen eigenen Zielkasten bekommt, können die Kinder im Wettbewerb antreten.

- *Erweiterung:* Nachdem jeweils eine Zahl gefunden ist (z. B. 352), kann die Lehrerin/der Lehrer unter Berücksichtigung der noch nicht in den Kästen liegenden Bälle Zielaufgaben stellen. Beispiel: Versucht, auf die Zahl 372 zu kommen (es muss gelingen, zwei der noch verfügbaren Handbälle zu platzieren); komplexer, zum Beispiel mit der Ausgangszahl 352: Versucht, die Zahl 360 zu bekommen, ihr dürft auch Bälle aus dem Kasten herausnehmen. Nun gibt es verschiedene Lösungen: 8 Schlagbälle müssen treffen; oder 2 Schlagbälle wegnehmen und versuchen, mit einem Handball zu treffen.

- Eine Erweiterung auf den Raum über Tausend ist möglich, wenn eine vierte Ballkategorie hinzukommt (z. B. Medizinball für Tausender); die Abwurfmarkierung für Medizinbälle sollte jedoch näher am Kasten sein.

- Eine andere Möglichkeit: Die Klasse bildet zwei Mannschaften; in jeder Mannschaft werden ein oder mehrere Werfer bestimmt, die anderen sind die Fänger. Die Turnhalle oder eine begrenzte Fläche auf dem Schulhof wird mit einem in kindgerechter Wurfhöhe gespannten Netz oder mit einem Seil in zwei Hälften geteilt, beide Felder werden nochmals halbiert mit einer Trennlinie senkrecht zum Netz bzw. zum Seil. Die Werfer gehen in ihr Feld auf der einen Seite des Netzes, die Fänger der gleichen Mannschaft in das Feld gegenüber. Die Kinder werfen die Bälle hintereinander in das Feld der eigenen Mannschaft, aufgefangene Bälle werden vom Fänger festgehalten bis alle Bälle verbraucht sind. Nur die aufgefangenen Bälle zählen: Welche Gruppe hat die größte Zahl? Eventuell die aufgefangenen Bälle wie in der Stellenwerttabelle auslegen.

- *Hinweis:* Um zu einfaches Zuspiel zu vermeiden, kann eine Abwurfstelle in passender Entfernung zum Netz markiert werden.

Anmerkungen

(1) Vgl. Padberg, F. & Benz, Ch. (2011): Didaktik der Arithmetik. 4., erweiterte, stark überarbeitete Auflage. Heidelberg, S. 57.

(2) Vgl. z. B. Grassmann, M. (Hrsg.): „Primo", Mathematikschulbuch, 3. Schuljahr. Braunschweig 2010, S. 14.

(3) Vgl. Padberg, F. & Benz, Ch. (2011): Didaktik der Arithmetik. 4., erweiterte, stark überarbeitete Auflage. Heidelberg, S. 67 f.

(4) Vgl. z. B. Hahn, H. & Möller, R. D. (2008): Förderung des frühen Verständnisses für die fundamentale Idee des Stellenwertprinzips. In: Sache Wort Zahl, H. 92, Zählen – Messen – Rechnen, S. 4–7.

(5) Vgl. Padberg, F. & Benz, Ch. (2011): Didaktik der Arithmetik. 4., erweiterte, stark überarbeitete Auflage. Heidelberg, S. 70.

Hunderter gliedern

Ergänze mit vollen Hundertern. Manchmal sind verschiedene Lösungen möglich.

Vergleiche deine Lösungen mit den Lösungen deines Nachbarn. Wie habt ihr gerechnet? Überlegt, warum manchmal nur eine Lösung richtig ist.

| 400 | + | | + | | = | 900 |

| 200 | + | | + | 300 | = | 800 |

| 100 | + | | + | | = | 400 |

| 300 | + | 200 | + | | = | 900 |

| 450 | + | | + | 150 | = | 900 |

| 500 | − | 200 | + | | = | 900 |

| 400 | + | | − | 200 | = | 700 |

| 250 | + | | − | 150 | = | 600 |

| 600 | + | | + | | = | 1300 |

| 400 | + | | + | 400 | = | 1500 |

Erfinde eigene Aufgaben!

| | + | | + | | = | 800 |

| | + | | − | | = | 700 |

M 3.1.2.2

MATERIALBOGEN

Wohin auf dem Zahlenstrahl?

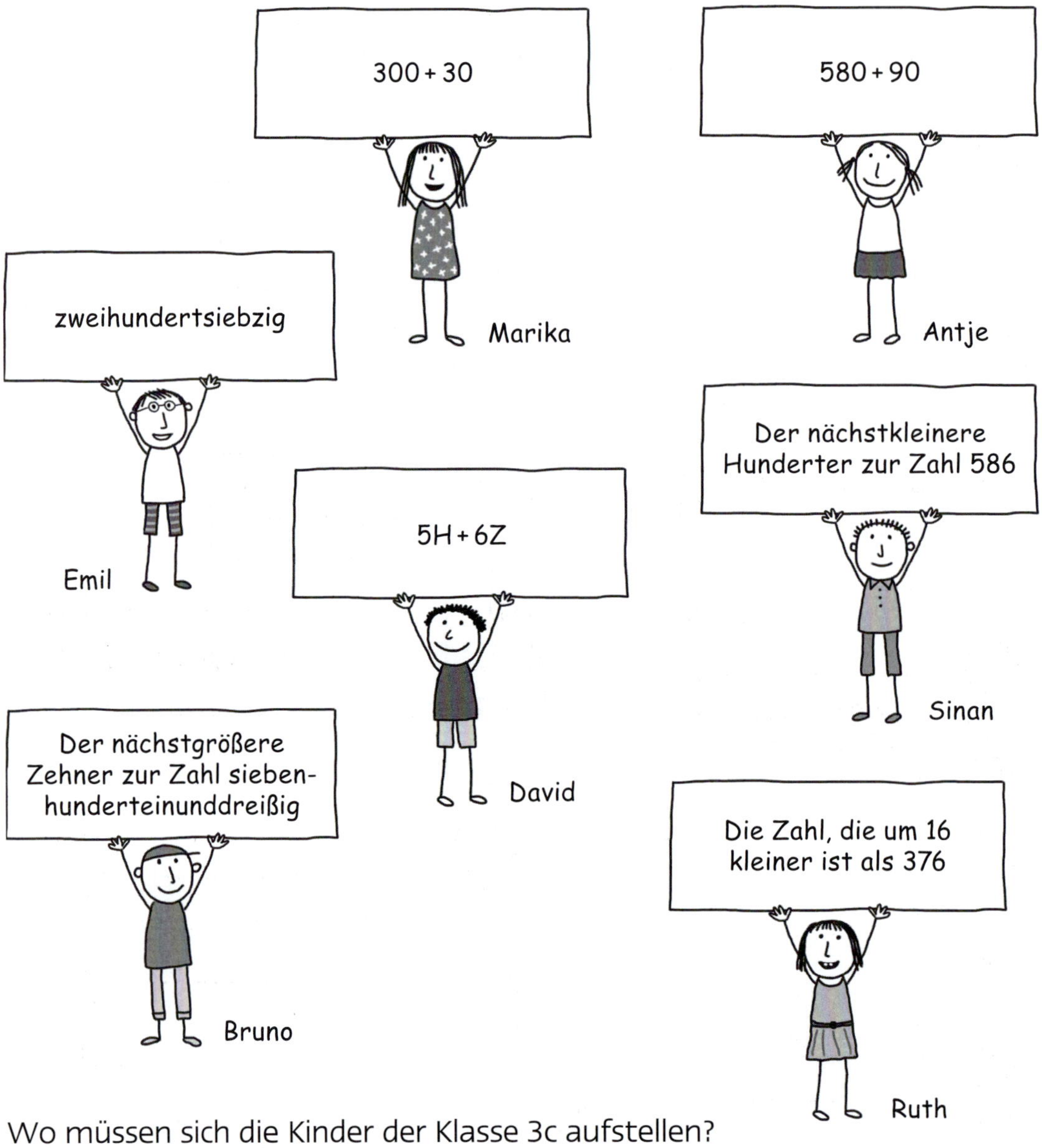

300 + 30
Marika
580 + 90
Antje
zweihundertsiebzig
Emil
Der nächstkleinere Hunderter zur Zahl 586
Sinan
5H + 6Z
David
Der nächstgrößere Zehner zur Zahl siebenhunderteinunddreißig
Bruno
Die Zahl, die um 16 kleiner ist als 376
Ruth

Wo müssen sich die Kinder der Klasse 3c aufstellen?
Trage die passenden Namen der Kinder in die Kästchen ein.

200
300
400
500
600
700
800

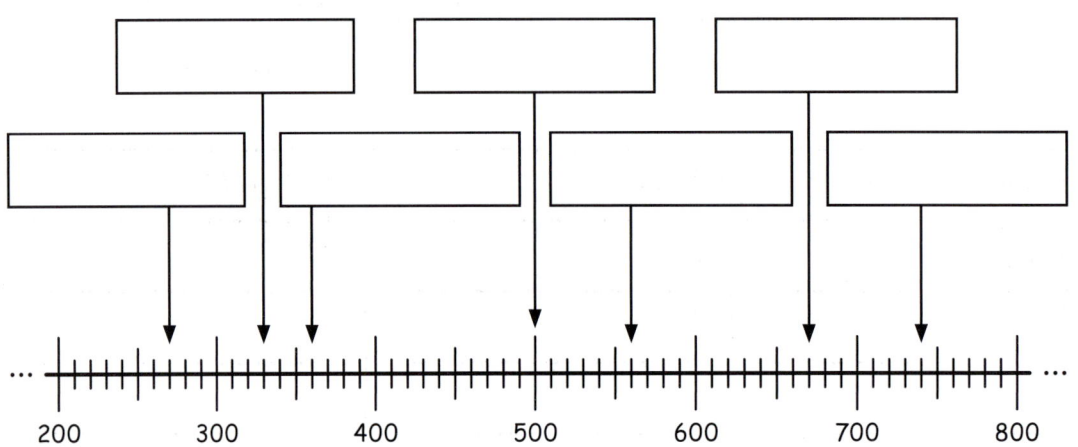

Das laufende Zahlenquartett

Die Kinder der Klasse 3b zeigen Beispiele, wie Zahlen geschrieben werden können. Welche Kinder bilden ein Zahlenquartett?

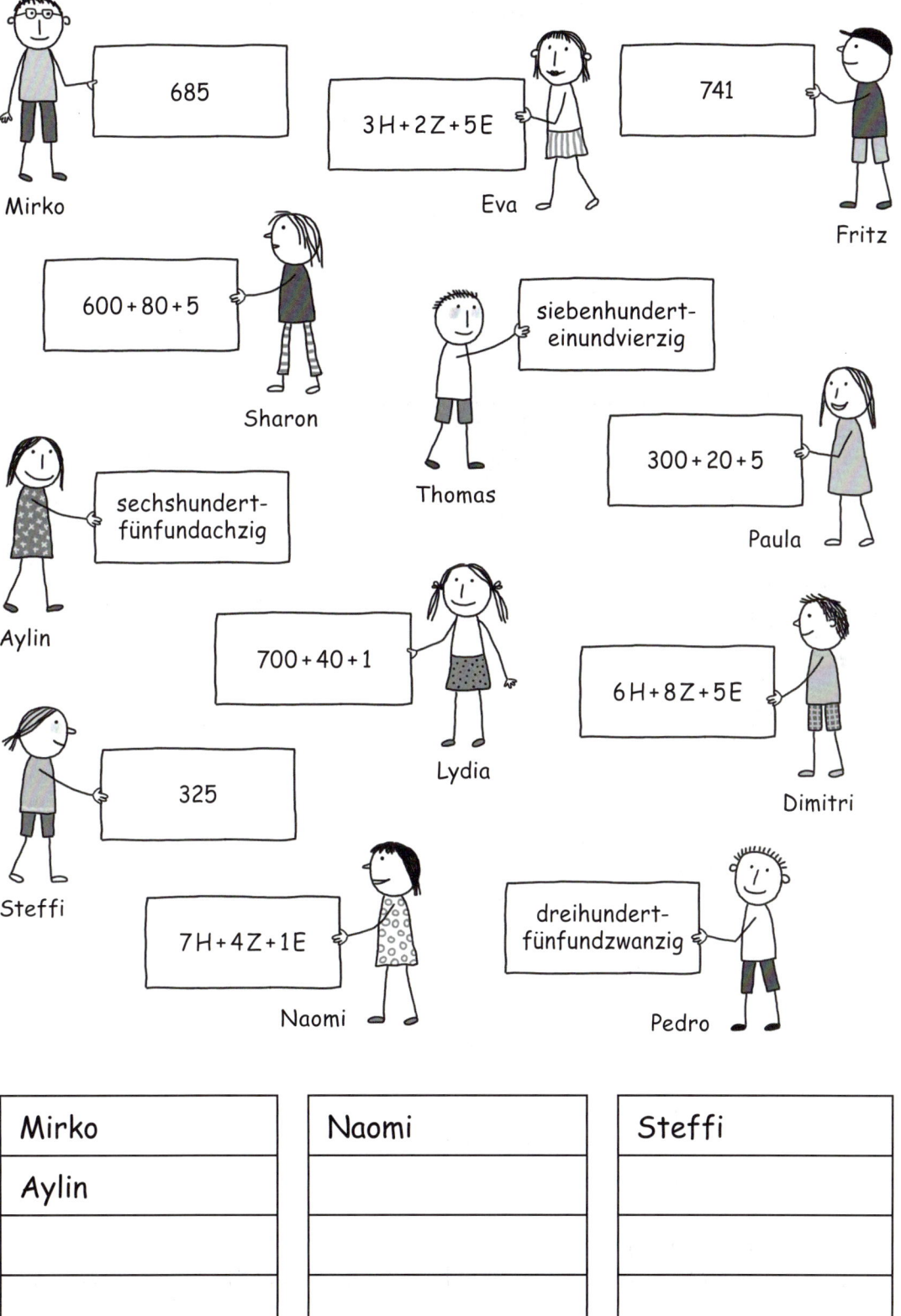

Mirko	Naomi	Steffi
Aylin		

Modul 3.2.1

Raum und Form (1)

Thema

Geometrische Flächen erkennen, benennen und abbilden

Intentionen

- ☐ Eigenschaften von elementaren geometrischen Figuren erkennen und darstellen
- ☐ Anwendung von geometrischen Operationen üben
- ☐ Geometrisches Vorstellungsvermögen fördern

Materialien

M 3.2.1.1   Kopiervorlage: Flächen erkennen und nachbilden, S. 127
M 3.2.1.2   Kopiervorlage: Spannende Netze, S. 128

Bezug zu anderen Modulen

Mathematik: Raum und Form (2), S. 129
Sachunterricht: Orientierung im Raum, S. 192

Inhalte und Übungen

- ☐ Geometrische Flächen mit dem Körper darstellen, S. 122
- ☐ Zweidimensionale geometrische Figuren ablaufen, S. 124
- ☐ Spannende Netze, S. 125
- ☐ Dreieck in Bewegung, S. 125
- ☐ Bewegter Zirkel – der Kreis, S. 126

Sachlicher Hintergrund und didaktische Überlegungen

Schwerpunkt des vorliegenden Moduls ist das Erkennen, Benennen und Darstellen von geometrischen Flächen im Raum. (Zum Themengebiet „Lagebeziehungen" siehe das Sachunterrichtsmodul „Orientierung im Raum", S. 192.)

Die Kinder werden mit den elementaren zweidimensionalen geometrischen Figuren – Rechteck, Quadrat, Dreieck und Kreis – vertraut gemacht. Im Folgenden wird kurz zusammengefasst, auf welche Eigenschaften es bei den jeweiligen Figuren ankommt.[1]

- ☐ *Quadrat:* Viereck, bei dem je zwei benachbarte Seiten senkrecht zueinander stehen und gleich lang sind; die vier Innenwinkel sind gleich (alle Winkel 90°); die beiden Diagonalen sind gleich lang und stehen senkrecht aufeinander.

- ☐ *Rechteck:* Viereck, bei dem je zwei benachbarte Seiten senkrecht zueinander stehen und die zwei gegenüberliegenden Seiten gleich lang sind; die vier Innenwinkel sind gleich groß (alle Winkel 90°); die beiden Diagonalen sind gleich lang.

- ☐ *Dreieck:* Ein Dreieck verbindet drei Punkte miteinander, die nicht zusammen auf einer Geraden liegen. Die Summe der Innenwinkel der drei Seiten beträgt 180°.

□ *Kreis:* Der Kreis wird von einer Kreislinie begrenzt. Sie ist die Menge aller Punkte einer Ebene, die von einem festen Punkt (Mittelpunkt) aus den gleichen Abstand haben. Die Strecke, die jeden Punkt mit dem Mittelpunkt verbindet, heißt Radius.

Natürlich ist die Figurendarstellung mithilfe des Körpers nicht exakt möglich. Die Genauigkeit kommt zu kurz. Bei der gemeinsamen Reflexion sollte thematisiert werden, dass die eigenen Darstellungen mit dem Körper und mit Hilfsmitteln wie Wollfäden oder Schnüre lediglich eine Annäherung an die geometrischen Figuren sind. Dies trifft allerdings streng genommen für jede gezeichnete Linie zu, weil auch die Zeichnung nie dem mathematischen Ideal einer Punktmenge entspricht. Mit der praktischen Umsetzung in der Bewegung ergeben sich Fragestellungen zum Nachdenken sowie Diskussionsmöglichkeiten, z. B.: Wie groß sollten die jeweiligen Kinder sein, die zusammen ein Rechteck bilden? Wie groß bei einem Viereck? Warum ist es wichtig, dass die beteiligten Kinder gleich groß bzw. verschieden groß sind? Zudem lassen sich die Winkel einer geometrischen Figur mit dem Körper oder mit anderen Hilfsmitteln nur annäherungsweise darstellen. Eine Übertragung des Moduls in den Alltag der Kinder soll zur gemeinsamen Überlegung anregen, wo in der Umwelt die behandelten geometrischen Figuren möglicherweise wiederzufinden sind.[2]

In der Übung *„Geometrische Flächen mit dem Körper darstellen"* (S. 122) bilden die Kinder die oben genannten Figuren mit dem Körper nach. Die Kinder teilen sich in Kleingruppen auf, die jeweils aus „Formkindern" und einem „Architekten" bestehen (wechseln sich ab). Die „Formkinder" stellen unter Anleitung des „Architekten" nacheinander Rechteck, Quadrat, Dreieck und Kreis dar. Dabei wird auch deutlich, dass wir mit unseren Körpern nicht genau sind und z. B. keine exakt geraden Linien darstellen können. So gelingt den Kindern z. B. kein annähernd perfekter Kreis. In einer weiteren Übung (siehe unten) werden die spezifischen Eigenschaften des Kreises weiter vertieft.

Die geometrischen Figuren Quadrat, Rechteck, Dreieck werden aus Geraden gebildet, die auf einer Ebene liegen und sich schneiden. Wird zunächst nur eine Seite vorgegeben, können noch alle der vorgenannten Figuren entstehen; erst mit der zweiten bzw. dritten Seite wird die Figur endgültig festgelegt. In der Übung *„Zweidimensionale geometrische Figuren ablaufen"* (S. 124) werden die gedachten Punktlinien des Rechtecks, Quadrats, Dreiecks und des Kreises abgelaufen. Dabei geht es darum, dass die Kinder die dargestellten Bewegungen mit ihrem Wissen über die einzelnen Figuren verknüpfen, wobei ein inneres Bild dieser Figuren entsteht. Wenn viele Kinder gleichzeitig die Figur ablaufen, wird die Figur mit einem Mal sichtbar.

„Spannende Netze" (S. 125) regt die Kinder dazu an, von selbst ausgesuchten Fixpunkten im Raum ausgehend weitere Eckpunkte einer gedachten geometrischen Figur zu bestimmen. Anschließend werden die Eckpunkte, sofern möglich, mit Seiten verknüpft.

In der Übung *„Dreieck in Bewegung"* (S. 125) beschäftigen sich die Kinder mit dem Zusammenhang von Winkelgröße und Seitenlänge des Dreiecks: Was geschieht mit der dritten Seite, wenn zwei Schenkel des Dreiecks enger zusammenrücken (den Winkel verkleinern) bzw. auseinandergehen (den Winkel vergrößern)? Erfahrbar wird, dass die gegenüberliegende Seite c umso länger ist, je größer der Winkel zwischen den Seiten a und b ist.

Bei der Übung „Bewegter Zirkel – der Kreis" (S. 126) geht es um die Erfassung von Kreisen. Die Kinder überprüfen den Abstand einzelner Punkte zum gedachten (theoretischen) Mittelpunkt. Daran kann die Einsicht anknüpfen, dass alle Punkte der Kreislinie vom Mittelpunkt gleich weit entfernt sind. Da mit Hand- und Augenmaß diese gleichen Abstände (unendlich) vieler Punkte nicht gesichert werden kann, lässt sich ein Kreis nicht ohne Hilfsmittel zeichnen.

Geometrische Flächen mit dem Körper darstellen

In den folgenden Übungen geht es darum, zu überlegen, wie man mithilfe des Körpers geometrische Flächen darstellen kann. Die Kinder bauen diese unter Leitung eines „Architekten-Kindes" nach. Da aber nur der „Architekt" die ganze Figur sehen kann, ist es wichtig, dass diese Rolle immer gewechselt wird. Für eine gemeinsame Reflexion ist es sinnvoll, die von den Kindern gebauten Figuren zu fotografieren (siehe Reflexion und Vertiefung).

Vorschläge für den Unterricht

☐ In einer Experimentierphase sammeln die Kinder möglichst viele unterschiedliche Darstellungsweisen von Dreiecken, Kreisen, Rechtecken und Quadraten. In Kleingruppen versuchen sie anschließend, die geometrischen Flächen mit ihrem ganzen Körper und auch mit einzelnen Körperteilen (Finger, Hände, Arme) darzustellen. Die Größe der Figuren kann variiert werden. In einer gemeinsamen Gesprächsrunde werden die dargestellten Formen von den Gruppen vorgestellt.

☐ Zwei Vierergruppen bekommen die Aufgabe, innerhalb einer Minute vor der Klasse ein Rechteck (Umriss) aus ihren Körpern auf dem Boden zu bauen.

☐ Jede Gruppe bekommt einen „Architekten" zur Seite gestellt, der Anleitungen gibt und korrigiert. Die übrigen Kinder beobachten.

☐ Die entstandenen Rechtecke werden begutachtet; der Bauverlauf sowie das Ergebnis werden diskutiert. Grundlegende Fragen werden besprochen: Wie gelingt ein rechter Winkel? Wie erhält man zwei gleich lange Seiten?

☐ Anschließend werden das Dreieck (3 Kinder plus 1 „Architekt"), der Kreis (2 Kinder + 1 Kind) und das Quadrat (4 Kinder + 1 Kind) eingeführt (siehe Kopiervorlage M 3.2.1.1, S. 127).

- *Dreieck, Kreis, Quadrat und Rechteck legen:* Die Kinder bewegen sich frei durch den Raum. Auf Ansage der Lehrerin/des Lehrers finden sich die Kinder in Gruppen zusammen (Anzahl je nach geometrischer Form verschieden, s. o.) und bauen bzw. legen mit ihren Körpern die genannte Figur am Boden.

- *Fließender Wechsel – vom Rechteck zum Kreis zum Quadrat:* Die Kinder bilden Fünfergruppen. Der Kreis wird diesmal – wie die beiden anderen Figuren – aus vier Kindern und einem „Architekten" geformt. Fließender Wechsel: Die gebauten Formen bleiben bestehen, alle „Architekten" wechseln zu einer anderen Figur und benennen diese. Der „Architekt" eröffnet in der neuen Gruppe eine neue Figur und bildet damit, jetzt als „Formkind", einen neuen Ausgangspunkt. Die neuen „Architekten" verlassen ihre Gruppe, sobald sie die Figur fertiggestellt haben.

- *Zeitbedarf:* für die Einführung 20 Minuten; für die Übungen jeweils 5 bis 15 Minuten

Reflexion und Vertiefung
- Fotografieren der dargestellten geometrischen Flächen: Am Computer oder mithilfe eines Beamers an die Wand projiziert, können die Figuren in der Klasse diskutiert werden. Sind die Figuren gut gelungen? Wurden die besonderen Eigenschaften der Figuren berücksichtigt? Stimmt meine Lage auf dem Foto mit dem überein, wie ich es mir beim Bauen der Figur vorgestellt habe? Warum ist es schwierig, einen spitzen Winkel zu formen?

Variation
- Zur Bildung von geometrischen Flächen können mal längere, mal kürzere Schnüre verwendet werden.

- Bei der Darstellung der geometrischen Flächen kann mittels einer Hilfslinie ein Teil der Figur bereits vorgegeben werden.

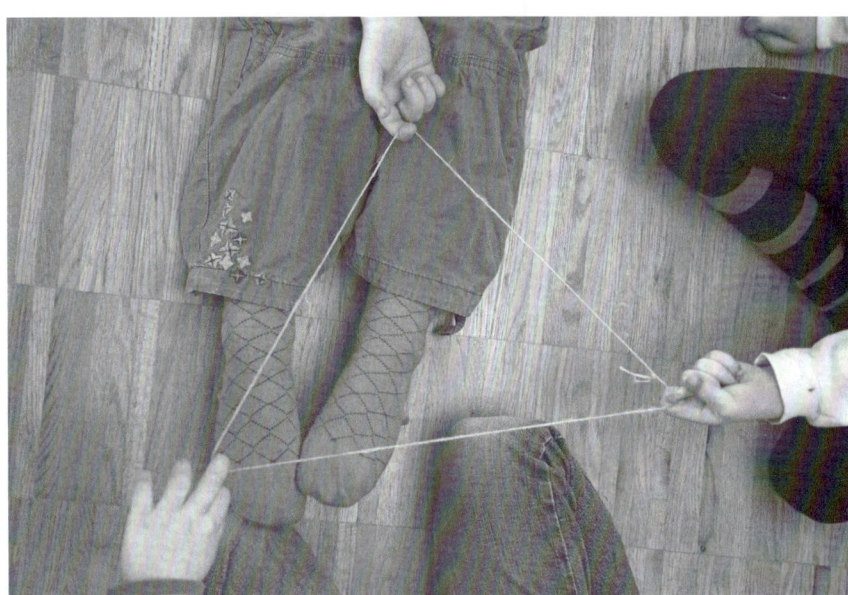

Zweidimensionale geometrische Figuren ablaufen

Auf ein Signal der Lehrerin/des Lehrers hin laufen die Kinder verschiedene, große geometrische Figuren ab.

Vorschläge für den Unterricht

☐ Die Kinder bringen im Klassenraum oder auf dem Schulhof Eckpunkte verschiedener geometrischer Figuren (Dreieck, Quadrat, Rechteck) mit jeweils unterschiedlicher Farbe auf dem Boden an.

☐ Die Kinder werden in zwei Gruppen aufgeteilt: laufende Kinder und beobachtende Kinder. Die Kinder aus der laufenden Gruppe bewegen sich frei im Raum.

☐ Die Lehrerin/der Lehrer ruft nacheinander Formen auf: „Dreieck ..., Rechteck ..., Quadrat". Aufgabe ist, so zu laufen, dass sich optisch das Bild der jeweiligen Figur ergibt (nach und nach müssen sich die Kinder optisch passend auf alle Seiten verteilen). Beim Rechteck und Quadrat muss auch die richtige Reihenfolge der Punkte eingehalten werden; beim Dreieck ergibt sie sich.

☐ Die „Beobachter-Kinder" verfolgen die gelaufenen Figuren und überprüfen deren Richtigkeit. Anschließend wird gewechselt.

☐ Am Ende tauschen sich die Kinder über die gemachten Erfahrungen und Beobachtungen aus.

☐ *Zeitbedarf:* ca. 10 bis 20 Minuten

Variation

☐ Laufen von nicht (vollständig) aufgezeichneten Figuren mit vielen Kindern. So ergibt sich in kurzer Zeit das Bild der jeweiligen Figur.[3]

☐ *Laufwege zeichnen:* Ein Partner läuft den Umriss einer geometrischen Figur, der andere zeichnet die Laufwege auf Papier auf.

- *Fließende Geometrie:* In Gruppen laufen die Kinder den Umfang (Begrenzungslinien) verschiedener Flächen ab. In mehr oder weniger kurzen Abständen nennt ein „Choreograf" die jeweils zu laufende Fläche. Die Übergänge zwischen den verschiedenen Flächen sollten fließend sein. (Vielleicht eine Idee für die Vorführung auf einer Schulfeier.)
    - Die Herausforderung wächst mit der Größe der Gruppe. Der „Choreograf" bzw. die Lehrerin/der Lehrer sollte darauf achten, dass jeweils vor dem nächsten Wechsel die Figur schön geformt zu sehen ist.
    - *Vertiefung:* Eine weitere Schwierigkeit lässt sich einbauen, wenn auch Diagonalen bzw. Symmetrieachsen miteinbezogen werden.

Spannende Netze

Mithilfe von Schnüren oder Wollfäden spannen Kinder geometrische Figuren.

Vorschläge für den Unterricht
- Ein Kind legt zunächst einen (Eck-)Punkt im Raum fest. Ein weiteres Kind legt den zweiten Eckpunkt fest und so weiter, bis alle Eckpunkte der geometrischen Figur bestimmt und vergeben sind (z. B. rechtes oberes Eck der Tafel, linkes oberes Eck der Eingangstüre und Griff des zweiten Fensters von links). Die auf diese Weise durch Eckpunkte definierte Figur sollen die Kinder nun mittels einer Schnur aufspannen (siehe Kopiervorlage M 3.2.1.2, S. 128).

- Mehrere Kinder (6 bis 10) halten jeweils ein Seil. Auf ein Signal der Lehrerin/ des Lehrers bilden sie verschiedene geometrische Figuren. Das Seil sollte dabei gespannt sein.

- *Zeitbedarf:* pro Übung ca. 20 Minuten

Reflexion und Vertiefung
- Die Kinder prüfen, ob die gespannte Figur den geometrischen Eigenschaften entspricht.

Dreieck in Bewegung

In den folgenden Übungen vertiefen die Kinder ihre Beschäftigung mit dem Dreieck. Im Mittelpunkt steht die Auseinandersetzung mit den verschiedenen Winkeln.

Vorschläge für den Unterricht
- Die Klasse wird in Dreiergruppen aufgeteilt. Jedes Kind in einer Gruppe repräsentiert mit seinem Körper oder mit einer Schnur eine Seite des Dreiecks (Seite a, b, c). Seite a und b bilden die Schenkel eines Winkels. Seite c schließt das Dreieck. Sie wird mit einer Schnur gebildet, damit die Länge der Seite variiert werden kann.

- Die Kinder der Seiten a und b verändern ihre Position, um den Winkel zu vergrößern oder zu verkleinern. Was geschieht mit Seite c?

- Im Anschluss findet im Sitzkreis eine Zusammenschau der gemachten Erfahrungen und Erkenntnisse statt. Ergebnis: Je größer der Winkel zwischen Seite a und b, desto länger die gegenüberliegende Seite c.

- *Zeitbedarf:* ca. 10 bis 15 Minuten

Reflexion und Vertiefung

☐ Wo finden sich Dreiecke in der Umwelt?

Bewegter Zirkel – der Kreis

In Partnerübungen bearbeiten die Kinder das Thema „Kreis" und vertiefen dessen spezifische Merkmale.

Vorschläge für den Unterricht

☐ *Bewegter Zirkel*[4]: Die Kinder verteilen sich in Partnergruppen auf dem Schulhof.

☐ Ein Kind hält einen Stab senkrecht auf den Boden, an dem ein Stück Schnur befestigt ist (ca. ein Meter). Er markiert den Kreismittelpunkt.

☐ Das andere Kind nimmt das andere Ende der Schnur in die Hand und läuft um das Kind herum, dabei achtet es darauf, dass die Schnur gespannt bleibt.

☐ Anschließend wird ein Stück Kreide an der Schnur befestigt. Nun hält das Kind die Kreide an der stramm gespannten Schnur. Es umrundet den Mittelpunkt und zeichnet dabei mit der Kreide eine Linie auf dem Boden.

☐ Ist die Schnur durchgehend gleichmäßig gespannt, ergibt sich ein Kreis. Wichtig ist, dass der Stab möglichst stabil auf dem Boden steht und das Kind, das ihn hält, nicht die Schnur berührt.

☐ *Hinweis:* Um zu verhindern, dass sich die Schnur aufwickelt (und dadurch der Radius immer kürzer wird), dreht sich das „Mittelpunktkind" mit. Das zweite Kind muss darauf achten, dass die Schnur stramm gespannt ist und in der gleichen Höhe und im gleichen Abstand zum Körper gehalten wird. Anschließend kann darüber gesprochen werden, warum das so wichtig ist.

☐ *Zeitbedarf:* ca. 15 Minuten

Reflexion und Vertiefung

☐ Wo finden sich Kreise in unserer Umwelt?

☐ Warum ist es schwer, einen Kreis ohne Hilfsmittel mit der bloßen Hand zu zeichnen?

Anmerkungen

(1) Vgl. Franke, M. (2011): Didaktik der Geometrie in der Grundschule. 2. Auflage. Heidelberg, S. 204 ff.
(2) Senftleben, H.-G. (2011): Formen als Abbilder und Umrisse. In: Grundschule Mathematik, Nr. 30, S. 4 f.
(3) Diesen Hinweis verdanken wir Prof. Dr. Albrecht Beutelspacher, Mathematisches Institut der Justus-Liebig-Universität Gießen.
(4) Beckmann, H. & Riegel, K. (2011): Bewegtes Lernen! Mathe. Donauwörth.

Flächen erkennen und nachbilden

Vier Kinder formen mit ihren Körpern ein Quadrat.

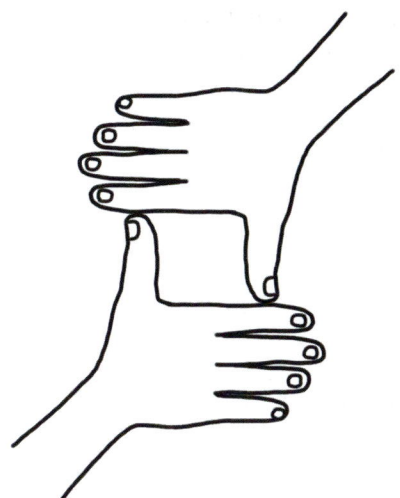

Fallen euch noch weitere Möglichkeiten ein?

Wenn man mit den Körpern Flächen legt, gelingt das nie ganz genau.

Welche Unterschiede zu einem korrekt gezeichneten Quadrat fallen euch auf?

Könnt ihr die folgenden Figuren nachbilden?

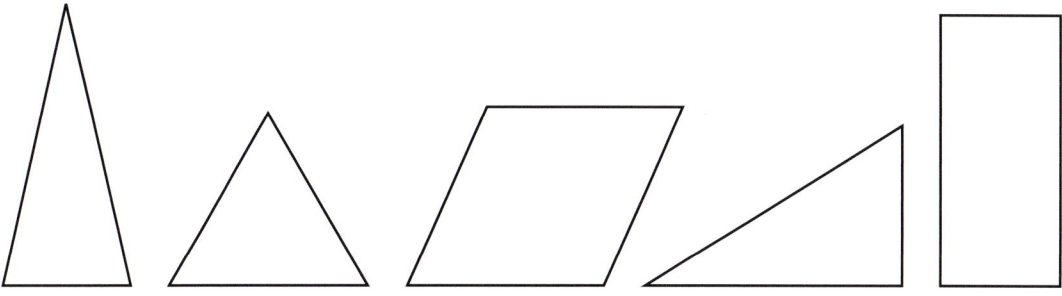

Spannende Netze

Marcel, Tilo und Charlotte spannen mit Seilen ein Dreieck.
Probiert es selber auch aus. Vielleicht findet ihr verschiedene
Möglichkeiten.

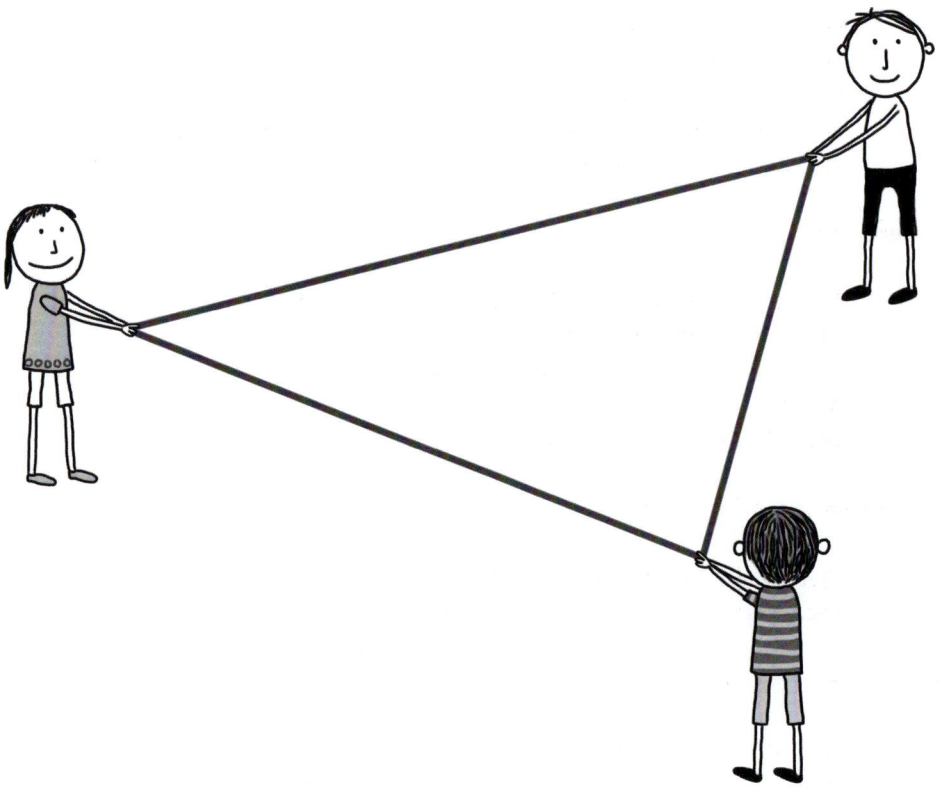

Weitere Figuren zum Ausprobieren: Besprecht, worauf man
besonders achten muss, damit die Figur aus Seilen gut gelingt.

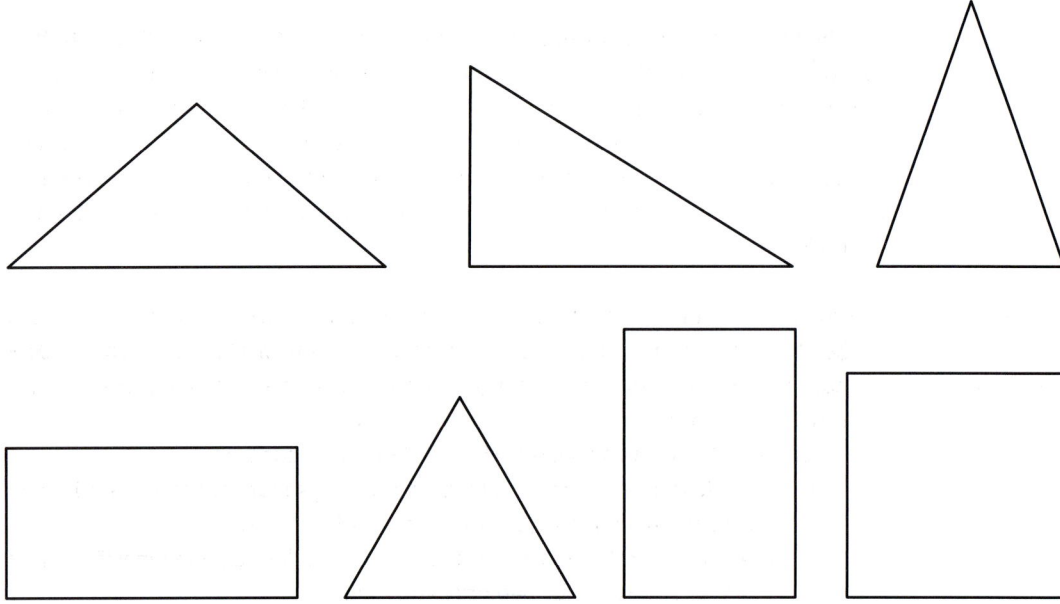

Modul 3.2.2

Raum und Form (2)

Thema

Anwendung von Symmetrie, Bandornamenten und Würfelnetzen

Intentionen

- ❑ Symmetrische Figuren erkennen und darstellen
- ❑ Prinzip der Spiegel- und Achsensymmetrie verstehen
- ❑ Wiederholungen von Mustern auffinden und reproduzieren
- ❑ Kenntnisse von Eigenschaften geometrischer Formen festigen
- ❑ Räumliches Vorstellungsvermögen mithilfe von Würfelnetzen fördern

Materialien

M 3.2.2.1   Kopiervorlage: Spiegelsymmetrie, S. 135
M 3.2.2.2   Kopiervorlage: Achsensymmetrie, S. 136
M 3.2.2.3   Kopiervorlage: Bandornamente, S. 137
M 3.2.2.4   Kopiervorlage: Geopuzzle, S. 138
M 3.2.2.5   Kopiervorlage: Mit Fliesen Würfel bauen, S. 139

Bezug zu anderen Modulen

Mathematik: Raum und Form (1), S. 120
Sachunterricht: Orientierung im Raum, S. 192

Inhalte und Übungen

- ❑ Gemeinsam symmetrisch werden, S. 130
- ❑ Zwei gleiche Hälften finden – Körpersymmetrie, S. 131
- ❑ Periodische Wiederholung in Bandornamenten, S. 132
- ❑ Geopuzzle – geometrische Kenntnisse festigen, S. 133
- ❑ Mit Fliesen Würfel bauen, S. 134

Sachlicher Hintergrund und didaktische Überlegungen

Mit der Übung „Gemeinsam symmetrisch werden" (S. 130) werden Eigenschaften von Symmetrie erfahrbar. Die Kinder bilden mit den Körpern geometrische Figuren und spiegeln diese. Entscheidend dabei ist, dass die Symmetrieachse die kürzeste Verbindung zwischen Punkt und Spiegelpunkt senkrecht schneidet und halbiert. Bei der Übung „Zwei gleiche Hälften finden – Körpersymmetrie" (S. 131) lernen die Kinder, dass auch innerhalb einer Flächenform eine oder mehrere Symmetrien zu finden sind.

Im Rahmen der Übung „Periodische Wiederholung in Bandornamenten" (S. 132) beschäftigen sich die Kinder mit einer besonderen Form des Musters, dem Bandornament[1]. Bandornamente sind regelmäßige Muster, die sich durch folgende Kriterien auszeichnen:

- ❑ Das Muster wird theoretisch unendlich oft wiederholt.
- ❑ Das Muster entsteht, indem eine Ausgangsfigur immer wieder in eine Richtung verschoben, gespiegelt oder gedreht wird.
- ❑ Die Länge der Ausgangsfigur heißt Periode oder Verschiebungslänge und kann durch einen Pfeil beschrieben werden.[2]

Anhand der Übung „*Geopuzzle – geometrische Kenntnisse festigen*" (S. 133) prüfen die Kinder ihr bereits erlerntes geometrisches Wissen. Im Mittelpunkt stehen die spezifischen Eigenschaften der verschiedenen geometrischen Figuren. Ein Teil der Kinder bildet mit den Armen und Händen Figurenausschnitte. Die anderen versuchen zu erkennen, welche Teile zur gleichen geometrischen Figur gehören.

„*Mit Fliesen Würfel bauen*" (S. 134): In dieser Übung wird die Form des Würfels behandelt und deren Eigenschaften herausgearbeitet. Inhaltlich werden sowohl die sechs quadratischen Flächen als Bestandteile des Würfels thematisiert als auch das Zerlegen eines Würfels in ein sogenanntes Würfelnetz. Die Kinder sollen die Eigenschaften des Würfels durch das gemeinsame Bauen und in einer weiteren Aufgabe durch das Bilden eines Würfelnetzes erschließen.

Gemeinsam symmetrisch werden

Die Kinder bilden mit ihren Körpern geometrische Figuren, die wiederum von anderen Kindern gespiegelt werden (siehe Kopiervorlage M 3.2.2.1, S. 135).

Vorschläge für den Unterricht

- „*Spieglein, Spieglein*": Zwei Kinder stehen sich gegenüber. Ein Partner macht Bewegungen vor, der andere Partner versucht, diese möglichst zeitgleich spiegelbildlich nachzuahmen. Begonnen wird mit einfachen Bewegungen (z. B. rechten Arm hochheben, in die Hocke gehen), die allmählich in fließende Bewegungen übergehen. Die Führungsrolle wird abwechselnd übernommen, die Kinder dürfen sich dabei aber nicht mit Worten verständigen. Mehrmaliger Wechsel zwischen den Gruppen, anschließend Austausch im Klassengespräch.

- *Spiegelachse*: Die Lehrerin/der Lehrer legt eine Schnur oder ein Seil symbolisch als Spiegelachse auf den Boden. Die Kinder sollen nun eine bestimmte Figur auf der einen Seite der Achse legen. Andere Kinder sollen diese Figur spiegeln. Die Kinder bewegen sich dabei nicht selbst, sondern die Klasse muss die „Figuren" so verändern, bis sie ein gespiegeltes Abbild ergeben. Ein langes Tafellineal kann die Kinder bei ihrer Aufgabe unterstützen. Anschließend Diskussion: Was war schwierig? Worauf muss insbesondere geachtet werden?

□ *Schnursymmetrie:* Die Kinder finden sich zu Dreiergruppen zusammen. Ein Baumeister, eine Figur, eine gespiegelte Figur. Das Kind liegt in einer bestimmten Haltung auf dem Boden (z. B. ganz gerade mit dem linken Bein angewinkelt). Der Baumeister legt eine Schnur als Symmetrieachse auf den Boden. Das dritte Kind bildet mit seinem Körper das Spiegelbild. Der Baumeister überprüft und korrigiert.

□ *Zeitbedarf:* pro Übung ca. 10 bis 20 Minuten

Variation

□ *Fliesensymmetrie:* Alle Kinder erhalten eine Teppichfliese. Die Kinder spannen eine Schnur als Symmetrieachse. Die Kinder auf der einen Seite bilden eine geometrische Figur mit Teppichfliesen. Die Kinder auf der anderen Seite versuchen, die entstandene Figur zu spiegeln.

□ Die Lehrerin/der Lehrer bringt mit einem Klebeband eine Symmetrieachse auf die Mitte der Schülertische an. Nun sollen die Kinder Gegenstände, die auf den Tischen liegen und von denen jeweils Paare vorhanden sind, spiegeln, sodass ein symmetrisches Bild entsteht (z. B. zwei exakt gleich lange Bleistifte, zwei gleiche Büroklammern, zwei gleiche Schulbücher, zwei DIN-A4-Blätter usw.). Gegebenenfalls dürfen die Kinder hierbei auch Hilfsmittel wie Lineal oder Maßband benutzen, um ein möglichst korrektes symmetrisches Bild zu erhalten.

Reflexion und Vertiefung

□ Mit Kindern und zumeist auch Gegenständen lassen sich streng genommen keine reinen Symmetrien erreichen. Die Körper der Kinder sind niemals gleich, auch ihre Kleidung ist unterschiedlich. Bei Gegenständen kann man Symmetrien nur erreichen, wenn man exakt gleiche Paare hat, z. B. bei den Utensilien der Kinder (siehe *Variation*), was in der Regel nicht vorkommt. Bei der Kindergruppe auf der Kopiervorlage 3.2.2.1, S. 135, kommt es deshalb nur darauf an, den passenden Ort der Mütze zu bestimmen.

□ Wo finden sich Symmetrien im Alltag?

□ Gibt es auch an unserem Körper Symmetrien?

Zwei gleiche Hälften finden – Körpersymmetrie

Anhand einer Schnur, die als Symmetrieachse dient, werden symmetrische Figuren durch Achsenspiegelung hergestellt.

Vorschläge für den Unterricht

□ Die Klasse versammelt sich in einem großen Sitzkreis. Die Lehrerin/der Lehrer gibt den Kindern folgende Aufgabe: „Legt mit euren Körpern eine geometrische Figur."

□ Die Lehrerin/der Lehrer wählt nach darzustellender Figur einige Kinder aus. Diese besprechen sich, welche Figur sie bilden wollen, z. B. Rechteck, Quadrat oder Dreieck.

□ Die Lehrerin/der Lehrer gibt nun einzelne Impulse, wie z. B.: „Die Figur hat zwei gleiche Seiten."

☐ Zwei weitere Kinder erhalten eine Schnur, die sie so über die von den Kindern dargestellte Figur spannen sollen, dass sie an dieser Stelle „gefaltet" werden könnte.

☐ Der Begriff der *Symmetrieachse* wird thematisiert. Mithilfe der Schnur kann überprüft werden, wie viele Symmetrieachsen an einer Figur möglich sind (siehe Kopiervorlage M 3.2.2.2, S. 136).

☐ Ein zweiter Durchgang mit anderen Kindern und einer anderen Figur folgt.

☐ Die Kinder überprüfen an einzelnen Einrichtungsgegenständen im Klassenraum, ob diese symmetrisch sind. Gibt es auch Gegenstände im Klassenraum, die zueinander symmetrisch sind? Wer kann mit der Schnur die Symmetrieachse anlegen?

☐ Abschließend kann die Aufgabe auch durch Bildkarten vertieft werden, in die die Kinder selbstständig Symmetrieachsen mit dem Lineal einzeichnen (z. B. die Fassade eines Hochhauses: Symmetrieachse verläuft – meist – vertikal in der Mitte der Fassade). Siehe dazu auch die Kopiervorlage M 3.2.2.2, S. 136.

☐ *Zeitbedarf:* ca. 15 bis 25 Minuten je nach Anzahl der Figuren

Reflexion und Vertiefung

☐ Es ist streng genommen nicht möglich, eine genaue Achsensymmetrie mit Körpern zu erreichen. Beispiel Rechteck/Quadrat: Wenn die Seiten mit jeweils einer ungeraden Anzahl von Kindern gebildet werden, lassen sich die Kinder nicht so anordnen, dass sie zu beiden Symmetrieachsen symmetrisch liegen. Besser geht es, wenn man für die Seitenlängen jeweils eine gerade Anzahl von Kindern hat. Dann können sich die Kinder so hinlegen, dass Rumpf, Kopf und Beine für beide Spiegelachsen symmetrisch angeordnet sind (siehe Kopiervorlage M 3.2.2.2, S. 136).

☐ Hier lassen sich Reflexionen über Eigenschaften von Modellen anschließen: Symmetrie wird genau genommen nur dann dargestellt, wenn die Kinder als Verkörperung einer Linie gesehen werden. Je mehr konkrete Eigenarten des Symbols (hier: Körper), z. B. Rumpf, Kopf, beide Arme, beachtet werden, desto unschärfer wird das Modell (keine genau gleichen Gesichter, keine genau gleichen Handformen, keine genau gleiche Kleidung usw.).

Periodische Wiederholung in Bandornamenten

Durch die körperliche Darstellung von sich wiederholenden Mustern wenden die Kinder Typen von Bandornamenten an (siehe Kopiervorlage M 3.2.2.3, S. 137).

Vorschläge für den Unterricht

☐ *Bewegtes Bandornament mit der Klasse:* Zunächst wird ein Grundmuster vereinbart (z. B. aus drei oder vier Kindern bestehend). Jedes Kind bildet dabei jeweils ein Element dieses Musters. Nun kommen weitere Kinder hinzu, die das Grundmuster wiederholen und an die erste Gruppe anschließen. So geht es immer weiter. (Wenn beliebig viele Kinder vorhanden wären, ließe sich das Muster unendlich oft wiederholen.) Einfache, mögliche Beispiele sind:

  ☐ Grundmuster mit drei Kindern: klatschen, stampfen, schnippen

  ☐ Grundmuster mit vier Kindern: hüpfen, Arme hoch, Arme nach vorne, bücken

☐ Die Anforderung an die Konzentration wird erhöht, wenn jede einzelne Bewegung mehrfach ausgeführt wird, z. B. beim 3er-Grundmuster: je viermal klatschen, stampfen, schnippen.

☐ *Entstehung der Bewegung nach grafischer Notation:* Ein einfaches, vorgegebenes Muster aus farbigen Plättchen oder Tüchern (z. B. blaue, rote, gelbe) wird von den Kindern in Bewegung umgesetzt. Regel: Jede Farbe bzw. Form entspricht einer Bewegung.

☐ Mehrere einfache Muster sind an der Tafel vorgegeben. Ein Kind sucht sich ein Muster aus und stellt es durch Bewegung dar (die Bewegungen können spontan erfunden oder vorher festgelegt sein). Die anderen Kinder müssen die Bewegung dem Muster an der Tafel zuordnen.

☐ *Zeitbedarf:* ca. 30 Minuten

Reflexion und Vertiefung

☐ Wichtig ist, dass die Kinder erkennen, dass sie ihre Muster nur annähernd exakt darstellen können. Die Kinder, die im Bandornament beispielsweise die Arme hochheben, tun dies nicht alle exakt gleich. Sie strecken sich auf verschiedene Weise und sind zudem unterschiedlich gekleidet (siehe Kopiervorlage M 3.2.2.3, S. 137). Mit den Kindern soll besprochen werden, dass es sich bei der körperlichen Darstellung um ein Modell handelt; für das Erkennen des Musters ist eine exakt gleiche Abbildung nicht notwendig.

Geopuzzle – geometrische Kenntnisse festigen

Die Kinder bilden mit ihren Armen und Händen Teile von geometrischen Figuren. Indem sie die passenden Teile zusammenbringen, üben sie spielerisch die speziellen Eigenschaften der verschiedenen Flächenformen.

Vorschläge für den Unterricht

☐ Mit Armen und Fingern können unterschiedliche geometrische Figuren dargestellt werden. Die Lehrkraft kann Vorschläge für mögliche geometrische Bewegungen machen und zuvor mit den Kindern ausprobieren.
  ☐ 3. Jahrgangsstufe: Rechteck, Dreieck, Quadrat, Kugel, rechter Winkel, Linie, Formen oder Figuren aus der Vorstellung der Kinder heraus, die mit einem Spiegelbild ein Pärchen ergeben.
  ☐ In der 4. Jahrgangsstufe kann noch der Maßstab hinzukommen. Ein Pärchen besteht dann aus derselben Figur, jedoch unterschiedlich dargestellt, zum Beispiel: Ein Kind zeigt ein Dreieck mit den Fingern, das andere Kind stellt ein Dreieck mit gegrätschten Beinen dar.

☐ In der Klasse funktioniert das *Geopuzzle* wie folgt: Zwei Kinder (Schüler A und B) verlassen den Klassenraum. Die beiden spielen später gegeneinander. Der Rest der Klasse bildet geometrische Pärchen. Sollte ein Kind übrig bleiben, kann die Lehrerin/der Lehrer einspringen, oder es geht ebenfalls vor die Tür.
  ☐ Die Kinder sollten Paare bilden, die im Schulalltag nicht so häufig zusammen sind. Sonst ist es für die Schüler, die die Paare im Anschluss ermitteln sollen, zu einfach.
  ☐ Haben sich die Paare gefunden und eine Bewegung vereinbart, stellen sich alle Kinder wieder an ihren ursprünglichen Sitzplatz hinter den Stuhl.

- Nun werden Schüler A und B, die währenddessen vor dem Klassenraum gewartet haben, hereingeholt. Im Wechsel nennen die beiden Schüler immer zwei Namen.
- Die aufgerufenen Kinder zeigen nacheinander (ohne zu sprechen) ihre zuvor vereinbarte geometrische Bewegung. Passen die beiden Bewegungen zueinander, setzen sich die beiden „Puzzleteile" auf ihren Stuhl, und Schüler A darf noch einmal spielen. Passen die „Puzzleteile" nicht, kommt Schüler B zum Zug.
- Dies geht so lange, bis das Puzzle aufgelöst ist und alle Kinder sitzen. Das Kind mit den meisten Zuordnungen gewinnt (siehe Kopiervorlage M 3.2.2.4, S. 138).

- *Zeitbedarf*: ca. 20 Minuten

Mit Fliesen Würfel bauen

Die Lehrerin/der Lehrer teilt an jedes Kind eine quadratische Teppichfliese aus und bespricht mit den Kindern den geometrischen Körper „Würfel". Mögliche Inhalte könnten sein: Wie viele Flächen hat ein Würfel? Wie sind die Flächen beschaffen? Wie viele Kanten und Ecken hat ein Würfel?

Vorschläge für den Unterricht
- Erarbeitung des Würfelnetzes: Die Lehrerin/der Lehrer bittet die Kinder, zunächst einen Würfel zu bauen. Im Anschluss daran sollen die Kinder den Würfel zu allen Seiten hin aufklappen.

- Das Kind, das die obere Fliese des Würfels hält, ist entscheidend. Es muss überlegen, wo genau die Fliese angelegt werden kann, sodass ein Würfelnetz entsteht.

- Die Kinder können durch Anlegen der Teppichfliesen verschiedene Netze prüfen und überlegen, wann die Fliesen so liegen, dass man durch Falten einen Würfel bauen könnte (siehe Kopiervorlage M 3.2.2.5, S. 139). Die Kinder finden möglichst viele Würfelnetze.

- *Zeitbedarf*: ca. 30 bis 45 Minuten

Reflexion und Vertiefung
- Wie viele verschiedene Würfelnetze gibt es? (Möglich sind maximal 11 verschiedene Würfelnetze.)

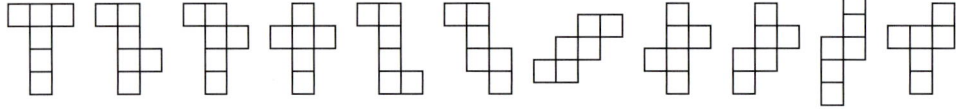

Anmerkungen

(1) Zu Bandornamenten siehe Franke, M. (2011). Didaktik der Geometrie in der Grundschule. 2. Auflage. Heidelberg, S. 248 ff.
(2) Lorenz, J.-H. (2005): Die Verzierung, die aus der Antike kam. In: Grundschule Mathematik, Nr. 6, S. 4 f.

Spiegelsymmetrie

Olga, Nadine und Klaus bilden ein Dreieck. Armin, Marcel und Sarah versuchen, das Dreieck zu spiegeln. Wer von den Dreien muss die Mütze aufsetzen? Zeichne ein.

Bei den folgenden Aufgaben ist die Spiegelung noch nicht komplett fertig. Ergänze die fehlenden Stellen.

● ✗   ⋮   … …   O ●   ⋮   ● …
✗ ✗   ⋮   ✗ …   □ ✗   ⋮   … …

O ‎   ⋮   ‎ O   □ ■   ⋮   □ □
● O   ⋮   O O   □ □   ⋮   □ □

✗ ●   ⋮   … …   □ O   ⋮   O …
● ✗   ⋮   ✗ …   ● □   ⋮   … …

O ✗   ⋮   ✗ …   □ O   ⋮   O …
● O   ⋮   … …   ✗ O   ⋮   … …

Achsensymmetrie

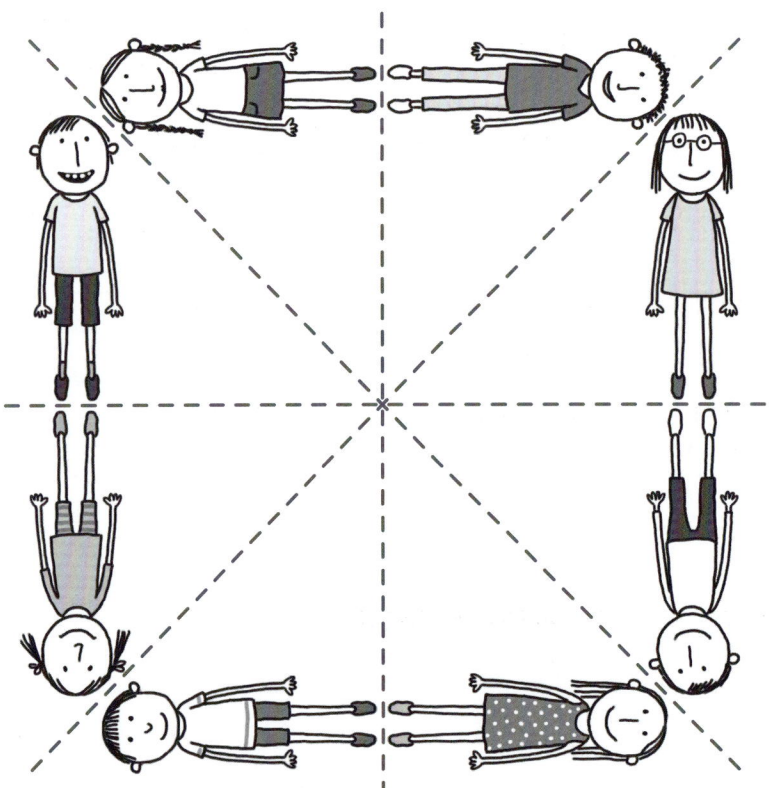

Zeichne in die unten dargestellten Figuren die Symmetrieachsen ein.
Bei manchen Figuren gibt es mehrere Achsen.

Bilde anschließend mit anderen Kindern die Figuren mit dem Körper nach
und lege mit einer Schnur Symmetrieachsen an.

Bandornamente

Die Kinder der Klasse 4c bilden mit ihren Körpern ein Bandornament.
Hast du das Wiederholungsmuster entdeckt?

Versuche, mit anderen Kindern das Bandornament nachzubilden.
Erfinde weitere Bandornamente.

Fülle die folgenden Muster richtig aus und ergänze.

+ X o + X ... + ... o ... X ... ...

+ - X - + - X ... + ... X ... + ...

X X o + X ... ... X ... ... + ...

Z X Z o ... X ... o ... ... Z ... ... X ... ...

Überlege, ob es sich bei den folgenden Mustern um eine
Spiegelung oder um ein Bandornament handelt.

◊ Δ o X X o Δ ◊

X V o - X V o - X V o - X V o -

◊ Δ V X ◊ Δ V X ◊ Δ V X ◊ Δ V X

X U V - X U V - - V U X - V U X

Geopuzzle

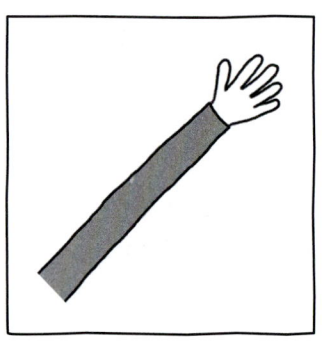

Auf den Kärtchen zeigen Kinder mit ihren Armen und Händen Ausschnitte von geometrischen Figuren.

Fallen euch weitere Ausschnitte ein, die ihr mit euren Armen und Händen darstellen könntet?

Probiert gemeinsam aus, welche Figuren sich daraus bilden lassen.

Philipp und Jessica bilden mit ihren Armen zum Beispiel einen Kreis.

Mit Fliesen Würfel bauen

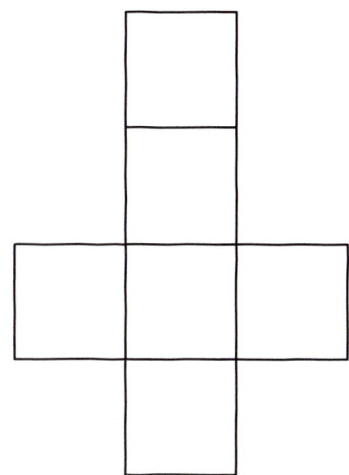

Wenn die Kinder der Klasse 4c sechs zusammenhängende Teppichfliesen richtig aneinanderfügen, entsteht ein Würfel mit sechs Seiten. Das ist gar nicht so einfach! Um einen Würfel zu bilden, gibt es verschiedene Möglichkeiten, die Fliesen aneinanderzulegen.
Probiert es selbst aus.

Welches Netz lässt sich nicht zu einem Würfel falten?
Streiche es durch.

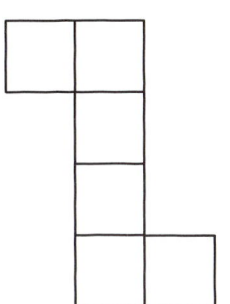

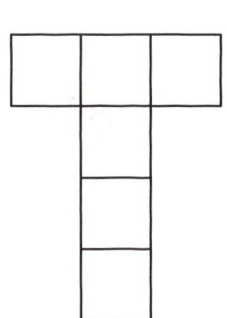

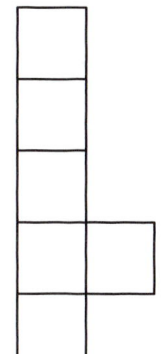

Vervollständige zu Würfelnetzen. Es gibt mehrere Möglichkeiten.

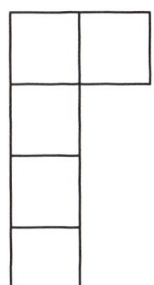

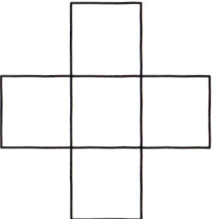

Modul 3.3.1

Größen und Messen (1)

Thema

Länger, höher, weiter, schneller, mehr?

Intentionen

- ☐ Längen erfahren und beurteilen, schätzen und vergleichen
- ☐ Größenausprägungen auf verschiedene Weise miteinander vergleichen
- ☐ Die Bedeutung einer Maßeinheit für den Vergleich von Größen erkennen
- ☐ Körpermaße und normierte Maße unterscheiden
- ☐ Grundlagen zum Verständnis der Längeneinheiten Meter und Zentimeter legen
- ☐ Das Gefühl für die Dauer einer Minute schulen
- ☐ Geldwerte erkennen und schätzen

Materialien

M 3.3.1.1	Karteikarte: Wie weit kann ich werfen? – schätzen und messen, S. 150	
M 3.3.1.2	Karteikarte: Abstände feststellen – eindeutig oder nach Augenmaß?, S. 150	
M 3.3.1.3	Kopiervorlage: Da stimmt einiges nicht, S. 151	
M 3.3.1.4	Kopiervorlage: Preise abschätzen, S. 152	

Bezug zu anderen Modulen

Mathematik: Größen und Messen (2), S. 154
Sachunterricht: Mit der Zeit gehen, S. 204

Inhalte und Übungen

- ☐ Wie weit, wie lang, wie hoch? – Längen schätzen und messen, S. 142
- ☐ Eine Minute in Bewegung – Zeitgefühl entwickeln, S. 144
- ☐ Übungen mit kleinen Münzen – Unterscheiden von Centeinheiten, S. 145
- ☐ 1-Euro-Kreise – Cents zu 1 Euro kombinieren, S. 146
- ☐ Was kostet das? – Preise schätzen, S. 147
- ☐ Schnell zur Stelle – Kommaschreibweise bei Geldbeträgen, S. 148

Sachlicher Hintergrund und didaktische Überlegungen

Kinder haben bis zum Beginn der Grundschule bereits vielfältige Erfahrungen mit der Verwendung von Größen und mit Größenvergleichen gesammelt. Sie wissen, dass ihre *kleineren* Geschwister *leichter* sind als sie selbst, dafür sind sie selbst *älter*. Noch älter ist der Nachbarjunge, der geht schon seit *Langem* zur Schule. Der Weg zum Bäcker ist viel *kürzer* als ins Schwimmbad, das noch viel zu *weit* entfernt ist, um dort alleine hingehen zu dürfen. Beim Baden muss man das tiefe Becken meiden, und wenn das Wetter gut ist, hat man im Schwimmbad viel *weniger* Platz als sonst.

Zwar sind ihnen die Messvorgänge, die diesen und vielen anderen täglichen vorgenommenen Vergleichen zu Grunde liegen, als solche noch nicht vertraut, aber den Instrumenten, mit denen gemessen wird, begegnen sie im Alltag ständig: Küchen- und Personenwaagen, Lineal und Zollstock, Uhren und Kalender.

Um diese und andere Messinstrumente verständig und nicht lediglich auf der Basis angelernter Verhaltensvorschriften zu nutzen, müssen zuverlässige Vorstellungen über Größenangaben und über den Messvorgang vorhanden sein. Anderenfalls besteht die Gefahr, dass normierte Messeinheiten ohne Bezüge zur Realität bleiben.[1]

Allerdings kann man den Objekten manche Eigenschaften nicht direkt ansehen. Während sich Längen- und Höhenunterschiede, die deutlich genug ausgeprägt sind, per Augenschein beurteilen lassen, ist dies beim Gewicht nicht mehr möglich. Man muss die Gegenstände durch eine Handlung zueinander in Beziehung bringen, zum Beispiel durch „Abwägen" nach Gefühl. Doch wenn die Unterschiede nicht mehr deutlich genug sind, um sie allein mit den Sinneseindrücken zu erfassen, oder wenn die Objekte, die man vergleichen möchte, räumlich oder zeitlich zu weit auseinanderliegen, dann benötigt man ein Instrument, einen „Vermittler"[2] für die Vergleiche. Dieser liefert wiederum nur brauchbare Ergebnisse, wenn er immer wieder auf die gleiche Art und Weise genutzt wird: Die Festlegung der Breite von improvisierten Fußballtoren durch Abzählung von Fußlängen führt nur dann zu fairen Ergebnissen, wenn für beide Tore das gleiche Kind auf die gleiche Art und Weise einen Fuß vor den anderen setzt. Will man die Ergebnisse dieser Vergleiche anderen mitteilen oder zu einem anderen Zeitpunkt mit anderen Ergebnissen vergleichen, dann muss außerdem gewährleistet sein, dass sich alle unter dem Ergebnis das Gleiche vorstellen können: „25 Schritte weit" mag mitunter ausreichen, um eine Vorstellung davon zu bekommen, wie weit man einen Ball werfen konnte. Aber die Angabe „15 Meter" ermöglicht es, auch in einem Jahr noch zu vergleichen, ob man im Weitwerfen Fortschritte gemacht hat.

Ein erster Schritt, um vielfältige Messerfahrungen mit verschiedenen Größenangaben zu ermöglichen, ist das direkte Vergleichen von zwei Objekten mithilfe von zweistelligen Relationen wie *kleiner – größer, höher – tiefer, weiter – näher*[3].

Um mit Größen verständig umzugehen, müssen die Kinder zunächst eine gesicherte Vorstellung vom dem entwickeln, was mit Größen eigentlich zum Ausdruck gebracht wird. Eine zentrale Rolle spielen dabei Längenvorstellungen. Sie sind Kindern als Entfernung vertraut, bringen Abstände und Zeitspannen zum Ausdruck und dienen als Grundlage für Skalen auf Messgeräten.[4] Zudem bildet die Erfassung von Längenunterschieden den Kern von relationalen Beziehungen, in denen Abstände eine Rolle spielen, wie z. B. *größer – kleiner, höher – tiefer, dünner – dicker, schmaler – breiter, näher – weiter*.[5]

Mit der Übung *„Wie weit, wie lang, wie hoch? – Längen schätzen und messen"* (S. 142) können die Unterschiede zwischen direkten Vergleichen und Vergleichen mit verschiedenen Längenmaßen erfahren und Entfernungen zunächst geschätzt und dann gemessen werden.

Auch die Übung *„Eine Minute in Bewegung – Zeitgefühl entwickeln"* (S. 144) beginnt mit dem Schätzen. Die Kinder sollen sich verschiedene Möglichkeiten ausdenken, die ihnen helfen, in Bewegung ohne die Nutzung einer gebräuchlichen Uhr die Länge einer Minute möglichst gut abzuschätzen. Vorschläge für die Beschäftigung mit größeren Zeiteinheiten wie viertel, halbe und ganze Stunden sowie mit Tagen, Wochen, Monaten enthält das Sachunterrichtsmodul *„Mit der Zeit gehen"* (S. 204).

In den vier Vorschlägen zum Größenbereich „Geldwerte" geht es neben der Unterscheidung von Centeinheiten (*Übungen mit kleinen Münzen*, S. 145) um das Rechnen mit Centeinheiten (*1-Euro-Kreise – Cents zu 1 Euro kombinieren*, S. 146) sowie darum, Schätzungen von Preisen relational zum Ausdruck zu bringen („*Was kostet das? – Preise schätzen*", S. 147) und die Kommaschreibweise zu üben („*Schnell zur Stelle – Kommaschreibweise bei Geldbeträgen*", S. 148).

Wie lang, wie weit, wie hoch? – Längen schätzen und messen

Die folgenden Vorschläge sollen die Kinder zunächst zum Abschätzen und Vergleichen von Längen anregen, ehe jeweils Gründe für das Ausmessen von Längen ins Spiel kommen. Dabei geht es sowohl um größere (Weitwerfen) als auch kleinere (Zielwerfen) Entfernungen bzw. Abstände.

Vorschläge für den Unterricht

- Weitwerfen auf dem Schulhof oder in der Turnhalle, z. B. mit Tennisbällen.
  - Wer wirft weiter? Adya oder Susanne?
  - Wenn Kinder zur gleichen Zeit werfen, dann kann man ungefähr sehen, wer weiter geworfen hat.
  - Ab vier, fünf Kindern wird es schwierig, den Überblick zu behalten.
  - Wenn Kinder hintereinander werfen, kann man kaum mehr vergleichen. Wie könnte man die Entfernungen dennoch vergleichen?
  - Zum Beispiel: Aufschlagstelle mit Kreide markieren. Nun muss man sich allerdings merken, welcher Kreidestrich zu welchem Kind gehört. Außerdem verwischen die Striche bald.
  - Wie kann man die Ergebnisse festhalten? Wie kann man den Eltern, Freunden usw., die nicht dabei waren, mitteilen, wie weit man geworfen hat („bis zum Strich")?
  - Entfernungen messen; verschiedene Möglichkeiten erproben (mit Füßen; Stöckchen, das man wiederholt anlegt; mit Schritten); Vor- und Nachteile dieser Maßeinheiten besprechen.
  - Messlatten oder Maßband aus dem Sportunterricht: Was sind die Vorteile? Welche Gemeinsamkeiten haben sie? Welche Vorteile hat die Messung der Längen bzw. Entfernungen in Metern?
  - Eventuell vorher schätzen lassen: Wie viele Meter können wir jeweils werfen? Wie weit kann wohl die Lehrerin/der Lehrer werfen? Vielleicht kann man auch den Hausmeister/die Hausmeisterin dazu einladen.
  - Das Gleiche mit verschieden großen Bällen durchführen (Tennisball, Schlagball, Handball, Fußball). Man könnte eine kleine Tabelle anlegen: Jedes Kind schätzt zuerst seine Wurfweite, dann wird gemessen.

- *Zeitbedarf:* je nach Wahl der verschiedenen Möglichkeiten 15 Minuten bis zu einer Unterrichtsstunde

Reflexion und Vertiefung

- Längen schätzen lassen und abmessen: Abstände zwischen Feldmarkierungen in der Turnhalle; Länge und Breite der Turnhalle; Klassenräume usw. Dabei unterschiedliche Maßeinheiten verwenden: Wie viele Fußlängen? Wie viele Schritte? Wie viele Meter?

- Höhen schätzen lassen und dann messen: Zunächst nur Gegenstände und Markierungen in Griffhöhe. Wie kann man die Höhe der Sprossenwand ermitteln (z. B. Seil als Lot, Lotlänge markieren, auf dem Boden das Seil ausmessen)?

- Einsicht in die „Transitivität von Ordnungsrelationen"[6] grundlegen: Mark hat weiter geworfen als Maik und Maik weiter als Stefan. Also hat Mark auch weiter geworfen als Stefan.

Variation

- Wenn mit unterschiedlich großen und schweren Bällen geworfen wird, lassen sich auch Bezüge zu anderen Größen herstellen. (Gewicht: Den leichten Ball kann man weiter werfen. Volumen: Größere Bälle sind sperriger. Aber: Ein aufgeblasener Luftballon ist etwa so groß wie ein Fußball, lässt sich aber nicht richtig werfen.)

- Jedes Kind erhält eine Kopie der Karteikarte M 3.3.1.1 (S. 150). So lassen sich Werte für verschiedene Bälle, aber auch für verschiedene Durchgänge, vergleichen.

- Weitere Längenvergleiche, die den Sinn eines Maßstabes erfahrbar machen: Der unmittelbare Größenvergleich zwischen zwei oder drei Kindern gelingt, wenn sie dicht nebeneinander stehen und der Größenunterschied hinreichend deutlich ist – wenn Kinder weiter auseinander stehen, ist das fast nicht mehr möglich.

- Wie kann man kleine Größenunterschiede erfassen? Einführung bzw. Anwendung der Einheit Zentimeter.

- Wie weit kann ich springen? Mit einem Bein abspringen, mit Anlauf, aus dem Stand, im Schlusssprung (auch beim Springen können Unterschiede genutzt werden, um die kleinere Einheit Zentimeter einzuführen).

- Falls die Konkurrenzsituation beim Werfen und Springen ausgeklammert werden soll, können die Kinder ihre eigenen Leistungen bei verschiedenen Durchgängen vergleichen. Weiterer Vorzug: Dabei wird auf jeden Fall bewusst, dass die einzelnen Ergebnisse so ermittelt und festgehalten werden müssen, dass sie vergleichbar sind (Maßeinheit, Messvorgang).

- *Zielwerfen* auf dem Schulhof, in der Turnhalle, im Klassenraum:
  - Wer wirft den Gummiring (das Säckchen) am nächsten an einen Zielgegenstand (Fahne, Hütchen)?
  - Nach kurzer Zeit liegen so viele Gummiringe in Zielnähe, dass die nachfolgenden Werfer sie wegstoßen.
  - Wenn man noch ermitteln möchte, wer am nächsten dran war, muss man die Ergebnisse notieren; über verschiedene Maßstäbe sprechen, die dafür geeignet sind.
  - Man kann auch mehrere Zielgegenstände aufstellen und Gruppen bilden. Will man über die Gruppen hinaus die besten Werfer ermitteln, wird dies nach Augenschein nicht mehr gelingen.
  - Was muss geregelt werden, damit man fair messen kann? (Maßstab; Anwendung des Maßstabs; „Nullpunkt" zur Markierung des für alle Werfer gleichen Abstands vom Zielgegenstand; wo muss der Maßstab am Zielgegenstand angelegt werden?)
  - Die Kinder werden auch schnell merken, dass man den Abstand zwischen Wurflinie und Zielgegenstand gerecht (also für alle gleich) festlegen muss.
  - Statt zu werfen, kann auch gerollt (Bälle) oder der Gegenstand über den Boden geschlittert werden; auf geeigneten Untergrund auch klassisch als

Boccia bzw. Boule durchführbar. Die Karteikarte M 3.3.1.2 (S. 150) kann als Folie projiziert und zum Einstieg genutzt werden.

☐ Wie lassen sich die kleinen Entfernungen gut vergleichen, messen? Verschiedene Möglichkeiten austauschen; Zentimeter als Maßeinheit.

Reflexion und Vertiefung

☐ Sammeln von Gegenständen, Abständen aus der Umwelt, die 1 Zentimeter breit oder hoch oder lang sind.

☐ Den Realitätsgehalt von Längenangaben beurteilen (siehe Kopiervorlage M 3.3.1.3, S. 151).

Variation

☐ Zielwürfe bieten viele weitere Möglichkeiten, das Gefühl für Längen und Entfernungen zu schulen. Beispiele[7]:

☐ Wer mit dem Tennisball einen rollenden Medizinball treffen möchte, muss Lageveränderungen einbeziehen.

☐ Wenn Kinder einen offenen Kasten mit einem Ball treffen wollen, der zuvor zum Abprallen an die Wand geworfen wird, müssen Wurfstärke, Auftreffhöhe an der Wand sowie die Entfernung des Kastens von der Wand berücksichtigt werden.

Eine Minute in Bewegung – Zeitgefühl entwickeln

Die Minute ist eine überschaubare Zeiteinheit, deren Dauer mit Tätigkeiten gefüllt, geschätzt und erfasst werden kann. Für die Einteilung in Stunden sowie in viertel und halbe Stunden siehe das Sachunterrichtsmodul „Mit der Zeit gehen", S. 204.

Vorschläge für den Unterricht

☐ Die Kinder laufen eine Minute lang durch den Raum. Wer meint, eine Minute sei um, hebt zum Anzeigen dieses Zeitpunkts die Hand. Anschließend stellen sich die Kinder an einer zuvor markierten Stelle der Reihe nach auf oder setzen sich in der Turnhalle auf die Langbank. Hinweis: Bitte darauf achten, dass niemand eine Uhr trägt und im Raum keine Uhr zu sehen ist.

☐ Die Lehrerin/der Lehrer merkt sich, welches Kind die Minuten am besten getroffen hat, sagt es aber noch nicht.

☐ Die Kinder sprechen über ihre Einschätzung: Warum glaubt Sabine oder Mario, richtig geschätzt zu haben? Wie sind sie vorgegangen?

☐ Nun laufen die Kinder noch einmal, aber die Lehrkraft gibt das Ende der Minute bekannt. Diese Übung zwei- bis dreimal wiederholen und vorher den Kindern ankündigen, dass sie nun Gelegenheit haben, sich die Minute zu merken: „Überlegt vorher, wie ihr vorgehen wollt!" (z. B. in einem bestimmten Rhythmus zählen; sich merken, wie viele Runden man schafft oder wie oft man eine bestimmte Strecke hin- und zurücklaufen kann; den eigenen Puls fühlen).

☐ Nun wieder Laufen wie zu Beginn. Wer kann jetzt besser schätzen? Einzelne Kinder berichten, wie sie vorgegangen sind.

☐ Hinweis: Das Einschätzen der Zeitdauer braucht Zeit. Diese Übung kann beispielsweise als Aufwärmphase zu Beginn jeder Sportstunde über einen längeren Zeitraum durchgeführt werden.

□ *Zeitbedarf:* zunächst 10 bis 15 Minuten, um den Kindern den Ablauf der Übung verständlich zu machen; Wiederholungen jeweils etwa 5 Minuten

Reflexion und Vertiefung

□ Wann ist es nützlich, dass man die Dauer einer oder mehrerer Minuten gut einschätzen kann? – Zum Beispiel: um den Bus pünktlich zu bekommen; um eine Aufgabe bis zum Ende der Stunde fertigzustellen.

□ Wie lange brauchst du für die folgenden Tätigkeiten? Schuhe binden, anziehen, Zähne putzen, frühstücken, duschen (zunächst schätzen; zu Hause oder in der Schule prüfen; im Gesprächskreis darüber berichten).

Übungen mit kleinen Münzen – Unterscheiden von Centeinheiten

Eine kurze Auflockerungsübung für zwischendurch, die schnelles Erkennen unterschiedlicher Münzwerte und Umsetzen der Zuordnung in eine zuvor festgelegte Bewegung erfordert. Dabei veranschaulichen unterschiedliche Körperpositionen verschiedene Werte.

Vorschläge für den Unterricht

□ Die Kinder vergleichen die verschiedenen Euromünzen und gruppieren sie z. B. nach Farben.

□ Verständigung in der Klasse: Wie kann man die unterschiedlichen Werte von Geldmünzen durch Bewegung zum Ausdruck bringen? Zum Beispiel:
   □ kupferfarbene Münzen (1 ct, 2 ct, 5 ct): Kinder legen sich flach auf den Boden
   □ goldfarbene Münzen (10 ct, 20 ct, 50 ct): Kinder gehen in die Hocke
   □ silberfarbene Münzen (1 €, 2 €): Kinder strecken sich

□ Die Kinder stehen im Raum. Die Lehrerin/der Lehrer oder auch ein Kind greifen in ein Säckchen oder eine Dose mit verschiedenen Münzen. Je nach Kategorie nehmen die Kinder die entsprechende Position ein. Wenn Münzen rasch hintereinander gezeigt werden, wird daraus eine intensive Auflockerungsübung.

Reflexion und Vertiefung

☐ Sind unsere Übungen „genau"? Wie könnte man die Bewegungen so verfeinern, dass auch der Wert innerhalb der drei Münzgruppen (kupfer-, gold- und silberfarben) zum Ausdruck kommt? Beispiele, deren Umsetzung zugleich auch die Anforderungen an die Koordinationsfähigkeit erhöhen:

☐ 2 ct: zwei liegende Kinder reichen sich die Hand usw.; 5 ct entsprechend 5 Kinder

☐ analog in der Hocke für 20 ct und 50 ct; Achtung: ein hockendes Kind drückt einen höheren Wert aus, darum reichen für 20 ct wiederum zwei Kinder, die sich die Hand geben, 5 Kinder für 50 ct

☐ 2 €: je zwei Kinder, die sich strecken, stehen Schulter an Schulter

1-Euro-Kreise – Cents zu 1 Euro kombinieren

1 Euro kann man aus verschiedenen Centstücken zusammensetzen. Die Schüler stellen 5 ct, 10 ct, 20 ct und 50 ct dar und sollen sich zu einem Euro zusammenfinden. Die „Centstücke", die zusammen 1 Euro ergeben, bilden am Ende einen Kreis als Symbol für eine Münze.

Vorschläge für den Unterricht

☐ Die Lehrerin/der Lehrer zeigt jedem Kind eine Geldmünze. Das Kind benennt sie und bekommt anschließend den entsprechenden Wert an das Oberteil befestigt (z. B. mit einer Wäscheklammer Rechengeld oder einfach Notizzettel mit Münzmodellen, zur Not auch Zahlenschreibweise: 5 ct usw.).

☐ Die Kinder verteilen sich im Raum und halten ihren Geldbetrag zunächst zu. Auf ein Signal hin schließen sie sich mit anderen Kindern zusammen mit dem Ziel, den Wert von 1 Euro zu erreichen: Kinder, die zusammenfinden, fassen sich an den Händen und bilden zunächst eine „Schlange", die sich bewegt. Wenn 1 Euro erreicht ist, schließen die Kinder einen Kreis.

☐ Wenn die verteilten Centstücke insgesamt so viele Euros darstellen, wie es Kinder in der Klasse gibt, werden alle Kinder einen „Eurokreis" bilden können.

☐ Große Herausforderung an die Kombinationsfähigkeit: Wie müssten einzelne Kinder aus den Kreisen getauscht werden, damit möglichst viele der übrig gebliebenen Kinder auch noch in einen Kreis kommen?

☐ *Zeitbedarf*: je Durchgang etwa 10 bis 15 Minuten

Variation

❑ Ähnlich, aber mit der Zielmarke 5 € oder 10 €; in diesem Fall symbolisieren die Kinder 1- oder 2-Euro-Münzen.

Was kostet das? – Preise schätzen

Diese Übung verknüpft das Schätzen von Preisen mit Laufstrecken. Je höher der Preis einer Ware ist, desto mehr Geld muss hierfür aufgewendet werden – es muss also mehr Arbeit verrichtet werden. Der längere Laufweg bringt auch diesen höheren Aufwand zum Ausdruck.

Vorschläge für den Unterricht

❑ In der Turnhalle oder auf dem Schulhof werden unterschiedliche Geldbeträge wie auf einem Zahlenstrahl markiert (mit Hütchen oder Kreidestrichen: 1 €, 5 €, 10 €, weiter in Zehnereinheiten bis 50 €; siehe Kopiervorlage M 3.3.1.4, S. 152).

❑ Die Hütchen mit der Aufschrift der entsprechenden Geldbeträge sollten von den Kindern auf die passenden Linien verteilt werden, sodass der Zusammenhang zwischen Laufweg und symbolisiertem Geldwert deutlich wird.

❑ Von der Startlinie bis zur ersten Linie laufen bedeutet: Ich schätze, dass dieser Gegenstand etwa 1 € kostet. Von der Startlinie bis zur zweiten Linie laufen bedeutet: Ich schätze, dass dieser Gegenstand etwa 5 € kostet usw.

❑ Die Kinder stehen an der Startlinie. Die Lehrerin/der Lehrer hält Gegenstände oder Bildkarten hoch. Einzeln oder in Gruppen schätzen die Kinder, was der Gegenstand möglicherweise kostet, und laufen dann bis zu der entsprechenden Position. Da nicht jeder Preis durch eine Markierung symbolisiert wird, müssen die Kinder passende Positionen abschätzen (z. B. 33 € ist etwa bei einem Drittel zwischen der 30er- und 40er-Markierung).

❑ Die Klasse berät, ob die „Läufer" richtig stehen; Die Lehrerin/der Lehrer nennt den jeweiligen Preis; die Kinder nehmen die entsprechende Position ein.

❑ *Zeitbedarf:* je nach Anzahl der Durchgänge und Kombinationen 15 bis 20 Minuten

Variation

❑ *Anpassung an den Zahlenraum:* Die Linien können je nach erarbeitetem Zahlenraum unterschiedliche Preise darstellen. Für die 1. Klasse zum Beispiel 2, 4, 6, 8, 10, 12 Euro. Für die 2. Klasse entweder 5, 10, 15, 20, 25 und 30 Euro oder 10, 20, 30, 40, 50 und 60 Euro.

❑ Für einen Gegenstand, der doppelt so teuer wie ein anderer ist, muss man doppelt so lange laufen. Eventuell Varianten mit anderen Proportionen (halb so teuer, viertel so teuer, dreimal teurer) ausprobieren.

❑ In Verbindung mit Rechenaufgaben: 1 Kilo Äpfel und ein Brot; 1 Kartenspiel und 1 Wasserfarbkasten; 1 Kilo Äpfel, 4 Kilo Äpfel; 1 Lederfußball, 2 Lederfußbälle usw.

- *Hinweis:* Da manche Artikel je nach Hersteller und Qualität Preisschwankungen unterliegen, müssen bei den Preisen Spielräume beachtet werden. Als Preise kann man in etwa kalkulieren:
  - 1 €: 2 Äpfel, 1 Liter Milch, 1 Tafel Schokolade
  - 2 €: Plastikball
  - 3 €: Eis mit drei Kugeln, 1x Karussell fahren, 1 Brot
  - 5 €: Kartenspiel
  - 8 €: Wasserfarbkasten
  - 10 €: Kinderbuch
  - 15 €: 2 Kinokarten
  - 20 €: Lederfußball
  - 30 €: 1 Paar Fußballschuhe
  - 50 €: Tretroller

Schnell zur Stelle – Kommaschreibweise bei Geldbeträgen

Kinder stellen Geldbeträge nach.

Vorschläge für den Unterricht

- *Einfache Übung:* Nachdem die Kommaschreibweise eingeführt ist, wird die Klasse zunächst in Fünfergruppen eingeteilt; jede Gruppe bekommt 3 Ziffernkarten, auf denen jeweils eine Zahl von 0 bis 9 steht, und jeweils ein Kärtchen mit dem Eurozeichen „€" und ein Kärtchen mit dem Centzeichen „ct".
  - Aufgabe: Stellt euch so auf, dass der größte mögliche Geldbetrag unter 10 € angezeigt wird (z. B. mit den Ziffernkarten 5, 6 und 7: 7 € 65 ct).
  - Nun soll der kleinste mögliche Betrag angezeigt werden: 5 € 67 ct.
  - Die Klasse kontrolliert, ob die Beträge richtig angezeigt werden.
  - Über die Bedeutung der Null sprechen: 0 € 27 ct; 7 € 2 ct.
  - Falls die Anzahl der Kinder in der Klasse nicht durch 5 teilbar ist, wird die letzte (Teil-)Gruppe von Kindern aus den ersten Gruppen ergänzt.
  - In weiteren Durchgängen wird die Kommaschreibweise angewandt.

- *Ausbau der Übung:* Es werden Sechsergruppen gebildet. Nun sind jeweils die größten und die kleinsten Beträge zwischen 10 € und 100 € gesucht, z. B. 96 € 21 ct; 12 € 69 ct.

- *Als Variation:* Die Kinder bewegen sich mit ihren Ziffern- und Euro-Karten frei im Raum. Auf ein Signal hin bleiben alle Kinder stehen. Die Kinder mit einer Euro-Karte bilden mit jeweils vier anderen Kindern (darunter „1-Cent-Kind") eine Gruppe; Aufgabenstellung wie oben. Benachbarte Gruppen kontrollieren sich gegenseitig.

- *Ähnliches Vorgehen* für die Kommaschreibweise (z. B. 5,67 €); statt Cent-Karten werden Komma-Karten eingesetzt.

- Wenn Cent- und Komma-Karten jeweils zur Hälfte verteilt werden, gelten verschiedene Darstellungen (z. B. 5,67 € oder 5 € 67 ct).

- *Zeitbedarf:* für die zuerst beschriebene Übung ca. 15 Minuten, bis alle Fünfergruppen einmal an der Reihe waren; für den Ausbau auf zweistellige Eurobeträge 15 bis 20 Minuten; entsprechender Zeitbedarf für die Kommaschreibweise bzw. die gemischte Schreibweise

Reflexion und Vertiefung

☐ Wenn die Lehrerin/der Lehrer jeweils drei Karten mit gleichen Geldwerten, aber unterschiedlicher Schreibweise vorbereitet, kann jedes Kind eine Karte ziehen: gleiche Geldbeträge müssen sich finden, z. B.: 3 € 45 ct; 3,45 €; 3 Euro 45 Cent; ähnlich mit Eurobeträgen zwischen 10 € und 100 €; werden je vier Karten zum gleichen Geldbetrag verteilt, kann auch die Wortschreibweise noch ergänzt werden: drei Euro und fünfundvierzig Cent.

Anmerkungen

(1) Vgl. Franke, M. & Ruwisch, S. (2010): Didaktik des Sachrechnens in der Grundschule. 2. Auflage. Heidelberg, S. 235 ff.
(2) Vgl. ebd., S. 189.
(3) Vgl. ebd., S.185 ff.
(4) Zusammenstellung nach ebd., S. 204 ff.
(5) Vgl. ebd., S. 205; siehe auch Merschmeyer-Brüwer, C. & Schipper, W. (2011): Größen und Messen. In: Einsiedler, W.; Götz, M.; Hartinger, A.; Heinzel, F.; Kahlert, J. & Sandfuchs, U. (Hrsg.): Handbuch Grundschulpädagogik und Grundschuldidaktik. 3. Auflage. Bad Heilbrunn, S. 479.
(6) Franke, M. & Ruwisch, S. (2010): Didaktik des Sachrechnens in der Grundschule. 2. Auflage. Heidelberg, S. 187.
(7) Diese Anregungen stammen aus: Berner Leichtathletik-Verband (2006): Technik-Aufbau Ballwurf. <http://www.blv-nachwuchs.ch/service/Ball06.pdf>, S. 3 f. Abfragedatum: 11.03.2013. Dort finden sich viele weitere Vorschläge für Übungen, die nicht nur der Technikschulung beim Werfen dienen, sondern die auch die Wahrnehmung von Entfernungen und die Koordination von verschiedenen Parametern herausfordern.

Wie weit kann ich werfen? – schätzen und messen

Damit habe ich geworfen (z. B. Tennisball, Basketball)	Diese Weite habe ich vorher geschätzt (volle Meter)	Diese Weite wurde gemessen (gerundet auf volle Meter)

M 3.3.1.1

Abstände feststellen – eindeutig oder nach Augenmaß?

Kamila und Jens können sich nicht einigen, welche Kugel näher an der kleinen Kugel liegt. Sie haben weder Lineal noch Maßband dabei.

Was könnten sie tun? Macht Vorschläge und vergleicht sie miteinander.

M 3.3.1.2

Da stimmt einiges nicht

Die Kinder der Klasse 2a unterhalten sich über verschiedene Längen, Weiten und Höhen. Welche Aussagen könnten stimmen? Wer übertreibt? Kreuze jeweils an. Begründe deine Entscheidung. Tausche dich mit den anderen Kindern aus.

	Kann nicht sein	Kann stimmen
Mein Papa kann 14 m weit springen.	◯	◯
Gestern habe ich einen Tennisball über 10 m weit geworfen.	◯	◯
Das ist noch gar nichts. Ich kann einen Tennisball 90 m weit werfen.	◯	◯
In unserem Wohnzimmer ist die Zimmerdecke 18 m hoch.	◯	◯
Anna traut sich, vom 3-Meter-Brett ins Wasser zu springen.	◯	◯
Wenn ich mit beiden Füßen zugleich abspringe, dann komme ich 5 m weit.	◯	◯
Mein Zeigefinger ist 25 cm lang.	◯	◯
Flugzeuge fliegen ungefähr 30 m hoch über der Stadt.	◯	◯
Mein rechter Fuß ist 19 cm lang.	◯	◯

Preise abschätzen

START

1 €

5 €

10 €

Wie viel kostet
ein Fußball?

20 €

30 €

40 €

50 €

ein Lederfußball   eine Tafel Schokolade

ein Liter Milch   ein Paar Fußballschuhe   ein Tretroller

zwei Kinokarten   ein Brot   zwei Äpfel

ein Plastikball   ein Wasserfarbkasten   ein Kinderbuch

ein Kartenspiel   ein Mal Karussell fahren   ein Eis mit drei Kugeln

Größen und Messen (2)

Thema

Zeitspannen, Längen und Gewicht

Intentionen

- ☐ Zeitspannen schätzen und bestimmen
- ☐ Meter, Zentimeter und Millimeter anwenden
- ☐ Gewichte schätzen, wiegen und vergleichen

Materialien

M 3.3.2.1   Kopiervorlage: Wie lange dauert das wohl?, S. 158
M 3.3.2.2   Kopiervorlage: Kurz und klein – schätzen und genau messen, S. 159
M 3.3.2.3   Kopiervorlage: Leicht oder schwer?, S. 160

Bezug zu anderen Modulen

Mathematik: Größen und Messen (1), S. 140
Sachunterricht: Mit der Zeit gehen, S. 204

Inhalte und Übungen

- ☐ Im Rhythmus von Sekunden, S. 154
- ☐ Wie lange dauert das wohl?, S. 154
- ☐ Wie weit ist das weg? – Millimeter, Zentimeter, Meter, S. 155
- ☐ Leicht oder schwer? – Gramm und Kilogramm, S. 156

Sachlicher Hintergrund und didaktische Überlegungen

Im vorliegenden Modul setzen sich die Kinder mit Zeit-, Längen- und Gewichts-maßen auseinander.[1]

Die Sekunde ist die kleinste zeitliche Maßeinheit, die in der persönlichen Erfahrungswelt erfassbar ist. Zwar kann in einer Sekunde viel geschehen (beispielsweise Aufprall nach einem Sturz, Blitzeinschlag, sich erschrecken), aber im Alltag ist die Sekunde vor allem zur Untergliederung der Minute gebräuchlich. Als Zeiteinheit kennen die Kinder die Sekunde meist für den Vergleich sportlicher Leistungen. In der Regel brauchen wir die Bündelung mehrerer Sekunden, um eine Zeitspanne zu bekommen, in der wir etwas erreichen können.

In der Übung *„Im Rhythmus von Sekunden"* (S. 154) beschäftigen sich die Kinder mit der Sekunde als Zeiteinheit und erfahren, wie die Gliederung in Sekunden Möglichkeiten bietet, Zeit rhythmisch zu zählen und damit bewusst zu strukturieren. Die Bündelung mehrerer Sekunden bietet Zeitspannen, die zunächst als kurz empfunden werden, die jedoch durchaus Handlungsspielräume eröffnen.

Was schafft man beispielsweise in einer Minute? Die Übung *„Wie lange dauert das wohl?"* (S. 154) greift Bewegungsabfolgen auf, die den Kindern aus dem Alltag bekannt sind und dort oft wiederholt werden. Beim Abschätzen und anschließenden Messen sollen die Kinder ein Gefühl für die Dauer der jeweiligen Tätigkeit entwickeln.[2]

Der Förderung des Verständnisses für die einzelnen Längeneinheiten dient die Übung *„Wie weit ist das weg? – Millimeter, Zentimeter, Meter"* (S. 155). Dafür ist es notwendig, dass die Kinder sich im Zahlenraum bis 1000 orientieren können (siehe Modul 3.1.2, S. 110).

Auch bei der Maßeinheit „Gewicht" stößt man beim Abschätzen und Vergleichen ohne entsprechende Hilfsmittel an Grenzen. Während 1 Kilogramm deutlich wahrnehmbar ist, ist 1 Gramm kaum zu erspüren. In der Übung *„Leicht oder schwer? – Gramm und Kilogramm"* (S. 156) werden diese beiden Grundmaßeinheiten erfahrbar gemacht.

Im Rhythmus von Sekunden

Anhand von verschiedenen körpertypischen Bewegungen wird herausgearbeitet, welche Bewegungen sich besonders gut eignen, den Rhythmus von Sekunden zu erfassen und darzustellen (siehe auch das Sachunterrichtsmodul 4.5 *„Mit der Zeit gehen"*, dort insbesondere: *„Kleine Zeiteinheiten spüren"*, S. 209).

Vorschläge für den Unterricht

- Die Kinder führen Bewegungsabfolgen aus, mit denen sie versuchen sollen, den Takt von Sekunden zu erfassen. Als Einführung der Sekunde kann die Lehrerin/der Lehrer eine große Uhr aufstellen. Anschließend wird besprochen, welche Bewegungsabfolge wohl am ehesten dem Rhythmus von Sekunden nahekommt.

- Beispiele: in die Hände klatschen, gehen, blinzeln, sich zu zweit gegenseitig einen Ball zuwerfen, hüpfen, in die Hocke gehen, „Hampelmann" usw.

- In einem weiteren Durchgang messen einige Kinder jeweils die genaue Zeit der Bewegungen. Jetzt kann verglichen werden, ob die Bewegungsabfolgen tatsächlich dem Sekundentakt entsprechen.

- *Zeitbedarf:* 15 bis 20 Minuten

Reflexion und Vertiefung

- Warum ist es schwierig, den Sekundentakt genau zu erzielen?

- Warum eignen sich manche Bewegungsformen besser für einen Sekundenrhythmus als andere?

Wie lange dauert das wohl?

Die Kinder sollen anhand verschiedener Bewegungsaufgaben erfahren, wie sich die Zeitspanne im Rahmen einer Minute nutzen lässt. Sie entwickeln auf diese Weise ein Gefühl dafür, wie lange bestimmte Zeitabläufe dauern. Sobald den Kindern ein bestimmtes Erfahrungswissen zur Verfügung steht, können sie abschätzen, wie lange ähnliche bzw. vergleichbare Tätigkeiten dauern, und auf diese Weise Prognosen abgeben, wie viel Zeit sie für bestimmte Handlungen benötigen werden (siehe auch das Sachunterrichtsmodul 4.5 *„Mit der Zeit gehen"*, S. 204, dort insbesondere: *„Kleine Zeiteinheiten spüren"*, S. 209).

Vorschläge für den Unterricht

☐ Alltagstätigkeiten, die in ihrem zeitlichen Ablauf gestoppt werden, geben den Kindern Anhaltspunkte für die Dauer bestimmter Ereignisse. Zunächst schätzen die Kinder die voraussichtlich benötigte Zeitspanne für eine Tätigkeit. Dann wird die für diese Tätigkeit in Anspruch genommene Zeit gemessen. Am besten führt eine Hälfte der Klasse die Übung aus, während die andere Hälfte die benötigte Zeit misst (pro ausführendem Kind ein ihm zugewiesenes Kind, das für die Messung zuständig ist). Anschließend werden die Ergebnisse diskutiert: Wie lange brauche ich für …? (Beispiele siehe Kopiervorlage M 3.3.2.1, S. 158).

☐ *Zeitbedarf:* 10 bis 20 Minuten

Reflexion und Vertiefung

☐ Die Kinder besprechen ihre Ergebnisse. Dabei sollte beachtet werden, dass die Tätigkeiten nicht ohne Weiteres miteinander vergleichbar sind. Zunächst muss bestimmt werden, was eine Tätigkeit genau beinhaltet. Sich im Bad fertig machen oder den Tisch decken sind nicht genormte Tätigkeiten, die auf ganz verschiedene Weise ausgeführt werden können. Aber auch bei identischen Tätigkeiten lässt sich nur aus dem Vergleich allein nicht schließen, wie lange sie dauern. Beispiel: Sich morgens nach dem Aufstehen zu waschen und anzuziehen, kann unterschiedlich viel Zeit beanspruchen und ist abhängig davon, wie langsam oder schnell jemand ist, ob das Bad sofort zugänglich ist, ob die Kleidung bereits anziehfertig ist oder erst noch gebügelt werden muss usw.

☐ Gemeinsam wird überlegt, wann der Unterricht beendet werden muss, um bestimmte Tätigkeiten (z. B. Aufräumen des Unterrichtsmaterials) bis zur Pause noch durchführen zu können.

☐ Ebenso kann diskutiert werden, welche Aktivitäten bis kurz vor dem Unterrichtsbeginn noch durchgeführt werden können, ohne dabei den Anfang zu verpassen, beispielsweise zur Toilette gehen, ein Butterbrot essen usw.

☐ Zur Kopiervorlage M 3.3.2.1: Für welche Messung ist eine Uhr mit Sekundenzeiger sinnvoll? Bei welchen Messungen könnte man darauf verzichten?

Variation

☐ Leistungsstarke Kinder können beim Messen auch die Kommaschreibweise verwenden und die Uhrzeit auf Zehntel exakt ablesen.

Wie weit ist das weg? – Millimeter, Zentimeter, Meter

Der Millimeter ist die kleinste Längeneinheit, die im Alltag bedeutsam ist (siehe Kopiervorlage M 3.3.2.2, S. 159).

Vorschläge für den Unterricht

☐ Für diese Aufgabe werden Dreiergruppen gebildet: Zwei Kinder sollen versuchen, sich möglichst in einem Abstand von 1 Millimeter anzunähern. Das dritte Kind misst mithilfe eines Pappstreifens (mit der Stärke 1 mm) den Abstand zwischen den Kindern.

☐ Anschließend wird zweimal gewechselt, sodass jedes Kind zweimal die Entfernungsaufgabe und einmal die Beobachtungs- bzw. Messaufgabe ausgeführt hat.

☐ Die gleiche Aufgabe lässt sich zur Veranschaulichung von Zentimetern und Metern wiederholen; hierfür braucht man als Kontrollmaß Holzstäbe mit einer Kantenlänge von einem Zentimeter und einer Länge von einem Meter.

☐ *Zeitbedarf:* Übungseinheiten von jeweils 15 Minuten

Reflexion und Vertiefung

☐ Kann die oben genannte Übung auch mit der Innenhandfläche durchgeführt werden?

Variation

☐ *Partnerarbeit:* Wenn den Kindern die Grundeinheiten der Längenmaße bekannt sind, bekommen sie die Aufgabe, mit geschlossenen Augen die Abstände von jeweils einem Millimeter, einem Zentimeter und einem Meter mithilfe ihrer Finger und Hände anzuzeigen. Anschließend halten die Kinder den Abstand und öffnen die Augen. Der jeweilige Partner prüft mithilfe der zur Verfügung stehenden Materialien (Pappe, Hölzer), ob die Schätzung einigermaßen gelungen ist.

Leicht oder schwer? – Gramm und Kilogramm

Die Kinder versuchen, Gewichte im Gramm- und Kilogrammbereich nach Erfahrung und Gefühl zu ordnen (siehe Kopiervorlage M 3.3.2.3, S. 160).

Vorschläge für den Unterricht

☐ Mithilfe von Feinwaagen ermitteln die Kinder, welche Materialien genau ein Gramm wiegen. Mit Knetmasse fertigen die Kinder eine größere Anzahl von „Grammkugeln" an.

  ☐ Nun wird erprobt, ob es möglich ist, auf der Handfläche das Gewicht von einem Gramm zu bestimmen. Dazu wird die Klasse in Dreiergruppen aufgeteilt.

  ☐ Das Kind, welches das Gewicht erfühlen soll, schließt die Augen. Es bekommt eine leichte leere Schachtel auf die Handinnenfläche gelegt, um sich an deren Gewicht zu gewöhnen.

  ☐ Anschließend wird die Schachtel von den anderen Kindern wieder von der Hand genommen und nacheinander mit einer unterschiedlichen Anzahl von 1-Gramm-Kugeln gefüllt, z. B. mit 1 Kugel, 3 Kugeln oder mit 10 Kugeln.

  ☐ Das „Fühlkind" versucht, die unterschiedlichen Gewichte festzustellen, und schätzt die Anzahl der „Grammkugeln".

  ☐ Das dritte Kind führt Protokoll: jeweils geschätztes Gewicht und tatsächliches Gewicht.

☐ Eine ähnliche Übung kann mit 100-Gramm-Unterschieden durchgeführt werden. Wichtig ist, dass dazu 100-Gramm-Einheiten in unterschiedlicher Zahl und mit unterschiedlichem Material vorbereitet sind (Sandsäckchen, kleine Gewichte, Bohnen, Mehl, Papier, Trinkflaschen). Steigerung von jeweils 100 Gramm bis Kilogramm. Damit das Kind in seiner Beurteilung nicht durch direkten Hautkontakt mit den Gewichten/Materialien beeinflusst wird, erhält es eine Stofftasche (möglichst leicht) in die Hand. Ein weiteres Kind legt jeweils die Gewichte in die Tasche.

  ☐ Ein Kind der Klasse, welches das Gewicht erfühlen soll, schließt die Augen. Als Behälter dient wieder eine Stofftasche. Das „Fühlkind" schätzt nun, wie

viel Gewicht jeweils in die Stofftasche gelegt wurde. Wie viel ist dazuge-
kommen, wie viel wurde weggenommen?

- *Zeitbedarf:* 20 bis 30 Minuten

Reflexion und Vertiefung
- Kann man kleinere Unterschiede, z. B. 10 Gramm, spüren? Wann fällt das leichter, wann schwerer? – Beispiel: Unterschied zwischen 10 Gramm und 20 Gramm, Unterschied zwischen 100 Gramm und 110 Gramm.

Variation
- Um den Bezug zum Thema Volumen herzustellen, können auch Gegenstände mit unterschiedlicher Größe und unterschiedlichem Gewicht genutzt werden. Das „Fühlkind" soll schätzen, ob der sich in der Stofftasche befindende Gegenstand klein, mittel oder eher groß ist. Klar wird, dass leichte Gegenstände nicht immer klein sind und, umgekehrt, schwere Gegenstände nicht immer groß.

Anmerkungen

(1) Siehe dazu Franke, M. & Ruwisch, S. (2010): Didaktik des Sachrechnens in der Grundschule. 2. Auflage. Heidelberg, S. 177 ff.
(2) Für Anregungen, wie Kinder Zeitverläufe beschreiben und Zeiten berechnen können, siehe Hirt, U. & Wälti, B. (2010): Lernumgebungen im Mathematikunterricht. Natürliche Differenzierung für Rechenschwache bis Hochbegabte. Seelze-Velber, S. 137 ff.; siehe auch Franke, M. & Ruwisch, S. (2010): Didaktik des Sachrechnens in der Grundschule. 2. Auflage. Heidelberg, S. 215 ff.

Wie lange dauert das wohl?

Wollen wir noch eine Runde Fußball spielen?

Geht doch nicht. Der Unterricht fängt jetzt gleich an.

Überlege, wie viel Zeit du für die folgenden Aufgaben brauchst. Schreibe deine Schätzungen in die Tabelle. Überprüfe anschließend mit einer Uhr. Trage die gemessene Zeit ebenfalls in die Tabelle ein. Vergleiche deine Ergebnisse mit denen der anderen Kinder.

	Geschätzte Zeit	Gemessene Zeit
50-Meter-Lauf		
Vom Klassenraum zum Sekretariat gehen (nicht laufen!)		
Den Tisch für das Klassenfrühstück decken		
3 Sätze von der Tafel leserlich abschreiben		
10 Hampelmänner springen		
Sich morgens im Bad fertig machen		
Nach dem Unterricht die Schulsachen zusammenpacken		

Kurz und klein – schätzen und genau messen

Manchmal kann man die Länge von Gegenständen gut schätzen, manchmal muss man sie messen. Probiere das selbst aus. Schätze und miss weitere Gegenstände.

	Geschätzte Länge	Gemessene Länge
Bleistift		
Kleiner Finger		
Stück Kreide		
Radiergummi		
Längere Seite eines DIN-A4-Blattes		

Leicht oder schwer?

Bringe folgende Gegenstände in eine Reihenfolge.
Ordne nach Gewicht – den leichtesten Gegenstand zuerst.

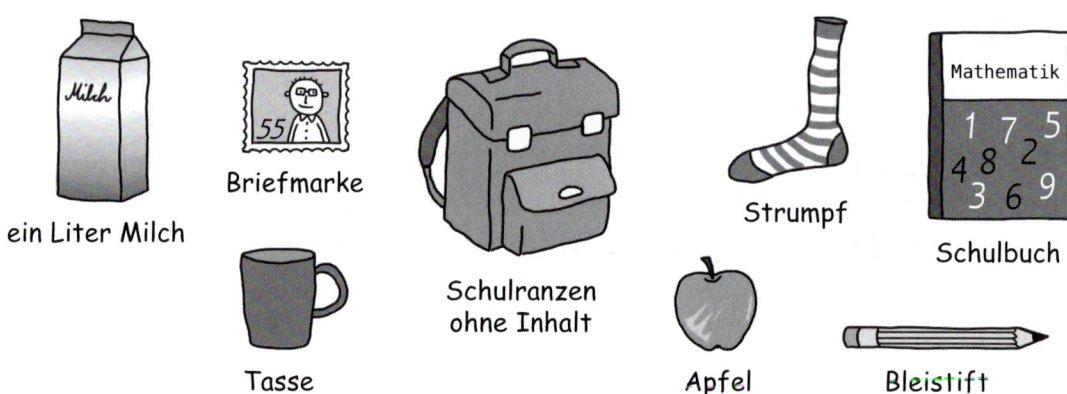

ein Liter Milch

Briefmarke

Tasse

Schulranzen ohne Inhalt

Strumpf

Apfel

Schulbuch

Bleistift

	Geschätzte Reihenfolge	Gemessene Reihenfolge
1		
2		
3		
4		
5		
6		
7		
8		

Lernbereich Sachunterricht

Modul 4.1

Tanzen, tasten, ausloten – Beispiele für Orientierungsleistungen von Tieren

Thema

Ausgewählte tierische Sinnesleistungen

Intentionen

☐ Spezielle Sinnesleistungen einzelner Tiere erarbeiten und vergleichen

☐ Zusammenhänge zwischen Besonderheiten des Lebensraums und der Informationsverarbeitung der Tiere erkennen

☐ Wahrnehmung und Kommunikation durch Bewegung modellhaft nachvollziehen

Materialien

M 4.1.1 Karteikarte: Wie Katzen mit Haaren tasten, S. 167

M 4.1.2 Karteikarte: Fledermäuse verlassen sich auf ihre Ohren, S. 167

M 4.1.3 Kopiervorlage: Die Tanzsprache der Bienen, S. 168

Bezug zu anderen Modulen

Sachunterricht: Wald und Wiese, S. 216

Inhalte und Übungen

☐ Wie Katzen mit Haaren tasten, S. 163

Sachlicher Hintergrund und didaktische Überlegungen

Wenn Kinder sich mit Tieren, insbesondere Haustieren, beschäftigen, kann das die Entwicklung von Verantwortung und emotionaler Stabilität fördern.[1] In diesem Modul sollen grundlegende Einsichten über die Anpassung der Tiere an ihre Umwelt erarbeitet werden. Dabei wird der Schwerpunkt auf Beispiele gelegt, die Zusammenhänge zwischen spezifischen Umweltbedingungen der Tiere und den daran angepassten Sinnesleistungen verdeutlichen.

Tiere haben vielfältige Verständigungs- und Orientierungssysteme. Der Seh-, Tast- und Hörsinn ist bei vielen Säugetieren sogar besser ausgeprägt als bei uns Menschen. Wie finden sich Tiere in ihrer Umwelt zurecht? Welche spezifischen Informationen benötigen sie dafür und wie erfassen sie diese, zum Beispiel, wenn es darum geht, Nahrung zu lokalisieren, Beute und Feinde voneinander zu unterscheiden oder Artgenossen Botschaften zu vermitteln?

„Wie Katzen mit Haaren tasten" (S. 163): Katzen jagen vorwiegend in der Dämmerung. Neben ihrem hervorragenden Sehvermögen helfen ihnen die Tast- bzw. Schnurrhaare (Vibrissen), um Bewegungen in ihrer Umwelt wahrzunehmen bzw. zu ertasten und so Hindernisse zu meiden und ihre Beute zu orten. Die Vibrissen befinden sich hauptsächlich an Ober- und Unterlippe, über den Augen und an den Vorderpfoten. Diese Übung konzentriert sich auf die Schnurrhaare der Katze, um das Prinzip der Orientierung zu verdeutlichen.

Bei der Übung *„Fledermäuse verlassen sich auf ihre Ohren"* (S. 164) geht es um das außerordentliche Hörvermögen dieser fliegenden Wirbeltiere. Fledermäuse, die in der Regel wenig sehen, nachts jagen, bewegen sich in einer Umwelt voller Dynamik und Hindernisse: Um Insekten zu erbeuten und vielfältigen Hindernissen aus dem Weg gehen zu können, müssen Fledermäuse in der Lage sein, auf sehr feine Umweltsignale zu reagieren. Sie stoßen Ultraschallwellen aus, die von den Objekten reflektiert werden. Das „Ultraschallecho" gibt den Fledermäusen Informationen über Hindernisse und Beutetiere – damit hilft es ihnen, ihre Umwelt zu verorten.

Bienen kommunizieren untereinander und vermitteln dabei Informationen über Futterquellen. Sie benutzen eine sogenannte Tanzsprache: Liegt die Futterquelle weniger als 100 Meter vom Bienenstock entfernt, so führen sie einen *Rundtanz* aus; liegt sie weiter weg, so führen sie einen *Schwänzeltanz* aus. Der Schwänzeltanz ist sehr komplex. Er gibt auch die Flugrichtung im Verhältnis zum Sonnenstand an und enthält zudem Informationen über die Entfernung der Futterquelle. Durch das Nachtanzen der Grundmuster erschließen sich die Kinder einen Teil der Komplexität dieses Kommunikationssystems (*„Die Tanzsprache der Bienen"*, S. 165).

Hier können nur exemplarisch einige besondere Leistungen von Tieren angeführt werden. Es gibt aber auch bei vielen anderen Tieren besondere Sinnesleistungen. Schmetterlinge beispielsweise „schmecken" mit ihren Füßen: Mithilfe der Sinneshaare an den Füßen nimmt ein Schmetterlingsweibchen Stoffe auf, die vom Gehirn nach ihrem „Geschmack" unterschieden werden. So kann es feststellen, ob sich das Blatt, auf dem es sitzt, zum Eierlegen eignet. Hunde wiederum haben einen „guten Riecher". Sie verfügen über weitaus mehr Geruchszellen als Menschen und können dadurch mehr Reize aufnehmen. Zudem atmen Hunde sehr schnell durch die Nase, wodurch die Zellen sehr viel mehr Informationen über Gerüche erhalten.

Wie Katzen mit Haaren tasten

Bei Katzen erfüllen die Tast- und Schnurrhaare vielfältige Aufgaben.

Vorschläge für den Unterricht

- ☐ Gespräch zur Einführung: Wo befinden sich die Schurrhaare der Katze? Was macht die Katze damit?

- ☐ *Fühlen:* Mehrere Kinder stellen sich so auf, dass sie eine unterschiedlich breite Gasse bilden. Einem Kind werden die Augen verbunden, und es streckt seine Arme (die die Schnurrhaare symbolisieren sollen) seitlich aus. Nun geht es durch die Gasse und ertastet dabei mögliche „Hindernisse" und versucht, ihnen auszuweichen (siehe Karteikarte M 4.1.1, S. 167). Eine andere Möglichkeit ist, dass die Kinder mit verbundenen Augen und mit gestreckten Armen vorsichtig durch einen Parcours gehen.

- ☐ Tast- bzw. Schnurrhaare sind wichtig für die Orientierung der Katze. Je länger diese sind, desto mehr Signale kann die Katze aufnehmen. Schnurrhaare dürfen also niemals gekürzt oder gar abgeschnitten werden!

- ☐ *Luft spüren:* Ein Kind („Katze") geht mit verbundenen Augen und seitlich gestreckten Armen durch den Raum. Die anderen Kinder positionieren sich im Raum und wedeln heftig mit Papierblättern. Die so entstehenden Luftschwingungen helfen der „Katze" bei der Orientierung (siehe Karteikarte M 4.1.1, S. 167):
  - ☐ leichte Luftschwingungen, ausgelöst durch kleinere Objekte (kleine Papierblätter, Bierdeckel)
  - ☐ starke Luftschwingungen, ausgelöst durch größere Objekte (Pappe, Zeichenblock)

- ☐ Das „Katzenkind" versucht, ohne Berührung den Weg durch die „Hindernisse" zu finden.

- ☐ *Befindlichkeit signalisieren:* Katzen können mit den Schnurrhaaren auch kommunizieren. Sie können diese mithilfe von kleinen Muskeln an den Haarwurzeln gezielt bewegen. Ist eine Katze ängstlich oder abwehrbereit, legt sie die Schnurrhaare an. Ist die Katze neugierig oder erregt, sind die Schnurrhaare breit aufgefächert und zeigen nach vorn. Döst die Katze gemütlich vor sich hin, hängen die Schnurrhaare entspannt zur Seite.

- ☐ Ein „Katzenkind" stellt sich in die Mitte. Mit den Armen zeigt es die drei oben beschriebenen Positionen.
  - ☐ Angst/Abwehr: Arme nach hinten und eng am Körper („Lass mich in Ruhe, du nervst!")
  - ☐ Neugierde/Erregung: Arme weit auseinander und nach vorne
  - ☐ Langeweile/entspannt: Arme zur Seite und nach unten
  - ☐ Die anderen Kinder überlegen, wie sie sich dementsprechend verhalten (Angst – wegbewegen, Neugierde – hinbewegen, Langeweile – stehen)

☐ Kann man Menschen ebenfalls ansehen, in welcher Stimmung sie gerade sind? Wenn ja, woran kann man das erkennen?

☐ *Zeitbedarf:* ca. 15 bis 20 Minuten

Reflexion und Vertiefung
☐ Welche anderen Tiere haben ebenfalls Schnurrhaare (z. B. Hamster, Igel, Kaninchen, Seehund), wie setzen sie diese ein?

☐ Beispiele für Tiere, die sich auch anhand von Wellenbewegungen bzw. Schwingungen orientieren: Krokodile verarbeiten mit ihrer Schnauze Wasserschwingungen; Regenwürmer spüren feine Schwingungen im Boden, die beispielsweise von Regen ausgelöst werden oder von einem wühlenden Maulwurf.

☐ *Sehvermögen:* Katzen können ihre Pupillen viel weiter öffnen als Menschen, darum sehen sie nachts und im Dunkeln besonders gut.

☐ *Geruchssinn:* Um sich mit anderen Artgenossen zu verständigen, nutzt die Katze auch ihren Geruchssinn. Wie Hunde markieren Katzen mit Düften ihr Revier. Bei der Partnersuche tauschen Katze und Kater Düfte aus. Katzen können auch Menschen am Geruch erkennen.

Fledermäuse verlassen sich auf ihre Ohren

Fledermäuse sind nachtaktive Tiere. Sie verfügen über ein extrem gutes Gehör und können sogar Ultraschall wahrnehmen, also Frequenzen oberhalb des menschlichen Hörspektrums.

Vorschläge für den Unterricht
☐ Die Klasse sollte bereits darüber gesprochen haben, dass Fledermäuse sich mithilfe ihres Gehörs orientieren.

☐ *Orientierung im Raum:* Um die Verletzungsgefahr zu verringern, empfehlen wir, die folgende Übung auf allen Vieren oder auf den Knien zu machen. In jedem Fall sollten Sie darauf achten, dass die Kinder sich vorsichtig und rücksichtsvoll bewegen.

☐ Ein „Fledermauskind" wird bestimmt; ihm werden die Augen verbunden. Alle anderen Kinder stellen Hindernisse dar, z. B. Bäume, und verteilen sich im Raum.

☐ Das „Fledermauskind" startet nun seinen Rundgang durch den „Hindernisparcours" und versucht, ohne anzustoßen durch den „Wald" zu gelangen: Die „Fledermaus" stößt Laute aus. In der Natur benutzt die Fledermaus zur Ortung Chirp-Impulse[2], die in viel weniger als einer Sekunde fünf oder mehr verschiedene Töne beinhalten. Zur Vereinfachung können die Kinder jeweils fünf kurze „Piep"-Laute artikulieren.

☐ Sobald sie die Laute in Richtung eines Hindernisses von sich geben, „reflektiert" das Hindernis den Schall wie ein Echo; daher erwidern die „Hinderniskinder" ebenfalls „Piep"-Laute (siehe Karteikarte M 4.1.2, S. 167).

☐ *Beute fangen:* Nun stellen die anderen Kinder keine Hindernisse dar, sondern Beutetiere. Wieder wird das „Piep" reflektiert. Wenn das „Fledermauskind" meint, nahe genug bei der „Beute" zu sein, darf es versuchen, mit den Händen danach zu „schnappen".

☐ *Zeitbedarf:* pro Übung ca. 15 Minuten

Reflexion und Vertiefung

☐ Was würde geschehen, wenn eine Fledermaus ihr Gehör verlöre?

☐ Welche Tiere außer der Fledermaus haben ebenfalls ein gutes Gehör? – Zum Beispiel: Nachtschmetterlinge, Hunde, Delfine, Wale. Letztere können mit Artgenossen im Ozean über große Entfernungen kommunizieren.[3]

☐ Nektartrinkende Fledermäuse können ultraviolettes Licht wahrnehmen, das UV-reflektierende Blüten nachts abstrahlen.

Die Tanzsprache der Bienen

In der Klasse wird zunächst besprochen, dass sich Bienen mithilfe eines komplexen Kommunikationssystems, der „Tanzsprache", untereinander verständigen und über Futterquellen in der Umgebung informieren. Dazu führen sie zwei Tänze aus: den Rundtanz und den Schwänzeltanz. Der Rundtanz wird angewandt, wenn die Futterquelle weniger als 100 Meter von dem Bienenstock entfernt ist – der Schwänzeltanz bei größerer Distanz.

Rundtanz: Die Biene läuft auf der senkrechten Wabe im Bienenstock zunächst links, dann rechts im Kreis herum. Andere Bienen ahmen ihren Tanz nach.

Schwänzeltanz: Die Biene läuft auf der senkrechten Wabe die Form einer liegenden Acht ab. Auf der Mittellinie „schwänzelt" sie mit ihrem Hinterleib. (Zur Verdeutlichung der beiden Tänze siehe Kopiervorlage M 4.1.3, S. 168.)

Vorschläge für den Unterricht

☐ Bewegungsspuren von Rundtanz und Schwänzeltanz nachahmen
  ☐ Die Kinder werden mit beiden Bienentänzen vertraut gemacht. Dafür werden großformatig die Tanzformen des Schwänzeltanzes und des Rundtanzes auf dem Boden ausgelegt bzw. mit Kreide aufgemalt (Klassenraum, Turnhalle, Schulhof).
  ☐ Die Kinder gehen mehrmals die jeweiligen Bewegungsspuren entlang. Beim Schwänzeltanz sollen die Kinder auf der Mittellinie kräftig mit dem Po wackeln, um die Schwänzelbewegung der Bienen zu imitieren.
  ☐ *Variation:* In einer Partnerübung kann ein Kind mit verbundenen Augen der Bewegungsspur entlanggeführt werden. Dieses Kind soll herausfinden, ob es den Rundtanz oder den Schwänzeltanz gegangen ist.

☐ *Zeitbedarf:* ca. 20 Minuten

Reflexion und Vertiefung

☐ Wie informieren andere Tiere ihre Artgenossen über Futterquellen? Zum Beispiel: Findet eine Ameise eine Futterquelle, legt sie eine Geruchsspur an, welcher die anderen Ameisen nachgehen können und so zur Futterquelle gelangen.

Weiterführende Informationen

Ein nützliches Nachschlagewerk mit Daten aus der Zoologie, Botanik, Mikrobiologie und Humanbiologie ist das Buch von Rainer Flindt (2003): Biologie in Zahlen: Eine Datensammlung in Tabellen mit über 10000 Einzelwerten. 6. Auflage. Heidelberg.

Anmerkungen

(1) Vernooij, M. & Schneider, S. (2008). Handbuch der Tiergestützten Intervention. Wiebelsheim.
(2) Vgl. Dietz, C.; Helversen, O. v. & Nill, D. (2007): Handbuch der Fledermäuse Europas und Nordwestafrikas. Biologie, Kennzeichen, Gefährdung. Stuttgart.
(3) Vgl. Flindt, R. (2003): Biologie in Zahlen: Eine Datensammlung in Tabellen mit über 10000 Einzelwerten. 6. Auflage. Heidelberg, S. 119.

Wie Katzen mit Haaren tasten

M 4.1.1

Fledermäuse verlassen sich auf ihre Ohren

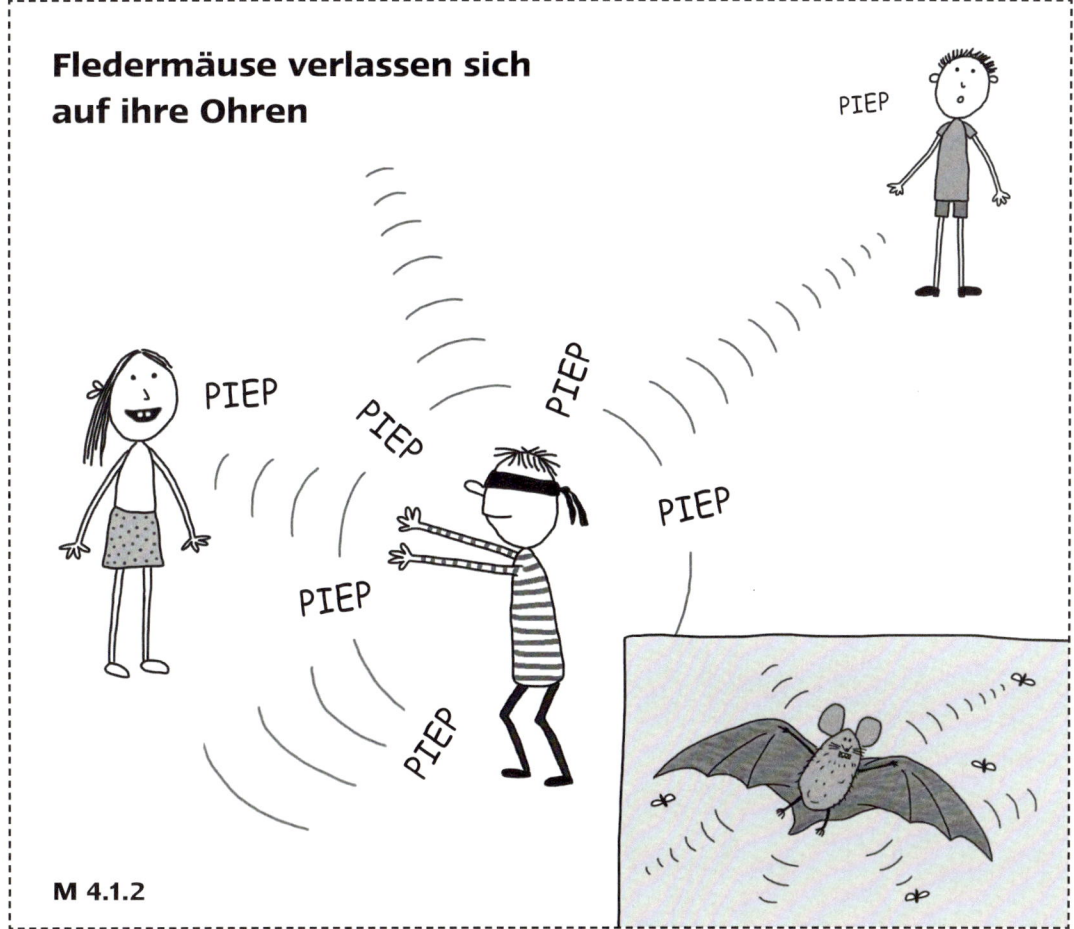

M 4.1.2

Die Tanzsprache der Bienen

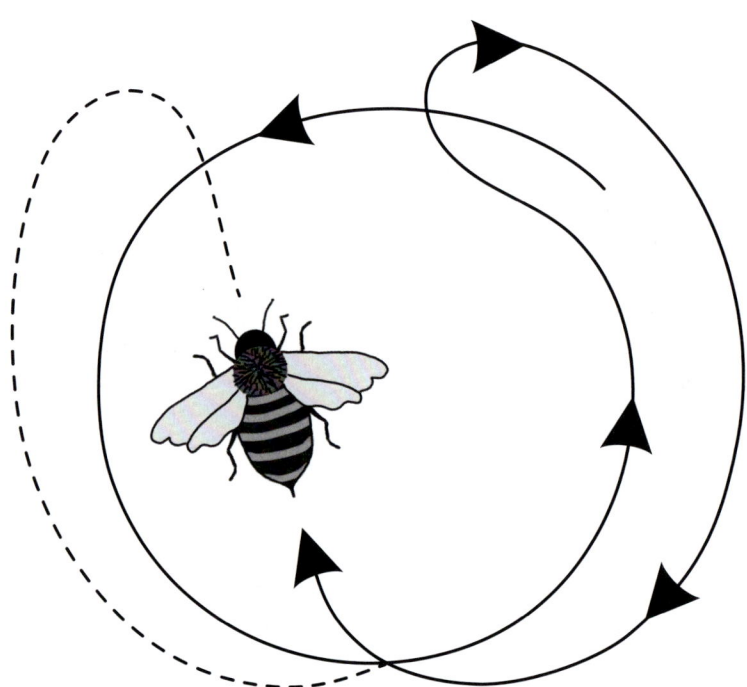

Rundtanz

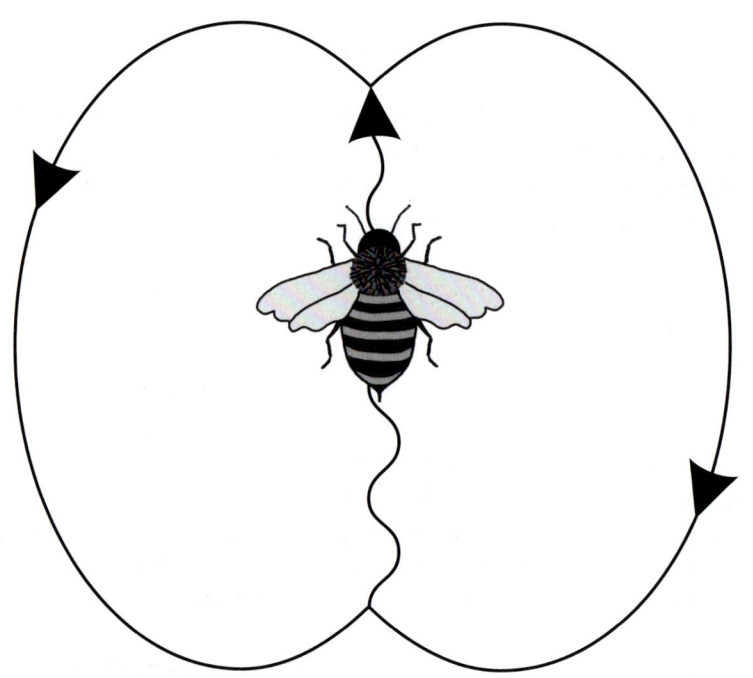

Schwänzeltanz

Modul 4.2

Luft – eine Substanz

Thema

Auch Luft braucht Platz und hat Gewicht

Intentionen

- ☐ Den Widerstand von Luft erfühlen
- ☐ Den Raumbedarf von Luft erkennen
- ☐ Zusammenhänge zwischen Dichte, Bewegungsgeschwindigkeit und Raumbedarf am Modell erfahren
- ☐ Den größeren Platzbedarf warmer Luft im Vergleich zu kalter Luft erkennen
- ☐ Mit dem Teilchenmodell die Druckzunahme bei Erwärmung einer luftgefüllten geschlossenen Plastikflasche in einem geschlossenen Behälter erklären können

Materialien

M 4.2.1   Kopiervorlage: Luft und Wasser, S. 176
M 4.2.2   Karteikarte: Luft umfüllen, S. 177
M 4.2.3   Karteikarte: Ganz schön schwer – den Reifen prall aufpumpen, S. 177
M 4.2.4   Kopiervorlage: Welch ein Zustand!, S. 178

Bezug zu anderen Modulen

Sachunterricht: Alle Wetter!, S. 179

Inhalte und Übungen

- ☐ Den Widerstand von Luft erfahren – zum Beispiel beim Regenschirmlauf, S. 170
- ☐ Sich schneller bewegen auf gleichem Raum – es wird enger, S. 172

Sachlicher Hintergrund und didaktische Überlegungen

Während bereits Vorschulkinder eine deutlich ausgeprägte Vorstellung von dem Substanzcharakter flüssiger und fester Stoffe haben, fällt es Kindern im Grundschulalter noch schwer, sich vorzustellen, dass Luft eine Substanz ist.[1] Man sieht sie nicht, man spürt kein Gewicht und sie ist geruchlos.

Sachunterricht kann dazu beitragen, eine gesicherte Vorstellung vom Substanzcharakter der Luft zu festigen. Die Kinder erfahren, dass Luft als Gas, wie andere Stoffe auch, einen Raum füllt (Volumen) und Gewicht hat. Ohne Korrektur der von der Alltagserfahrung gestützten Fehlvorstellung, Luft sei „nichts", kann sich keine belastbare Grundlage für die spätere Behandlung von Gasen im naturwissenschaftlichen Unterricht der Grundschule entwickeln. Zwar akzeptieren Kinder, dass sich in einem offenen Gefäß Luft befindet, aber die Einsicht, dies sei auch im geschlossenen Gefäß der Fall, ist weniger gefestigt. Ihnen ist auch vertraut, dass Luft erwärmt oder abgekühlt werden kann, aber den Bezug zur Änderung des Volumens und/oder des Drucks stellen sie in der Regel nicht her.[2]

Versuche zur Verdrängung von Wasser durch Luft sowie das Aufblasen von Luftballons, das Wiegen eines leeren und eines luftgefüllten Luftballons machen zunächst anschaulich, dass Luft Materie ist und Kraft ausüben kann. Deutlich spürbar wird die Widerständigkeit der Materie zum Beispiel beim „*Regenschirm-lauf*" (S. 170).

Die Auseinandersetzung mit der Modellvorstellung von kleinsten Teilchen, die sich bei Erwärmung schneller bewegen, ist ein erster Schritt, mithilfe eines naturwissenschaftlichen Konzepts (Teilchenvorstellung) „hinter die Phänomene zu sehen"[3] und dabei das Denken in Modellen einzuführen.[4] In der Übung „*Sich schneller bewegen auf gleichem Raum – es wird enger*" (S. 172) wird anschaulich, dass die größere Bewegung von Teilchen dazu führt, dass sie öfter zusammenstoßen und häufiger gegen die Hülle des Körpers prallen, in dem sie eingeschlossen sind. Darum dehnt sich zum Beispiel ein Luftballon aus, wenn er erwärmt wird. Die Luftteilchen prallen häufiger und schneller als vorher auf die Innenwand des Luftballons und drücken sie dadurch nach außen. Die elastische Hülle des Luftballons dehnt sich aus, das Volumen nimmt zu. In einem stabilen geschlossenen Gefäß kann sich das Volumen der Luft nicht vergrößern. Daher steigt der Druck beim Erwärmen dieses Gefäßes noch stärker an als im Luftballon.

Wenn sich die Luft durch die Erwärmung ausdehnt, verteilen sich die Luftteilchen auf ein größeres Volumen. Warme Luft enthält also bei gleichem Druck und gleichem Volumen weniger Teilchen als kalte Luft. Daher hat warme Luft ein geringeres spezifisches Gewicht: sie „schwimmt" auf der kalten Luft. Warme Luft steigt auf, wenn sie von kalter Luft umgeben wird, kalte Luft sinkt herab.

Wenn das Teilchenmodell zur Veranschaulichung der unterschiedlichen Aggregatzustände – *fest, flüssig, gasförmig* – genutzt wird, darf das Wechselspiel zwischen den zwischenmolekularen Anziehungskräften und der Eigenbewegung (Wärmebewegung) der Teilchen nicht außer Acht gelassen werden. Auch zwischen elektrisch eigentlich neutralen Atomen und Molekülen (Verbindungen aus mindestens zwei Atomen) wirken elektrische Anziehungskräfte, die als Folge von Ladungsverteilungen innerhalb von Atomen bzw. Molekülen auftreten (zum Aufbau der Atome siehe auch das Modul „*Elektrischer Strom – Ladung in Bewegung*", 4.7, S. 225 ff.). Diese und andere Kräfte bewirken den Zusammenhalt von festen und flüssigen Stoffen. Dem Zusammenhalt entgegen wirkt die Wärmebewegung der Teilchen. Auch in festen Stoffen sind die Teilchen nicht starr, sondern sie schwingen an ihrem Platz. Erst im absoluten Nullpunkt (0 Grad Kelvin; minus 273,15 Grad Celsius) ist alles nahezu starr.[5] Bei Erwärmung nimmt die Teilchenbewegung zu. Ein fester Stoff wird flüssig, wenn die Bewegung der Teilchen so stark ist, dass die gegenseitigen Anziehungskräfte nicht mehr ausreichen, um die Teilchen an einem Ort zu binden. Die Teilchen werden gegeneinander verschiebbar. Darum kann eine Flüssigkeit sich an verschiedene Gefäße anpassen. Die Anziehungskräfte zwischen den Teilchen wirken aber noch so stark, dass die Flüssigkeit eine Oberfläche ausbildet und zusammenhält. Bei weiterer Erwärmung bewegen sich die Teilchen so schnell, dass sie sich gleichmäßig im Raum verteilen, wenn keine Kräfte von außen auf sie einwirken.[6]

Den Widerstand von Luft erfahren – zum Beispiel beim Regenschirmlauf

Die Wirkung von bewegter Luft (Wind, Pusten) ist Kindern vertraut. Zunächst soll die Vorstellung gesichert werden, dass auch unbewegte Luft Materie ist, die Platz benötigt, ein Gewicht hat und Widerstand gegen die Verdrängung leistet.

Vorschläge für den Unterricht

☐ In einem Unterrichtsgespräch zur Frage „Kann man Luft spüren?" berichten Kinder über ihre Erfahrungen mit Wind, Fahrtwind oder Gegenwind beim Radfahren, Rollerfahren, Skateboardfahren usw.

☐ Unterrichtsgespräch: Was ist (für mich) Luft?

☐ Das Aufpumpen eines Fahrradschlauches macht sicht- und fühlbar, dass Luft Raum einnimmt, also Platz braucht. Mit zunehmender Füllung des Schlauches wird es immer anstrengender, weitere Luft hineinzupumpen.

☐ Ein Kind drückt den Kolben einer Luftpumpe ein, während ein anderes Kind die Luftpumpe an der Ausströmöffnung zuhält.

☐ Verschiedene kleine Versuche machen deutlich: auch Luft benötigt Raum, Luft ist nicht nichts (siehe Kopiervorlage M 4.2.1, S. 176):
  ☐ Einen Luftballon aufblasen, dicht halten und Luft in einem Glasgefäß unter Wasser entweichen lassen.
  ☐ Hält man die Öffnung des Luftballons unter ein mit Wasser gefülltes Glas und mit der Öffnung nach unten in einen größeren Wasserbehälter, sieht man, wie die Luft sogar das Wasser verdrängt.
  ☐ Ein Gummibärchen in einem Alutöpfchen (Teelicht) lässt sich mit einem umgestülpten Glas unter Wasser drücken, ohne dass das Bärchen nass wird.

☐ Mögliche Vertiefung bzw. Anwendung durch Lehrerdemonstration und/oder als Schülerversuch (siehe Karteikarten M 4.2.2 und M 4.2.3, S. 177).

☐ Die Kinder überlegen weitere Möglichkeiten, wie man Luft noch sichtbar oder spürbar machen kann. Zum Beispiel: Mit dem Strohhalm in ein gefülltes Wasserglas pusten; in ein mit Wasser gefülltes, umgestülptes Glas (wie in der Anordnung auf M 4.2.2, S. 177) von unten Luft mit einem Strohhalm hineinpusten; mit dem Fächer wedeln; Luftstrom einer Luftpumpe usw.

☐ Mit einem Fußball lässt sich demonstrieren, dass Luft Gewicht hat: Ein nur wenig aufgepumpter Ball wird auf einer Digitalwaage gewogen. Dann wird der Ball prall aufgepumpt – der aufgeblasene Ball ist schwerer (nur geringfügig: ein Liter Atmosphärenluft hat, je nach draußen herrschender Temperatur, die Masse von etwa 1,2 bis 1,3 Gramm, daher eine Waage mit einer Genauigkeit von mindestens 0,1 Gramm benutzen).[7]

☐ Wann spüren wir das Gewicht der Luft? – Zum Beispiel: Druck auf den Ohren bei Fahrten im Gebirge, beim Fliegen (Landen), in schnellen Fahrstühlen abwärts in sehr hohen Hochhäusern, auf Talfahrt in der Seilbahn.

☐ Beim *Regenschirmlauf* wird der Widerstand der Luft spürbar:

☐ Die Kinder bringen von zu Hause einen Regenschirm mit. Sie laufen auf dem Schulhof, in der Turnhalle – mit und ohne Schirm.

☐ Verschiedene Positionen erfahren: Schirm geschlossen vor und hinter dem Körper halten; aufgespannten Schirm vor und hinter dem Körper.

☐ Wenn die Kinder ihre Regenschirme austauschen, können sie die unterschiedliche Wirkung verschieden großer Regenschirme erfahren.

☐ Über die Unterschiede sprechen. Wodurch werden wir beim Laufen gebremst?

☐ *Zeitbedarf*: für die Versuche ist der Zeitbedarf abhängig von ausgewählter Anzahl und Art der Durchführung; für den Regenschirmlauf je nach Variation ca. 10 bis 20 Minuten

Variation

☐ Die Kinder laufen mit einem großen Stück Pappe vor dem Körper. Danach falten sie die Pappe einmal zusammen und stellen Vermutungen an, ob beim Laufen mit geknickter Pappe der Luftwiderstand größer, gleich oder kleiner ist.

Reflexion und Vertiefung

☐ Warum ist es anstrengender, mit einem großen aufgespannten Schirm zu laufen als mit einem kleineren? Wo nutzt man den Luftwiderstand aus? – Beim Fallschirm. Wo versucht man, den Luftwiderstand klein zu halten? – Beim Auto, Rennwagen, Rennradlenker.

Sich schneller bewegen auf gleichem Raum – es wird enger

In einem geschlossenen Gefäß, das mit Luft gefüllt ist, steigt der Druck, wenn die Luft erwärmt wird; bei Abkühlung fällt der Druck. Die Veränderung des Luftdrucks lässt sich mit der Veränderung der Geschwindigkeit von Luftteilchen verständlich machen: Bei Erwärmung bewegen sich die Luftteilchen schneller. Sie stoßen nicht nur häufiger und stärker zusammen, sondern prallen auch häufiger und stärker auf die Innenwand des Gefäßes. Können die Teilchen, wie in einer geschlossenen Flasche, nicht entweichen, dann nimmt der Druck zu.

□ Mit verschiedenen Versuchen zunächst die Aufmerksamkeit der Kinder auf Veränderungen des Luftdrucks bei Erwärmung/Abkühlung konzentrieren:

  □ Den Luftballon aufblasen, jedoch nicht zu prall. Nun den Umfang messen und den Luftballon leicht erwärmen. Umfang erneut messen: Der Umfang hat zugenommen.

  □ Den aufgeblasenen Luftballon gut zubinden und in ein Gefrierfach legen (Schulküche, Teeküche; als Hausaufgabe, um am nächsten Tag darüber zu berichten). Der Luftballon schrumpft (der Luftdruck wird infolge der geringen Geschwindigkeit der Teilchen in der nun kalten Luft kleiner). Je nachdem, wie prall der Luftballon zuvor aufgeblasen wurde, lässt sich das Schrumpfen ohne Bezugsgröße nicht immer gut erkennen. Wenn man aber vor dem Platzieren einen Nähfaden gerade so um den dicken Bauch des Ballons wickelt, dass der Faden eng anliegt, ohne die Hülle einzuschnüren, wird man feststellen, dass er nach einiger Zeit lockerer sitzt – das Volumen des Luftballons hat abgenommen. Falls Kinder die naheliegende Vorstellung äußern, es könnte ja auch Luft entweichen, kann folgender Versuch sehr beeindrucken: Den gefüllten Luftballon in ein Becken mit gut gekühltem Wasser unter Wasser drücken. Zur Kühlung reicht es, Wasser aus der Leitung in eine Schüssel mit Kühlakkus zu füllen: Man sieht keine Bläschen aus dem Luftballon entweichen, trotzdem schrumpft er.

  □ Eine ähnliche Beobachtung wie mit dem Luftballon im Kühlschrank lässt sich mit einer leeren Plastikflasche machen, die bei Zimmertemperatur verschlossen und dann in den Kühlschrank gelegt wird. Sie wird eingedellt. Auch eine leere Getränkedose, deren Öffnung mit Klebestreifen oder Knetmasse luftdicht gefüllt wird, bekommt Dellen (beim Verschließen der Flasche/Dose bei Zimmertemperatur war der Luftdruck in der Flasche genauso groß wie der Luftdruck außerhalb; durch die Abkühlung verringert sich der Druck in der Flasche/Dose; der äußere Luftdruck drückt nur das Gefäß zusammen).

  □ Holt man die Plastikflasche wieder aus dem Kühlschrank (oder aus der Kühltasche) heraus, hört man bald Knackgeräusche und man kann beobachten, wie sich einige eingedellte Stellen wieder nach außen wölben (die sich erwärmende Luft dehnt sich wieder aus).

□ Auf dem Weg zu einer Erklärung:

  □ Wir stellen uns vor, Luft besteht, wie andere Stoffe auch, aus kleinen Teilchen. Dieses Modell hilft auch, sich die Zustände *fest, flüssig und gasförmig* vorzustellen.

  □ Die Teilchen aller Stoffe sind (fast) immer in Bewegung. Nur bei einer Temperatur von minus 273,15 Grad Celsius wäre alles vollkommen starr. Je stärker ein Stoff erwärmt wird, umso stärker ist die Bewegung der Teilchen.

  □ Die Teilchen ziehen sich gegenseitig an. Das bewirkt den Zusammenhalt von festen und flüssigen Stoffen.

  □ In festen Körpern befinden sich die kleinen Teilchen ganz dicht gedrängt. Ihre Anziehungskräfte untereinander wirken so stark, dass sie sich nicht frei bewegen können. Allerdings sind die Teilchen auch in festen Stoffen nicht ganz starr. Sie schwingen an ihrem Platz. Wird ein Gegenstand erwärmt, dann schwingen die Teilchen stärker. Wird er abgekühlt, schwingen sie weniger stark.

  □ Wenn Stoffe erhitzt werden, beginnen sie, bei einer für sie typischen Temperatur zu schmelzen. Dann bewegen sich die Teilchen so heftig, dass die Anziehungskräfte zwischen ihnen nicht mehr ausreichen, um die feste Form zu bewahren. Die Teilchen werden untereinander verschiebbar. Sie können verschiedene Plätze einnehmen. Darum kann sich eine Flüssigkeit gut an alle Formen eines Gefäßes anpassen.

☐ Wird der Stoff noch weiter erhitzt, bewegen sich die Teilchen immer schneller. Die Anziehungskräfte zwischen ihnen reichen dann nicht mehr aus, um sie überhaupt noch zusammenzuhalten. Ist genügend Platz vorhanden, entweichen immer mehr Teilchen aus der Flüssigkeit. Der Stoff wird gasförmig (siehe Kopiervorlage M 4.2.4, S. 178).

☐ Falls die Aggregatzustände auch nachgespielt werden, bitte beachten: Auch im festen Zustand schwingen die Teilchen. Die Kinder könnten dies zum Ausdruck bringen, indem sie am Platz ein wenig mit dem Oberkörper schwingen. Der flüssige Zustand wird am besten durch Bewegung ausgedrückt, indem die Kinder sich zwar von der Stelle bewegen können, sie bleiben aber in Berührung miteinander; zum Beispiel tippen sie sich während ihrer Bewegungen gegenseitig an Armen, Schulter und Rücken an. Das Antippen gelingt nur, wenn der Abstand zwischen den Kindern nicht zu groß wird. Man bleibt als Gruppe zusammen, kann aber verschiedene Formationen einnehmen. Wenn die Kinder sich schneller bewegen, wird es immer schwieriger, den Zusammenhalt zu wahren. (Beim Antippen Rücksichtnahme und Respekt einhalten! Statt auf Schulter und Arme zu tippen: Jedes Kind hält die Handfläche einer Hand nach außen – dort darf angetippt werden.)

☐ Im gasförmigen Zustand (wie bei Luft) haben die Teilchen den größten Spielraum; sie bewegen sich frei im Raum.

☐ Wird ein geschlossenes Gefäß, in dem sich zum Beispiel Luft befindet, weiter erhitzt, werden die Teilchen immer schneller. Sie prallen häufiger aufeinander und häufiger auf die Wände des Gefäßes. Der Druck im Gefäß steigt an.

☐ Erfahrung des Zusammenhangs zwischen Bewegung der Teilchen und Raumbedarf:

☐ Eine Gruppe von 10 bis 20 Kindern oder auch die ganze Klasse bewegt sich zunächst langsam gehend in einem nicht zu großen begrenzten Feld (Turnhalle, Schulhof; evtl. Ränder markieren mit Kreide, ausgelegten Seilen usw.).

☐ Auf Zuruf wird die Bewegung schneller (zunächst langsames Laufen, später etwas schneller). Wichtiger Hinweis: Zusammenstöße unbedingt vermeiden – ausweichen, ggf. langsamer werden!

☐ Gemeinsame Reflexion: Wenn man sich schneller bewegt, ist es nicht nur schwieriger, Zusammenstöße zu vermeiden. Man kommt auch öfter als bei langsamen Bewegungen an die Außenlinien des Feldes.

☐ Auch die Teilchen in der Luft verändern ihre Bewegungsgeschwindigkeit: Wenn die Luft erwärmt wird, bewegen sie sich schneller, bei Abkühlung langsamer.

☐ Der große Unterschied zu uns: Die Teilchen weichen sich nicht aus, sie bremsen oder biegen vor dem Rand (Gefäßwand) auch nicht ab. Was geschieht also? – Sie prallen (bei Erwärmung) häufiger und stärker auf die Gefäßwand. Dadurch steigt der Druck. Bei Abkühlung werden die Teilchen wieder langsamer und der Druck fällt.

☐ *Zeitbedarf:* für die Versuche ist der Zeitbedarf abhängig von ausgewählter Anzahl und Art der Durchführung; für das Bewegungsspiel ca. 15 bis 20 Minuten

Reflexion und Vertiefung

☐ Nun können wir uns die Dellen in der Flasche und das Schrumpfen des Luftballons erklären: Durch die Abkühlung bewegen sich die Luftteilchen in der Flasche langsamer als vorher. Sie prallen weniger heftig gegen die Flaschenwand bzw. gegen die Luftballonhülle und üben deshalb eine geringere Druckkraft aus. Vor Abkühlung war der Luftdruck in der Flasche und im Luftballon genauso groß wie der Luftdruck außen. Nun ist er kleiner, darum wird die Außenwand der Flasche eingedellt und der Luftballon schrumpft.

Weiterführende Informationen

☐ Zahlreiche Versuche zum Substanzcharakter der Luft, zu Unterschieden zwischen kalter und warmer Luft und zur Kraftwirkung von Luft finden sich bei Demuth, R. & Kleinert, K. (2007): Themenfeld Luft. In: Kahlert, J. & Demuth, R. (Hrsg.): Wir experimentieren in der Grundschule. Band 1. Hallbergmoos, S. 9–45.

☐ Fachdidaktisch kommentierte Materialien finden sich auch unter <http://www.supra-lernplattform.de/index.php/lernfeld-natur-und-technik/luft>. Abfragedatum: 27.05.2013.

Anmerkungen

(1) Vgl. z. B. Hasselhorn, M. & Mähler, C. (1998): Wissen, das auf Wissen baut: Entwicklungspsychologische Erkenntnisse zum Wissenserwerb und zum Erschließen von Wirklichkeit im Grundschulalter. In: Kahlert J. (Hrsg.): Wissenserwerb in der Grundschule: Perspektiven erfahren, vergleichen, gestalten. Bad Heilbrunn, S. 73–89.

(2) Vgl. Demuth, R. & Kleinert, K. (2007): Themenfeld Luft. In: Kahlert, J. & Demuth, R. (Hrsg.): Wir experimentieren in der Grundschule. Band 1. Hallbergmoos, S. 14.

(3) Kircher, E. (2007): Physikalische Aspekte. In: Kahlert, J.; Fölling-Albers, M.; Götz, M.; Hartinger, A.; Reeken, D. v. & Wittkowske, St. (Hrsg.) (2007): Handbuch Didaktik des Sachunterrichts. Bad Heilbrunn, S. 132.

(4) Vgl. Demuth, R. & Kleinert, K. (2007): Themenfeld Luft. In: Kahlert, J. & Demuth, R. (Hrsg.): Wir experimentieren in der Grundschule. Band 1. Hallbergmoos, S. 9 f.

(5) Molekülen bleibt eine Restenergie, die sogenannte Nullpunktschwingung, vgl. Weiß, J. & Winkenbach, M. (2003): Der Brockhaus Naturwissenschaft und Technik. Band 1–3. Mannheim und Heidelberg, S. 1436.

(6) Vgl. Weiß, J. & Winkenbach, M. (2003): Der Brockhaus Naturwissenschaft und Technik. Band 1–3. Mannheim und Heidelberg, S. 46 f. und S. 2254.

(7) Wegen der Wirkung des Auftriebs ist der vielfach gezeigte Versuch, an dem zwei Luftballons, die zunächst beide aufgeblasen an den unterschiedlichen Seiten der Balkenwaage hängen, nicht geeignet. Beim Fußball ist der Auftrieb für den leeren und für den aufgepumpten Ball gleich, kann also außer Betracht bleiben. Siehe dazu auch: <http://www.supra-lernplattform.de/index.php/lernfeld-natur-und-technik/luft/einheit-3-luft-hat-ein-gewicht>. Abfragedatum: 27.05.2013.

Luft und Wasser

Beobachte, was geschieht, wenn die Öffnung des Luftballons losgelassen wird.

....

....

....

....

....

Stülpe das Glas über Alutöpfchen und Gummibärchen.
Drücke das Glas dann langsam und vorsichtig unter Wasser.
Nicht wackeln oder das Glas kippen.

Was geschieht mit dem Gummibärchen? Hast du eine Erklärung?

....

....

....

....

....

Luft umfüllen

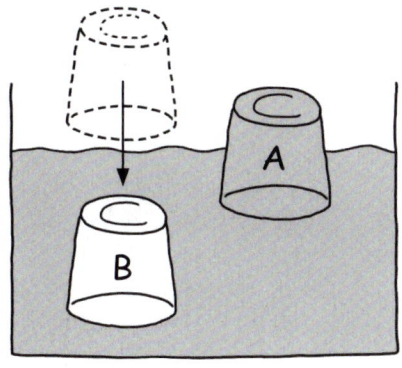 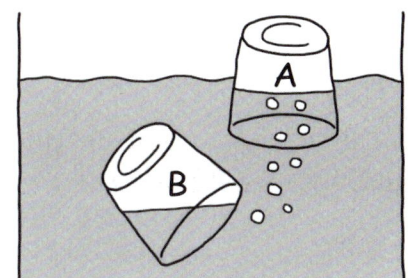

- Glas A enthält Wasser, Glas B nur Luft. Glas B möglichst senkrecht und vorsichtig mit der Öffnung nach unten unter Wasser drücken.

- Nun das Glas B vorsichtig kippen, sodass die herausströmende Luft sich zum Teil in Glas A sammeln kann.

- Impuls für ein Unterrichtsgespräch: Was habt ihr beobachtet? In Glas B war nicht „nichts", sondern Luft. Die Luft hat sogar das Wasser aus Glas A verdrängt.

M 4.2.2

Ganz schön schwer – den Reifen prall aufpumpen

Luisa muss sich beim Aufpumpen immer mehr anstrengen.

Kannst du erklären, warum?

M 4.2.3

Welch ein Zustand!

Modul 4.3

Alle Wetter!

Thema

Erfahrungen mit dem Wetter

Intentionen

- ☐ Die passende Kleidung zum Wetter auswählen und begründen können
- ☐ Gefühlte Temperatur von gemessener Temperatur unterscheiden und das Prinzip des Messens verstehen
- ☐ Am Beispiel von Wettererscheinungen ausdrucksstarke Symbole ausdenken und miteinander vergleichen; auf Klarheit und Eindeutigkeit achten
- ☐ Allgemeinverständlichkeit und Ausdruckskraft als Vorzüge von Symbolen bewusst machen
- ☐ Regeln für das richtige Verhalten im Freien bei einem Gewitter einüben

Materialien

M 4.3.1   Kopiervorlage: Wettersymbole – was sagen sie uns?, S. 189

M 4.3.2   Kopiervorlage: Vom Gewitter überrascht – was tun?, S. 190

Bezug zu anderen Modulen

Sachunterricht: Luft – eine Substanz, S. 169; Mit der Zeit gehen, (dort: Jahreszeiten), S. 204

Inhalte und Übungen

- ☐ Rauf und runter – die Flüssigkeitssäule im Thermometer, S. 182
- ☐ Was sagt der Wetterbericht? – Wettersymbole erfinden und interpretieren, S. 183
- ☐ Vom Gewitter überrascht – was tun?, S. 184
- ☐ Recht stürmisch – verschiedene Windstärken zum Ausdruck bringen, S. 186
- ☐ Und nun entspannen – die Wettermassage, S. 186

Sachlicher Hintergrund und didaktische Überlegungen

Wettererscheinungen sind den Kindern vertraut: Wind, Regen, Hagel, Schnee, Gewitter. Alle Menschen in einer Wetterlage leben im gleichen Wetter, aber sie erleben es unterschiedlich. Manche mögen Regen, andere lieber trockene Hitze. Was dem einen zu warm ist, ist dem anderen noch zu kalt.

Gerade beim Wetter lassen sich Unterschiede zwischen subjektiv wahrgenommener Eigenschaft und intersubjektiv geltender Eigenschaft bewusst machen. Diese Unterscheidung wiederum ist eine Grundlage für das Verständnis von Messvorgängen.[1] Ob man ein mäßiges Wetter als noch kalt oder schon warm empfindet, kann von Mensch zu Mensch unterschiedlich sein. Wenn man es genauer wissen will, muss man die Temperatur messen (*„Rauf und runter – die Flüssigkeitssäule im Thermometer"*, S. 182). Gemessene Werte beruhen auf einer Vereinbarung, die es ermöglicht, einen Zustand unabhängig von den Wahrnehmungsbesonderheiten und Interpretationen des jeweiligen Beobachters zum Ausdruck zu bringen. Dabei wird eine Beobachtung (z. B. der Stand der Flüssigkeitssäule im Thermometer) mit einer festgelegten Skala verglichen (nach der dann die Temperatur z.B. 15 Grad Celsius beträgt). Die Skala in den geläufigen Flüssigkeitsthermometern beruht auf einer Einteilung der Temperatur zwischen dem Siedepunkt des Wassers (100 Grad C) und dem Schmelzpunkt von Eis (0 Grad Celsius) in hundert gleiche Teile. Wichtig ist dabei die Erkenntnis, dass man die Eigenschaft eines Stoffes bzw. eines Vorgangs nutzt, um die Werte auf einer Skala zu bestimmen. Bei Flüssigkeitsthermometern ist dies die Ausdehnung des Volumens einer Flüssigkeit in einem Glasröhrchen.[2]

Zumeist sind wir aber nicht damit zufrieden, das bestehende Wetter zu beschreiben, wir wollen wissen, wie es sich entwickelt. In Wetterberichten werden vielfach Symbole verwendet, die eine schnelle Orientierung erlauben sollen. Die Beschäftigung und Auseinandersetzung mit Symbolen kann das Abstraktionsvermögen und das Verständnis für Zeichensysteme fördern.[3] Im Alltag, auch der Kinder, sind Symbole vielfach präsent, zum Beispiel als Piktogramme, Richtungspfeile, Hinweisschilder, aber auch als Ausdruck z.B. kultureller und religiöser Überzeugungen. Manche Symbole, wie das Kreuz, haben eine lange Geschichte und sind weltweit verbreitet; sie können sehr verschiedene Bedeutungen haben und unterschiedliche Empfindungen auslösen.[4] Andere sollen Informationen möglichst klar, eindeutig und verständlich zum Ausdruck bringen. Die Darstellung von Wettersymbolen durch Bewegung kann eine intensive Beschäftigung mit den Fragen anregen, was mit dem Symbol zum Ausdruck gebracht werden soll und wie sich Eindeutigkeit erreichen lässt. Reduktion der Information und Eindeutigkeit werden so als zentrale Kategorien für das Gelingen von Kommunikation mit Symbolen erlebt („*Was sagt der Wetterbericht? – Wettersymbole erfinden und interpretieren*", S. 183).

Bei aller Vorsicht kann es trotzdem vorkommen, dass man von einem Gewitter überrascht wird („*Vom Gewitter überrascht – was tun?*", S. 184). Gewitter entstehen, wenn sich durch Bewegung von Luftmassen in mehreren Kilometern Höhe Wasser-, Luft- und Eisteilchen u. a. durch Reibung elektrisch aufladen und die geladenen Teilchen sich so verteilen, dass sich große Spannungsunterschiede zwischen Wolken oder zwischen Wolken und Erde aufbauen. Bei Spannungsunterschieden von einigen Hundert Millionen Volt entstehen Blitze als Entladung entweder zwischen Wolken (Wolkenblitz) oder zwischen Wolken und Erde (Erdblitz). Blitze haben einen Durchmesser von mehreren Zentimetern und erzeugen Temperaturen von 20 000 bis 30 000 Grad.[5] Dabei dehnt sich die vom Blitz erhitzte Luft explosionsartig aus. Es entsteht eine Schallwelle, die als Donner wahrgenommen wird. Da der Schall in der Luft in etwa drei Sekunden die Strecke von einem Kilometer zurücklegt, Licht sich aber mit 300 000 Kilometern pro Sekunde ausbreitet, kann man den Blitz sofort sehen, den Donner aber erst mit Zeitverzögerung hören. Das lässt sich nutzen, um die Entfernung eines Gewitters grob abzuschätzen: beim Lichtblitz die Sekunden bis zum Donner zählen und die Anzahl durch drei teilen – ergibt etwa die Entfernung des Gewitters in Kilometern.

Ein Blitzschlag kann zu starken Verbrennungen, Lähmungen, Atemstillstand und im Extremfall zu einem tödlichen Herz-Kreislauf-Versagen führen. Noch im Umkreis von bis zu zehn Metern um einen Blitzeinschlag herum muss man mit Auswirkungen auf den Organismus rechnen. Je näher man sich an der Einschlagstelle befindet, desto größer ist die Lebensgefahr.[6]

Wer im Freien von einem Gewitter überrascht wird, sollte folgende Verhaltensregeln beachten[7], die besprochen und im Bewegungsspiel gefestigt werden.

- ☐ Möglichst ein Gebäude mit Blitzschutzanlage aufsuchen. Einen guten Schutz bietet auch ein geschlossenes Auto, weil die Ladung des Blitzes an der Metalloberfläche abgeleitet wird. Aber: Da beim Blitzeinschlag Reifen explodieren können, ist man im fahrenden Auto weniger sicher. Außerdem kann die Fahrerin/der Fahrer durch den Blitz geblendet werden.

- ☐ Keinesfalls Schutz unter einzelnen Bäumen suchen. Der Spruch „Eichen weichen – Buchen suchen" ist völlig irreführend. Wenn der Blitz in den Baum einschlägt, lädt sich auch die Erde in der Nähe des Baumes stark auf. Außerdem können große Äste herabstürzen.

- ☐ Im freien Gelände möglichst in Mulden und Senken Zuflucht suchen. So bietet man eine geringere Angriffsfläche: in die Hocke gehen, Kopf senken, Füße nahe beieinander, Arme umschließen die Beine, keinesfalls hinlegen.

- ☐ Da die Spannung am Boden sich von der Einschlagstelle aus kreisförmig ausbreitet und mit zunehmendem Abstand von der Einschlagstelle geringer wird, besteht die Gefahr, dass sich bei Schrittstellung zwischen den Füßen ein Spannungsunterschied aufbaut, der sich über den Körper entlädt. Darum: Eher Füße zusammenstellen und, wenn nötig, eher hüpfen als laufen.

- ☐ Die einzelnen Mitglieder einer Gruppe sollten ein paar Meter Abstand voneinander halten.

- ☐ Runter vom Fahrrad! Zum Fahrrad sowie zu Metallzäunen, Pfeilern und anderen Gegenständen aus Metall mindestens 5 Meter Abstand halten.

- ☐ Weg mit Wanderstöcken, Handys, Regenschirmen und anderen Gegenständen aus Metall.

- ☐ Beim Baden sofort raus aus dem Wasser!

„Recht stürmisch – verschiedene Windstärken zum Ausdruck bringen" (S. 186): Wind entsteht als Ausgleich von Druckunterschieden zwischen unterschiedlich stark erwärmten Luftmassen. Luft mit höherem Druck („Hoch") strömt in die Tiefdruckgebiete, in denen der Luftdruck niedriger ist. Weil sich Luft, ebenso wie andere Gase bzw. Gasgemische, bei Erwärmung ausdehnt, hat warme Luft ein niedrigeres spezifisches Gewicht als kältere Luft – sie steigt auf. Es entsteht ein Tiefdruckgebiet, in das kältere Luft nachströmt. Darum weht an der Küste bei Sonneneinstrahlung tagsüber eher Seewind: Die Sonne wärmt das Land stärker auf als das Wasser und damit ist auch die Luft über dem Land tagsüber wärmer als über dem Wasser. Dort steigt sie schneller auf, die kältere Seeluft strömt nach. Nachts ist es umgekehrt: Das Land, und damit auch die Luft darüber, kühlt schneller ab als das Wasser und die Luftmassen über der See. Die wärmere Luft über der See steigt nun rascher auf als die Luft über Land, wo dann auch ein größerer Luftdruck herrscht. Nun führen die Druckunterschiede zum Landwind.

Die Beaufort-Skala gibt verschiedene Windstärken in zwölf Abstufungen wieder.[8] Hier werden einige Abstufungen näher beschrieben.

Windstärken: Auswahl aus der Beaufort-Skala

Windstärke in Beaufort (Bft)	Bezeichnung des Windes	Auswirkungen
0	Windstille	Rauch steigt gerade nach oben auf
3	Schwacher Wind	Wimpel werden gestreckt, Blätter sind dauernd in Bewegung
4	Mäßiger Wind	Bewegt Zweige und dünne Äste, wirbelt Papier auf
6	Starker Wind	Bewegt starke Äste, pfeifende Geräusche, z. B. von Oberleitungen
9	Stürmischer Wind	Dachziegel können gelockert werden und herabfallen, Äste brechen
10	Schwerer Sturm	Bäume werden entwurzelt
12	Orkan	Schwere Verwüstungen

Im Koordinationsspiel beim Erzeugen von Wind müssen die Kinder die unterschiedliche Stärke verschiedener Winde zum Ausdruck bringen.

„Und nun entspannen – die Wettermassage" (S. 186): Die Kinder bringen durch Berührung auf dem Rücken des Partners verschiedene Wetterlagen zum Ausdruck.

Rauf und runter – die Flüssigkeitssäule im Thermometer

Bei zunehmenden Temperaturen steigt die Flüssigkeit im Flüssigkeitsthermometer, bei abnehmenden Temperaturen sinkt die Flüssigkeit im Flüssigkeitsthermometer. Die Temperatur steht in direktem Zusammenhang mit dem Wetter und mit den Jahreszeiten. So sind niedrige Temperaturen typisch für den Winter, während im Sommer sehr hohe Temperaturen erreicht werden. In Deutschland werden die Temperaturen in Grad Celsius gemessen.

Vorschläge für den Unterricht

□ Möglicher Einstieg mit einer kleinen Geschichte „Kalt oder warm – wer hat recht?": Claudia schimpft über das Wetter: „Mensch, wir haben Sommer und noch ist es so kalt." – „Wieso kalt?", merkt Stefan an, „mir ist viel zu warm!"

□ Gespräch über Unterschiede bei der Temperaturwahrnehmung. Wie kann man eine für alle zutreffende Aussage machen? Warum ist es wichtig, dass der Wetterbericht Temperaturen nennt und nicht das jeweilige Gefühl desjenigen, der den Bericht verfasst? Wie messen wir Temperaturen?

□ Manchmal muss man es ganz genau wissen, zum Beispiel wenn man Fieber hat.

□ Funktionsweise eines Flüssigkeitsthermometers erläutern: Bei Erwärmung dehnt sich die Flüssigkeit aus, die Säule steigt an; bei Abkühlung zieht sich die Flüssigkeit zusammen, die Säule sinkt.

- Festigung des Prinzips durch eine Bewegungsübung: Die Kinder richten sich bei höheren Temperaturen auf und nehmen auch die nach oben gestreckten Arme zu Hilfe; bei sinkenden Temperaturen machen sie sich klein, bei steigenden Temperaturen richten sie sich langsam auf (z. B. bei 0 Grad: halb in die Hocke gehen; bei Temperatur unter 0 Grad: weiter in die Hocke; bei höheren Temperaturen aufrichten; bei 30 Grad: gerade stehen, sich strecken und die Hände nach oben halten; bei 15 Grad: die Kinder stehen, die Hände liegen am Körper an.

- Mögliche Ausweitung: die Lehrerin/der Lehrer erzählt eine Geschichte.

  Ein Beispiel:
  Es ist Herbst. Bald sind Ferien. Noch sind die Temperaturen mit 15 Grad recht angenehm (Kinder stehen, Hände liegen am Körper an). Doch bald wird es kälter und kälter. (Die Kinder machen sich immer kleiner.) Die Temperaturen sinken, der Winter kommt. Es hat null Grad und es schneit (Kinder gehen halb in die Hocke). Im Januar wird es noch kälter, nun fällt das Thermometer unter null Grad (Kinder gehen tiefer in die Hocke). Nach einigen Wochen wird es dann langsam etwas wärmer, im Februar haben wir fünf Grad, an einem schönen Märztag sogar schon zwölf Grad. Nun wird es Frühling. Erst steigt die Temperatur auf 15 Grad (Kinder stehen, die Hände sind am Körper), dann werden sogar 20 Grad erreicht (Kinder stehen und die Hände gehen etwas nach oben). Im Juni wird es noch wärmer, bald haben wir 25 Grad und es ist Sommer (Kinder greifen mit den Händen immer weiter nach oben). Im Juli und August wird es richtig heiß, 30 Grad und mehr (die Kinder strecken sich, machen sich ganz lang, vielleicht fangen einige Kinder an zu springen, um die „Skala" zu erweitern).

- Die Sprossenwand in der Turnhalle eröffnet noch mehr Möglichkeiten: klettern und absteigen; die Nulllinie kann an einer bestimmten Sprosse markiert werden. Da die Sprossen den gleichen Abstand haben, ist die „Skala" genauer und eindeutiger festzulegen.

- *Zeitbedarf*: für die Gewöhnung an die Bewegungsübung ca. 5 bis 10 Minuten; für die Lehrererzählung ca. 5 Minuten

Reflexion und Vertiefung
- Kann man mit unseren Bewegungen die Temperatur so genau darstellen wie mit dem Thermometer? Warum nicht?

- Wenn jemand in die Klasse käme, der nur wüsste, dass wir durch die Bewegung Temperaturunterschiede darstellen: Was könnte er wohl erkennen (wärmer, kälter)? Was aber nicht (Höhe der Temperatur je nach Position)? Welche Information müsste er noch haben (Zuordnung zwischen einer Position und einer Temperatur, also das Prinzip der Skala)?

Was sagt der Wetterbericht? – Wettersymbole erfinden und interpretieren

Auf Wetterkarten und bei Wetterberichten werden Symbole verwendet, die allgemein verständlich sein sollen. Die Kinder verbinden durch Bewegungen zu den Wettererscheinungen die entsprechenden Symbole mit den Begriffen.

Vorschläge für den Unterricht

- Welche Art von Wetter kennen wir? Sammeln von Wettererscheinungen an der Tafel, zum Beispiel: Sonne, Regen, Schnee, Wind, Gewitter, Hagel, leicht bewölkt, stark bewölkt usw.

- In arbeitsteiligen Gruppen denken sich die Kinder Symbole für die Wettererscheinungen aus und zeichnen sie.

- Die Symbole werden beschrieben, verglichen und je nach Verbalisierungsfähigkeit begründet. („Was haben wir uns dabei gedacht?")

- Vergleich der eigenen Symbole mit den gebräuchlichen Symbolen auf Wetterkarten und in Wetterberichten in Zeitungen und im Internet.

- Eine Auswahl der Wettersymbole näher beschreiben (siehe Kopiervorlage M 4.3.1, S. 189).

- Wie könnte man das Wetter mit unseren Bewegungen darstellen? Die einzelnen Gruppen suchen sich eine Wetterlage aus und überlegen sich eine dazu passende Bewegung. Die anderen Gruppen dürfen die Wettererscheinung erraten.

- Die Bewegungen sollen von den Kindern selbst erarbeitet werden. Folgende Angaben sind Vorschläge und können als Alternativen angeboten werden.
  - Sonne/sonnig: Arme und Hände bilden einen großen Kreis.
  - Wolke/bedeckt: Hände halten die Wolkendecke von unten oder Wolkenform wird mit Händen nachgemalt.
  - Regen: Finger bewegen sich wie Regentropfen von oben nach unten.
  - Wind: Kinder drehen sich wie der Wetterhahn oder bewegen sich wie ein Baum im Wind von links nach rechts.
  - Schnee: Hände bewegen sich wiegend nach unten – immer wieder von links nach rechts.
  - Hagel: Fäuste boxen in die Luft.
  - Nebel: blindes Tasten mit den Händen.
  - Gewitter: mit den Armen und Händen „Blitze" in den Boden werfen (andeuten).

- *Zeitbedarf:* ca. 45 Minuten

Reflexion und Vertiefung

- Warum benutzen Wetterkarten in Zeitungen und im Internet Symbole?

- Welche Vorteile haben die in Wetterberichten benutzten Symbole? – Sie sind für alle verständlich; unsere eigenen Darstellungen sind vielleicht nicht immer sofort eindeutig zu verstehen.

Vom Gewitter überrascht – was tun?

Wenn man von einem Gewitter im Freien überrascht wird, kann das richtige Verhalten lebensrettend sein. Das folgende Bewegungsspiel festigt Verhaltensregeln.

Vorschläge für den Unterricht

- Wer hat schon einmal ein Gewitter beobachtet? Die Kinder beschreiben ihre Erfahrungen und Beobachtungen.

- Was kann man tun, wenn man im Freien von einem Gewitter überrascht wird? Sammeln der Vorschläge der Kinder. Unpassendes oder gar gefährliches, aber verbreitetes Alltagswissen (z. B. „Buchen suchen – Eichen weichen") mit roter Kreide dick durchstreichen.

- Besprechen von wichtigen Regeln mithilfe der Kopiervorlage M 4.3.2 (S. 190).

- Mit einem Bewegungsspiel für den Ernstfall üben. In der Turnhalle könnte man z. B. aufbauen:
  - als See: eine blaue Weichbodenmatte
  - verschiedene Häuser: zwei große Kästen mit Turnmatte (evtl. Matte mit schiefer Ebene) abdecken, weitere Kästen parallel zueinander positionieren und Plane, größeres Spanntuch, Decken darüberlegen
  - andere Unterschlupfe: zwei Langbänke parallel zueinander und senkrecht zur Wand stellen und mit Turnmatten (falls vorhanden, mit aufgerollter Gymnastikmatte) abdecken

 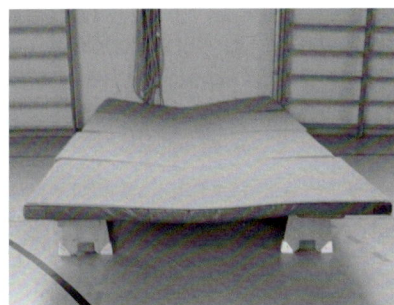

  - zwei Autos: zwei Rollbretter mit je einem kleinen, umgedrehten Kasten (evtl. zwei Seile zum Ziehen); durch die Linien auf dem Hallenboden oder Hütchen wird die Fahrbahn für die Autos begrenzt
  - eine Spielwiese: Fußballtor, Bälle, Springseile
  - einzelne Bäume: Slalomstangen

- Die Bewegungslandschaft wird von der Lehrerin/dem Lehrer vorgestellt. Hinweis auf Unfallrisiken.

- Die Kinder bewegen sich frei in der Turnhalle. Nach einiger Zeit spielt der Lehrer mithilfe einer CD Gewittergeräusche ab. Nach 5 Sekunden heißt es „stopp!".

- Die Kinder suchen nun schnell „sichere" Orte auf: Häuser, Unterschlupfe, Autos.

- Niemand sollte mehr „im Wasser" (auf der Weichbodenmatte) sein; wer noch im Freien ist, sollte in Hockstellung verharren. Haben alle genügend Abstand zu den Bäumen gehalten?

- *Zeitbedarf:* je nach Wiederholung ca. 20 bis 30 Minuten

Reflexion und Vertiefung
- Die Kinder verbalisieren, wo sie sich bei „stopp" befinden. Warum sind sie dort? Welche Positionen haben sie „im Freien" eingenommen?

Recht stürmisch – verschiedene Windstärken zum Ausdruck bringen

Mit einem gespannten Fallschirm, einer Decke oder einem großen Tuch lässt sich „Wind" machen. Zwar werden wir damit nicht wirklich die Stärke eines Sturms oder gar eines Orkans erreichen. Aber wenn ausgewählte Windstärken besprochen worden sind, bietet die folgende Übung eine hervorragende Gedächtnis- und vor allem auch Koordinationsübung: Starker Wind ist nur zu schaffen, wenn die Kinder sich in ihren Bewegungen gut koordinieren.

Vorschläge für den Unterricht

☐ Je nach Größe des verfügbaren Stoffes spannen sechs, acht oder mehr Kinder ein Tuch. Die anderen Kinder können unter das Tuch krabbeln und den Wind „spüren".

☐ Wie können wir Wind machen? Der Wind wird durch gemeinsames und unterschiedlich starkes Schwingen des Stoffes erzeugt.

☐ Vorher Vereinbarungen treffen: Bei Windstille wird das Tuch nicht bewegt, bei schwachem Wind etwas, bei starkem Wind noch mehr. Noch stärker bewegt wird es bei Sturm oder gar Orkan.

☐ Die Lehrerin/der Lehrer oder die Kinder rufen sich nun in unterschiedlicher Reihenfolge verschiedene Bezeichnungen zu (siehe S. 182).

☐ Jetzt ist Abstimmung gefragt: Denn wenn man sich schon bei starkem Wind zu sehr bewegt, gibt es keinen Spielraum mehr nach oben.

☐ Nun wechseln die Gruppen: Sechs bis acht andere Kinder nehmen das Tuch, die anderen krabbeln darunter. Jeder wird mal „Windmacher".

☐ *Zeitbedarf*: für die Übung pro Gruppe ca. 5 Minuten

Und nun entspannen – die Wettermassage

In dieser Übung werden charakteristische Merkmale ausgewählter Wetterlagen über feinmotorische Handlungen zum Ausdruck gebracht. Die Berührung auf dem Rücken erfordert Selbst- und Fremdbeobachtung in der Feinmotorik und fördert das vertrauensvolle Aushandeln zwischen Ausdruck und Wahrnehmung und den respektvollen Umgang miteinander. Die Massagebewegungen sollten so ausgeführt werden, dass es dem Partner zu jedem Zeitpunkt angenehm ist (vor allem bei Blitz oder Hagel). Es wäre sinnvoll, mit den Kindern ein Zeichen zu vereinbaren (z. B. Hand heben), das den Partner auf unangenehme Berührungen hinweist.

Vorschläge für den Unterricht

☐ Im Klassengespräch typische Wetterlagen sammeln (Sonnenschein, sanfter Wind, Hagel, Regen, Gewitter, Sturm, Schneefall usw.).

☐ Wie könnte man durch Berührung des Rückens eurer Mitschülerin/eures Mitschülers das entsprechende Wetter zum Ausdruck bringen? In Zweiergruppen verschiedene Möglichkeiten erproben lassen (Beispiele siehe unten).

☐ Die Kinder können gegenseitig zu erraten versuchen, welche Wetterlage gemeint ist.

☐ Mögliche Begleitung durch eine Lehrererzählung; sobald Wetterlagen genannt werden, wird der Rücken des Partners entsprechend massiert.

Ein Beispiel:
Es ist April. Du stehst morgens auf und schaust aus dem Fenster. Es ist neblig. Mit aufgelegten Handflächen eine Streichbewegung von links nach rechts ausführen. Plötzlich brechen die ersten Sonnenstrahlen durch (Sonnenstrahlen: strichförmige Bewegungen mit den Fingern zeichnen). Am Mittag kann sich die Sonne endlich durchsetzen (mit der flachen Hand im Kreis reiben). Sie zeigt ihre Kraft und es wird immer wärmer (mit der flachen Hand etwas schneller und kräftiger im Kreis reiben, sodass immer mehr Wärme spürbar wird). Nachmittags siehst du ein paar Wolken am Himmel (mit den beiden Zeigefingern Wolken zeichnen). Mehr und mehr Wolken tauchen auf. Es ist bedeckt. Ein Wind zieht auf (in Nacken pusten) und pfeift dir um die Ohren (pfeifen, Windgeräusch nachahmen). Plötzlich spürst du einige Tropfen (mit Fingern ganz leicht und selten auf Rücken tupfen). Die Tropfen werden immer mehr und immer größer (in höherer Frequenz und fester mit Fingern auf Rücken tupfen). Nun zieht auch noch ein Gewitter auf, es blitzt (mit den Fingern Blitze auf dem Rücken zeichnen, am Ende des Blitzes jeweils ein bisschen mit dem Finger drücken). Nach einer Weile lässt das Gewitter nach. Der Regen ist nicht mehr ganz so heftig (mit Fingerkuppen auf den Rücken tippen). Nur noch einzelne Tropfen fallen vom Himmel (entsprechend selten und ganz leicht auf Rücken tippen). Und nach einiger Zeit zeigt sich auch die Sonne wieder (Sonnenstrahlen: strichförmige Bewegungen mit den Fingern zeichnen).

☐ *Zeitbedarf*: für die Einführung und Erarbeitung der Bewegungen ca. 15 bis 20 Minuten; wenn die Wettermassage bekannt ist und als Entspannungsübung zwischendurch eingesetzt wird, ca. 5 bis 10 Minuten

Reflexion und Vertiefung

☐ Einzelne Massage-Ideen vorstellen, vergleichen. Wodurch wird das jeweilige Wetter zum Ausdruck gebracht? Wie könnte man das noch deutlicher machen?

Weiterführende Informationen

☐ Gewittergeräusche findet man z. B. auf folgenden CDs: 400 spektakuläre Sound-Effekte Vol. 2, Nr. 27 und 28; CD 1 zum Kolibri-Musikbuch 3/4. Braunschweig.

☐ Auf YouTube finden Sie mit dem Eintrag „Wie Blitz und Donner entstehen" von „FOCUS-Online" einen Kurzfilm über die Entstehung von Gewittern: <http://www.youtube.com/watch?v=3GTxB1v1r98>. Abfragedatum: 12.03.2013. Außerdem gibt es mehrere Filme mit spektakulären Gewittereindrücken.

☐ Zahlreiche Anregungen und Arbeitsmaterialien mit fachlichen Erläuterungen zum Themenfeld „Wetter" finden sich bei Demuth, R. (2010): Themenfeld Wetter. In: Kahlert, J. & Demuth, R. (Hrsg.): Wir experimentieren in der Grundschule. Band 2. Hallbergmoos, S. 141–165; Reinhoffer, B. (2007): Wetter. Heft 10 der Reihe Praxis Sachunterricht. Hallbergmoos.

Anmerkungen

(1) Vgl. Köhnlein, W. (2012): Sachunterricht und Bildung. Bad Heilbrunn, S. 76 ff.

(2) Vgl. Weiß, J. & Winkenbach, M. (2003): Der Brockhaus Naturwissenschaft und Technik, Band 1–3. Mannheim und Heidelberg, S. 1984.

(3) Vgl. z. B. Stern, E. (2002): Wie abstrakt lernt das Grundschulkind? Neuere Ergebnisse entwicklungspsychologischer Forschung. In: Petillon, H. (Hrsg.): Individuelles und soziales Lernen in der Grundschule – Kinderperspektive und pädagogische Konzepte. Opladen, S. 27–42.

(4) Vgl. z. B. Lipp, W. (1994): Kulturtypen, kulturelle Symbole, Handlungswelt. In: Ders.: Drama Kultur. Zur Plurivalenz von Kultur. Berlin, S. 33–74.

(5) Weiß, J. & Winkenbach, M. (2003): Der Brockhaus Naturwissenschaft und Technik, Band 1–3. Mannheim und Heidelberg, S. 277, S. 801.

(6) Vgl. Thüringer Feuerwehr-Verband: Verhalten bei Gewitter. <http://www.feuerwehr-thueringen.de/jugendfeuerwehr/downloads/lagerundfahrten/>. Abfragedatum: 24.05.2013.

(7) Vgl. ebd. und Planet Wissen: <http://www.planet-wissen.de>. Abfragedatum: 11.03.2013; sowie der Beitrag „Was tun, wenn's blitzt?": <http://www.br.de/themen/ratgeber/inhalt/verbrauchertipps/gewitter-blitz100.html>. Abfragedatum: 11.03.2013.

(8) Vgl. Demuth, R. (2010): Themenfeld Wetter. In: Kahlert, J. & Demuth, R. (Hrsg.): Wir experimentieren in der Grundschule. Band 2. Hallbergmoos, S. 147.

Wettersymbole – was sagen sie uns?

Frank und Janina haben in der nächsten Woche Ferien. Sie können zu ihren Großeltern nach Bremen fahren oder ihre freie Zeit mit ihren Freundinnen und Freunden zu Hause in Stuttgart verbringen. Die Entscheidung ist gar nicht einfach.

Janina hat eine Idee:

> Komm, lass uns im Internet nachschauen, wie die Wettervorhersage für die nächste Woche ist.

Denkt euch Symbole für andere Wetterlagen aus.
Sucht euch in eurer Gruppe eine Wetterlage aus, die ihr durch Bewegung darstellen wollt. Ob die anderen Kinder das Wetter erraten?

Vom Gewitter überrascht – was tun?

Herr und Frau Schmidt hätten doch lieber den Wetterbericht lesen sollen. Nun ist es zu spät. Am Himmel ziehen dunkle Gewitterwolken auf. Doch bis zum Dorf, in dem ihr Hotel steht, sind es noch fast zwanzig Minuten zu Fuß.

Nun aber schnell – geschafft! Vom ersten Regen nass, aber bevor das Gewitter losgeht, erreichen sie das Hotel.

Was hätten wir bloß gemacht, wenn uns das Gewitter am Badesee auf freiem Feld erreicht hätte?

Wie verhältst du dich richtig, wenn du von einem Gewitter überrascht wirst?

....

....

....

....

....

....

....

....

....

Modul 4.4

Orientierung im Raum

Thema

Lagebeziehungen strukturieren den Raum

Intentionen

- ☐ Lagebeziehungen zur Beschreibung von Positionen im Raum nutzen
- ☐ Einfache Lagepläne mit ausgewählten Objekten anfertigen
- ☐ Die Grundidee des Maßstabs für die zuverlässige Beurteilung von realen Abständen bzw. Entfernungen mithilfe von Lageplänen und Karten verstehen
- ☐ Himmelsrichtungen kennenlernen und anwenden
- ☐ Das Prinzip von Höhenlinien nachstellen

Materialien

M 4.4.1   Kopiervorlage: Wo geht es lang?, S. 201
M 4.4.2   Karteikarte: Markierungspunkte im Klassenraum, S. 202
M 4.4.3   Karteikarte: Die Windrose, S. 202
M 4.4.4   Kopiervorlage: Auf Wanderschaft, S. 203

Bezug zu anderen Modulen

Mathematik: Raum und Form (1), S. 120, und (2), S. 129
Sachunterricht: Mit der Zeit gehen, S. 204

Inhalte und Übungen

- ☐ Wo bin ich – wo ist das?, S. 193
- ☐ Wie finde ich den richtigen Platz?, S. 193
- ☐ Der Schulhof im Klassenraum, S. 195
- ☐ Alle Himmelsrichtungen im Blick, S. 196
- ☐ Norde dich ein!, S. 197
- ☐ Höhenlinien am Berg nachstellen, S. 198

Sachlicher Hintergrund und didaktische Überlegungen

Sich in einer wenig vertrauten Umgebung orientieren können, ist eine anspruchsvolle Entwicklungsaufgabe im Grundschulalter. Das Kind gewinnt Bewegungsspielraum, neue Räume lassen sich in dem Maße erschließen, wie man selbstständig Wege zu einem Ort hin und Wege zurück findet.

Richtungen und Wege strukturieren den Raum und dienen zusammen mit Umgebungsmerkmalen der Orientierung. Räume lassen sich daher auch als „Systeme von Lagebeziehungen"[1] verstehen. Die sichere Beherrschung von Lagebeziehungen ist nicht nur eine Voraussetzung, um sich im Raum zurechtzufinden. Sie unterstützt auch das Verständnis für die kulturelle Strukturierung von Räumen durch Landwirtschaft, Besiedlung, Verkehrswege und -flächen sowie Erholungsgebiete.

Neben standortgebundenen Merkmalen, wie markanten Stellen in der Landschaft, charakteristischen Gebäuden oder Hinweisschildern, können die vom eigenen Standort unabhängigen Himmelsrichtungen bei der Orientierung im

Raum helfen. Der persönliche Freiraum weitet sich aus, wenn man in der Lage ist, Himmelsrichtungen zu nutzen und dabei auch einen Kompass und eine Karte zu verwenden.

Die Orientierung im Raum mit Karte und Kompass gehört daher zu Recht zu den zentralen Anliegen des Sachunterrichts.[2] Allerdings werden im Grundschulalter auch einfache Lagebezeichnungen wie *links*, *rechts*, *vor* und *zurück* nicht immer sicher und flüssig beherrscht. Noch anspruchsvoller ist die Anwendung von Himmelsrichtungen, die, anders als die körperbezogenen Lagebezeichnungen, nicht von der eigenen Positionierung abhängen. Links ist immer links vom Betrachter, vorne immer vor ihm. Aber Norden kann hinter, vor oder auch seitwärts vom Betrachter liegen. Himmelsrichtungen sind eine von der eigenen Position abstrahierte Lagebezeichnung, die ihren großen Nutzen gerade deshalb entfalten, weil sie von der individuellen Positionierung unabhängig sind. Ob man nach vorne, hinten oder zur Seite schaut, ob man sitzt, steht oder läuft – Norden liegt immer in einer von der eigenen Position unabhängigen Richtung.

Die Angaben auf der Windrose – Norden (N), Osten (O), Süden (S), Westen (W) sowie der Richtungen Nordost (NO), Südost (SO), Südwest (SW) und Nordwest (NW) – helfen dabei, in einem unbekannten Gelände die Richtung zu bestimmen. Für den Gebrauch von Karte und Kompass ist es notwendig, den Kompass so zu drehen, dass die Windrosenmarkierung für Norden (N) mit der Spitze des (oft rot markierten) Nordpols der Kompassnadel übereinstimmt. (Bitte beachten: Der so angezeigte geografische Nordpol liegt in der Nähe des magnetischen Südpols des Magnetfeldes der Erde – unterschiedliche Pole ziehen sich an.)

Das Orientierungsvermögen kann durch Bewegung im Raum unterstützt, geübt und routiniert werden. In den hier vorgestellten Übungen geht es vor allem darum, Vorstellungen und Denken in und zu Räumen auszudrücken und Lagebeziehungen dem Kontext entsprechend zu verwenden.[3]

Zunächst sollten einfache Lagebeziehungen aus dem Sachunterricht der ersten beiden Schuljahre sowie aus dem Mathematikunterricht (siehe Modul *„Raum und Form"*, 3.2.1, S. 120, und 3.2.2, S. 129) wiederholt, versprachlicht und gesichert werden (*„Wo bin ich – wo ist das?"*, S. 193). Ein erster Schritt zur Abstraktion von der konkreten Lage zur einfachen Karte bietet die Übung *„Wie finde ich den richtigen Platz?"* (S. 193). Die Kinder betrachten und begehen ihren Klassenraum mithilfe eines stark reduzierten Lageplans, mit dem sie Positionen ermitteln und in dem sie Positionen markieren. Das Verständnis für grundlegende Elemente, wie die relative Lage der zu bestimmenden Stelle zu anderen Objekten und der passenden Verhältnisse zwischen den Abständen auf dem Plan und in der Realität, kann zunächst durch Bewegung im Klassenraum unterstützt werden.

Mit der Übung *„Der Schulhof im Klassenraum"* (S. 195) wird die Erstellung von Lageplänen vertieft und zudem die Bedeutung von Symbolen für eine übersichtliche Darstellung erfahren. Die Anregungen *„Alle Himmelsrichtungen im Blick"* (S. 196) und *„Norde dich ein!"* (S. 197) dienen dazu, die Anwendung von Himmelsrichtungen zu üben. Den Abschluss bildet ein Vorschlag für die Darstellung des Prinzips der Höhenlinien (*„Höhenlinien am Berg nachstellen"*, S. 198).

Wo bin ich – wo ist das?

In dieser Übung werden einfache Lagebezeichnungen durch Bewegungen mit dem Erleben von Raum verbunden und Beziehungen zwischen Kindern untereinander und zwischen Gegenständen versprachlicht.

Vorschläge für den Unterricht

- Die Kinder bewegen sich frei über den Schulhof.

- Auf ein zuvor verabredetes Signal hin (Klatschen, Rufen, Pfeifen usw.) bleiben sie stehen. – Wer ist vor, wer ist hinter dir? Wer steht am nächsten links oder rechts von dir? Schwieriger: Wer steht am nächsten links oder rechts vor dir? Gibt es auch jemanden, der dir genau gegenübersteht?

- Das Gleiche kann mit Pflanzen und Gegenständen (Bäume, Gebäude, Schaukel, Klettergerüst, Hoftor usw.) gespielt werden (Wo steht die Schaukel von dir aus gesehen?).

- Variante: Einzelne Kinder geben Auskunft auf Lagefragen: Wo befindet sich der Baum? Wo steht Lukas, wo das Schulgebäude (links vorne, rechts hinten, links hinten usw.)?

- Eine noch größere Herausforderung ist es, wenn die Kinder sich in den Standort eines anderen Kindes hineinversetzen: „Lukas steht von dir aus vorne links – wo steht er aus der Sicht von Sabrina?"

- Freies Laufen über den Schulhof. Nach etwa 15 bis 20 Sekunden ruft die Lehrerin/der Lehrer jeweils verschiedene Orte, zu denen alle laufen sollen: „links vom Baum", „rechts vom Fahrradständer", „hinter das Klettergerüst". Wenn alle Kinder den Ort erreicht haben, wird erneut gelaufen, bis die Lehrerin/der Lehrer einen neuen Zielort ausruft.

- Steht ein Klettergerüst zur Verfügung, klettert eine vertretbare Anzahl von Kindern für kurze Zeit auf dem Gerüst. Auf ein Zeichen der Lehrerin/des Lehrers hin verharrt jedes Kind an einer Stelle; Verbalisierung wie oben, nun aber auch in Kombination mit Lagebezeichnungen für Höhenunterschiede („links oben vor mir steht …", „rechts unten steht …").

- Die Bearbeitung der Kopiervorlage M 4.4.1 (S. 201) festigt die Fähigkeit zur Anwendung der Lagebeziehungen.

Wie finde ich den richtigen Platz?

Die Kinder erstellen einen einfachen Plan mit Positionen ausgewählter Gegenstände und Markierungen im Klassenraum. Die Bewegung zwischen den Positionen unterstützt die Verknüpfung des abstrahierenden Grundrisses mit den Beziehungen in der Realität.

Vorschläge für den Unterricht

- Die Lehrerin/der Lehrer bereitet eine Farbfolie (Overheadprojektor) mit dem Grundriss des Klassenraums vor. In diesen Plan werden nur wenige markante Orientierungshilfen eingezeichnet (zum Beispiel die Tür oder das Pult; als Anschauungsmaterial siehe die Karteikarte M 4.4.2, S. 202). Auf die Folie werden für verschiedene Positionen im Klassenraum Farbpunkte für jedes Kind aufgetragen (auf der Karteikarte M 4.4.2 wurden die verschiedenen Farben durch Ziffern ersetzt).

☐ Jedes Kind bekommt einen entsprechenden Farbpunkt zugeteilt. Damit der Plan nicht zu unübersichtlich wird, können jeweils zwei oder drei Kinder die gleiche Farbe erhalten.

☐ Jetzt wird die Folie mit der Skizze des Klassenraums projiziert. Jedes Kind sucht nun die Position im Klassenraum auf, die der Farbmarkierung auf der Folie entspricht. Der Farbpunkt wird an der entsprechenden Stelle im Raum abgelegt. Die Kinder bleiben vorerst auch an der Stelle stehen. Je nach Größe der Klasse und dem Orientierungsvermögen der Kinder kann die Übung auch nacheinander mit jeweils einer kleinen Gruppe von Kindern durchgeführt werden.

☐ Als Nächstes werden die Positionen besprochen und mit der Projektion verglichen: Wer steht schon richtig? Wer muss seine Position noch korrigieren?

☐ Wenn alle Farbpunkte an den richtigen Stellen ausgelegt worden sind, erhalten die Kinder den Grundriss des Klassenraums als Schwarz-Weiß-Kopie. Mit dieser Vorlage laufen sie nun die Farbpunkte im Klassenraum ab und markieren die passende Stelle in der jeweiligen Farbe auf ihrer Kopiervorlage. Der Overheadprojektor ist dabei ausgeschaltet.

☐ Haben die Kinder alle Farbpunkte markiert, erfolgt die Selbstkontrolle anhand der Folie.

☐ *Zeitbedarf:* ca. 45 Minuten

Variation

☐ Die Lehrerin/der Lehrer dreht den Grundriss auf dem Overheadprojekt einmal um 90 Grad und ein weiteres Mal um 180 Grad. Die Kinder überlegen, inwiefern sich die Lagebeziehungen dadurch ändern.

☐ Die Lehrerin/der Lehrer erstellt einen Schulhofplan; die Kinder zeichnen nach der Pause ein, wo sie heute gespielt haben.

☐ Ein Kind positioniert sich im Klassenraum, ein anderes Kind zeichnet den Standort ein.

- Kindern mit Schwierigkeiten bei Raum-Lage-Beziehungen kann ein leistungsstärkeres Kind zur Seite gestellt werden.

- Auf der Kopiervorlage, die auf Grundlage der Karteikarte M 4.4.2 (S. 202) erstellt werden kann, können die Kinder abschließend ihren Tisch und ihren Sitzplatz markieren.

Reflexion und Vertiefung

- Was ist der Unterschied zwischen einem Plan und den wirklichen Gegebenheiten?

- Wie wurden Gegenstände aus dem Klassenraum im Lageplan dargestellt?

- Wie lassen sich die im Lageplan eingezeichneten Gegenstände als Orientierungshilfe nutzen?

- Welche Karten und Lagepläne kennst du? Wozu werden sie genutzt?

Der Schulhof im Klassenraum

Auch die markanten Merkmale des Schulhofs lassen sich auf einem Lageplan einzeichnen. Als Zwischenschritt von der Realität zum Lageplan können die Positionen zunächst im Klassenraum nachgestellt werden. Zuvor sollten die Kinder noch einmal Gelegenheit bekommen, alle ausgewählten Objekte auf dem Schulhof abzulaufen.

Vorschläge für den Unterricht

- Die Kinder ziehen verschiedenfarbige Wortkarten mit je nach Farbe unterschiedlichen Objektnamen (z. B. Klettergerüst, Schaukel, Hort, Kindergarten).

- Anschließend teilen sich die Kinder nach den Farben der Wortkarten in Gruppen auf.

- Die Kinder markieren im Klassenraum die Schulhoffläche mit Seilen oder Klebeband.

- Dann nehmen die Kinder, je nach gezogener Objektkarte, auf der nachgestellten Schulhoffläche die passende Position ein. Zunächst sollte vor allem auf die richtige Lage zueinander geachtet werden.

- Die Kinder beschreiben ihre jeweilige Position in Bezug zu anderen Kindern, zum Beispiel:
  - das „Schaukelkind": „Ich stehe gegenüber vom Hoftor."
  - das „Hoftorkind": „Ich bin neben dem Klettergerüst."
  - das „Turnhallenkind": „Ich stehe links vom Klettergerüst."

- Nun wird auf die Größe der Abstände als ein weiteres Merkmal auf dem Weg von der Realität zur Karte aufmerksam gemacht:
  - Auf dem Schulhof sind nicht alle Objekte im gleichen Abstand voneinander entfernt. Können wir dies auch in unserem Modell berücksichtigen? (Zunächst die Unterschiede nur grob verdeutlichen, indem die Kinder sich nach dem Schema „weiter weg als", „näher dran als" orientieren.)

- Wie könnte man die Unterschiede zwischen den Abständen noch genauer wiedergeben? Zum Beispiel: Ein Schritt der Lehrerin/des Lehrers auf dem Schulhof (ca. ein Meter) wird im Klassenraum zu zehn Zentimetern. Zunächst ist keine korrekte Umrechnung nötig, da das Prinzip des Maßstabs eingeführt werden soll. Zur Verdeutlichung von zehn Zentimetern können auch entsprechend lange Papierstreifen, Wollfäden usw. genutzt werden.

- Weiterführung und Vertiefung: Erstellung eines Plans vom Schulhof (Ausdenken von Symbolen für die einzelnen Gegenstände, Einführung von Maßstabstreue).

- *Zeitbedarf*: 20 bis 30 Minuten (ohne Schulhoferkundung)

Reflexion und Vertiefung

- Sind die Schritte der Lehrerin/des Lehrers immer genau gleich groß? Wie könnte man die Entfernungen zuverlässiger messen?

- Für unseren Plan war es ausreichend, wenn man die Abstände zwischen den Objekten ungefähr passend wiedergegeben hat. Reicht das immer aus? Wann würde man gerne genauer wissen, wie weit die Orte auseinanderliegen?

- Karten vom Wohnort anschauen; Symbole erklären; Einführung des Maßstabs

Alle Himmelsrichtungen im Blick

Die hier zusammengestellten Übungen sollen die sichere Beherrschung der Himmelsrichtungen festigen (siehe Karteikarte M 4.4.3, S. 202). Die Kinder beschreiben ihre Position zueinander unter Verwendung der Himmelsrichtungen.

Vorschläge für den Unterricht

- Nachdem die Himmelsrichtungen Norden (Gegenrichtung zu Süden), Süden (Tageshöchststand der Sonne), Osten (Richtung des Sonnenaufgangs), Westen (Richtung des Sonnenuntergangs) erarbeitet und im Klassenraum markiert worden sind, stellen sich Kinder an unterschiedlichen Positionen in der Klasse auf und verbalisieren ihre jeweilige Position zueinander:
  - Zur Kennzeichnung ihrer Positionen benutzen die Kinder nur die Himmelsrichtungen: „Laura steht südöstlich von Klaus"; „ich stehe nordwestlich von Janis".
  - Variation: „Sven, stelle dich südlich von Katrin auf"; schwieriger: „südwestlich von Katrin".
  - Wer kann dies bereits, ohne auf die Markierungen an den Wänden zu schauen?
  - Die Kinder gehen durch den Raum: Einzelne Kinder geben die Richtung an, zum Beispiel: „Maike soll drei Schritte nach Norden und zwei nach Westen gehen."

- *Zeitbedarf*: ca. 15 Minuten

Norde dich ein!

Um die Himmelsrichtungen mit Karte und Kompass bestimmen zu können, muss die Karte im realen Gelände so gedreht werden, dass ihr oberer Rand in dieselbe Richtung wie der Nordpol einer Kompassnadel zeigt. Daraus ergeben sich die Richtungen Osten, Süden und Westen.

Bleibt man als Betrachter im System Karte, dann liegt Norden (N) immer in Richtung des oberen Kartenrandes. In Richtung des rechten Kartenrands befindet sich Osten (O), der untere Rand markiert Süden (S) und der linke Rand Westen (W). Merksatz für N-O-S-W: Nie ohne Seife waschen.

Vorschläge für den Unterricht

Die Ausrichtung der Windrose kann durch folgende Übung gefestigt werden:

☐ Die Klasse teilt sich in Fünfergruppen. Ein Kind symbolisiert die Kompassnadel, stehend mit ausgestreckten Armen; der linke Arm symbolisiert den Nordpol (eventuell durch Gegenstand in der Hand kennzeichnen).

☐ Die vier anderen Kinder symbolisieren je eine Himmelsrichtung und bekommen entsprechende Wortkarten umgehängt (N, O, S, W). Sie stellen sich um das „Kompasskind" herum so auf, dass die Himmelsrichtungen zur angezeigten Position für Norden passen.

☐ Nun schließen die vier Kinder die Augen, während das „Kompasskind" sich anders ausrichtet. Sagt das „Kompasskind" „jetzt!", öffnen die Kinder die Augen und stellen sich wieder entsprechend auf. Wenn es schneller geht, steigt die Anforderung an die Konzentration. Jeder ist einmal „Kompasskind".

☐ Als Differenzierung und Erweiterung können jeweils Gruppen mit neun Kindern gebildet werden. Die weiteren vier Kinder markieren mit entsprechenden Wortkarten die auch sehr gebräuchlichen Zwischenrichtungen (Nordost: NO; Südost: SO, Südwest: SW, Nordwest: NW). Siehe auch Karteikarte M 4.4.3, S. 202.

☐ *Zeitbedarf*: ca. 10 Minuten

Variation zur Bestimmung der Himmelsrichtungen in Relation zum Norden:

☐ Es werden Dreier- bis Fünfergruppen gebildet. Jeweils ein Kind aus der Gruppe legt sich mit rechtwinklig vom Körper weggestreckten Armen bäuchlings auf den Boden (Unterlage bereitstellen; die Körperteile symbolisieren die Himmelsrichtungen wie auf einer Karte): „Wenn dein Kopf Norden wäre, wo wären dann Osten (rechter Arm), Süden (Füße), Westen (linker Arm)?"
  ☐ Die anderen Kinder legen ein Federmäppchen oder einen anderen leichten Gegenstand auf Rücken, Beinen oder Armen des liegenden Kindes ab. Das Kind gibt an, in welcher „Himmelsrichtung" sich das Mäppchen befindet. Die anderen Kinder kontrollieren (z.B. linke Schulter: Nordwest, rechter Oberschenkel: Südost).
  ☐ Um zu vermeiden, dass die Kinder die wirkliche Lage der Himmelsrichtungen mit den Himmelsrichtungen innerhalb des Bezugssystems Karte verwechseln, sollte bei der Sprechweise darauf geachtet werden, dass die Kinder die Himmelsrichtung mit Bezug auf das Modell verbalisieren: „Das Mäppchen liegt im Süden."

- Andere Möglichkeit: Das liegende Kind bestimmt, wo das Mäppchen abgelegt wird („das Mäppchen soll im Südosten liegen").
- Schwierigere Aufgabe: Der Gegenstand wandert an zwei bis drei Positionen. Erst dann fasst das „Himmelsrichtungskind" die Richtungen zusammen: „Das Mäppchen ist von Nordost (rechte Schulter) nach Norden (Kopf) und von dort nach Südwest (linker Oberschenkel) gewandert."
- Nach 2 bis 3 Minuten kommt ein anderes Kind an die Reihe.

Reflexion und Vertiefung

- Auf den Unterschied zwischen den realen Himmelsrichtungen, die im Klassenraum gekennzeichnet sind, und den gedachten Himmelsrichtungen, wie auf Landkarten, aufmerksam machen.

- In der Wirklichkeit liegen der Norden und die anderen Himmelsrichtungen immer in der gleichen Richtung. Auf der Karte ist der Norden immer der obere Rand der Karte (wie der markierte Arm bzw. der Kopf in den Bewegungsaufgaben oben). Wenn die Karte mit der wirklichen Richtung in Übereinstimmung gebracht werden soll, muss der obere Kartenrand in Richtung des Nordpols einer Kompassnadel zeigen.

- Zur Vertiefung und Übung siehe auch Kopiervorlage M 4.4.4, S. 203.

Höhenlinien am Berg nachstellen

Für Karten und Lagepläne werden Symbole verwendet, um markante Orte in der Landschaft, Größenverhältnisse, Straßen usw. zu kennzeichnen. Damit man die Symbole sinnvoll deuten kann, enthalten Karten Legenden, welche die jeweils gemeinte Bedeutung des Symbols kennzeichnen. Eine besondere Schwierigkeit bereitet das Lesen von Höhenlinien. Sie zeigen Geländepunkte gleicher Höhe an und geben Orientierung über die Steilheit eines Geländes: Eng zusammenliegende Linien weisen auf ein steileres, weiter auseinanderliegende Linien auf ein weniger steiles Gelände hin.

Vorschläge für den Unterricht
Das Prinzip der Höhenlinien kann durch folgende Übung veranschaulicht werden:
- Ein Kind steht als „Bergspitze" in der Mitte des Schülerkreises.

- Höher gelegene Hänge werden von Kindern, die auf Stühlen um die „Bergspitze" herumsitzen, nachgestellt.

- Kinder im Schneidersitz vor der Stuhlreihe stellen den unteren Hang bzw. den Fuß des Berges dar. Einzelne Höhenlinien werden durch Seile, die die Kinder halten, veranschaulicht. Die Seile müssen jeweils so straff gespannt gehalten werden, dass sie nicht durchhängen.

- Vereinbarung: Jedes Seil bedeutet einen Höhenunterschied von (zum Beispiel) 100 Meter. Wir stellen uns vor, der Fußboden sei 600 Meter hoch.

- Die nicht „am Berg" befindlichen Kinder bekommen Kärtchen mit Höhenangaben (bei drei Seilreihen und 600 Meter Bodenhöhe mit 700 Meter, 800 Meter und 900 Meter). Die Kinder hängen ihren Zettel an die Leine, die zu der Höhenangabe auf dem Zettel passt. Wird der Zettel zunächst mit der Höhenangabe nach innen gerichtet angehängt, beeinflussen sich die Kinder weniger gegenseitig. Haben die Kinder auf der anderen Seite des Kärtchens ihren Namen notiert, kann jeder anschließend kontrollieren, ob er die Höhe richtig bestimmt hat.

- *Variation:* An die „Höhenlinien" werden Abbildungen verschiedener Objekte (Baum, Strauch, Hütte, Kreuz usw.) angehängt. Die Kinder machen Angaben zur Höhenlage des jeweils aufgerufenen Objekts („Der Baum steht auf 700 Meter Höhe").

- Sind die Himmelsrichtungen im Klassenraum bekannt (siehe Übungen „*Alle Himmelsrichtungen im Blick*", S. 196, und „*Norde dich ein!*", S. 197), kann auch noch die „Hanglage" benannt werden („Der Strauch steht am Südhang in 800 Meter Höhe").

- Nach einigen Minuten wechseln die den Berg darstellenden Kinder mit den anderen ihre Position und damit ihre Aufgabe.

- *Zeitbedarf:* für den Bau des Berges beim ersten Mal ca. 5 bis 6 Minuten; bei Wechsel geht es schneller; Übungen je nach Bedarf pro Gruppe 5 bis 10 Minuten

Reflexion und Vertiefung

Wenn die Kinder sich in der jeweiligen „Höhenlage" nicht immer genau im gleichen Abstand um die „Bergspitze" herumgruppieren, kann man das Augenmerk auf die Abstände zwischen den „Höhenlinien" legen. Da, wo die Seile dichter beisammen sind, ist das Gelände steiler.

Anmerkungen

(1) Köhnlein, W. (2012): Sachunterricht und Bildung. Bad Heilbrunn, S. 364.

(2) Vgl. Daum, E. (2007): Geographische Aspekte. In: Kahlert, J.; Fölling-Albers, M; Götz, M.; Hartinger, A.; Reeken, D. v. & Wittkowske, St. (Hrsg.) (2007): Handbuch Didaktik des Sachunterrichts. Bad Heilbrunn, S. 148; Gesellschaft für Didaktik des Sachunterrichts (GDSU) (Hrsg.) (2013): Perspektivrahmen Sachunterricht. Bad Heilbrunn, S. 50 ff.

(3) Vgl. Hasse, J. (2007): Entwicklung von Raumbewusstsein. In: Kahlert, J.; Fölling-Albers, M; Götz, M.; Hartinger, A.; Reeken, D. v. & Wittkowske, St. (Hrsg.) (2007): Handbuch Didaktik des Sachunterrichts. Bad Heilbrunn, S. 364 f.

Wo geht es lang?

In wenigen Sekunden startet Nuri zum Hindernislauf. Beschreibe den Weg, den Nuri zurücklegt. Jedes der Wörter *links*, *rechts*, *über*, *unter*, *vor* und *zurück* soll mindestens einmal vorkommen.

Der Weg führt ihn zunächst links am Baum vorbei, dann geht es ...

START

Markierungspunkte im Klassenraum

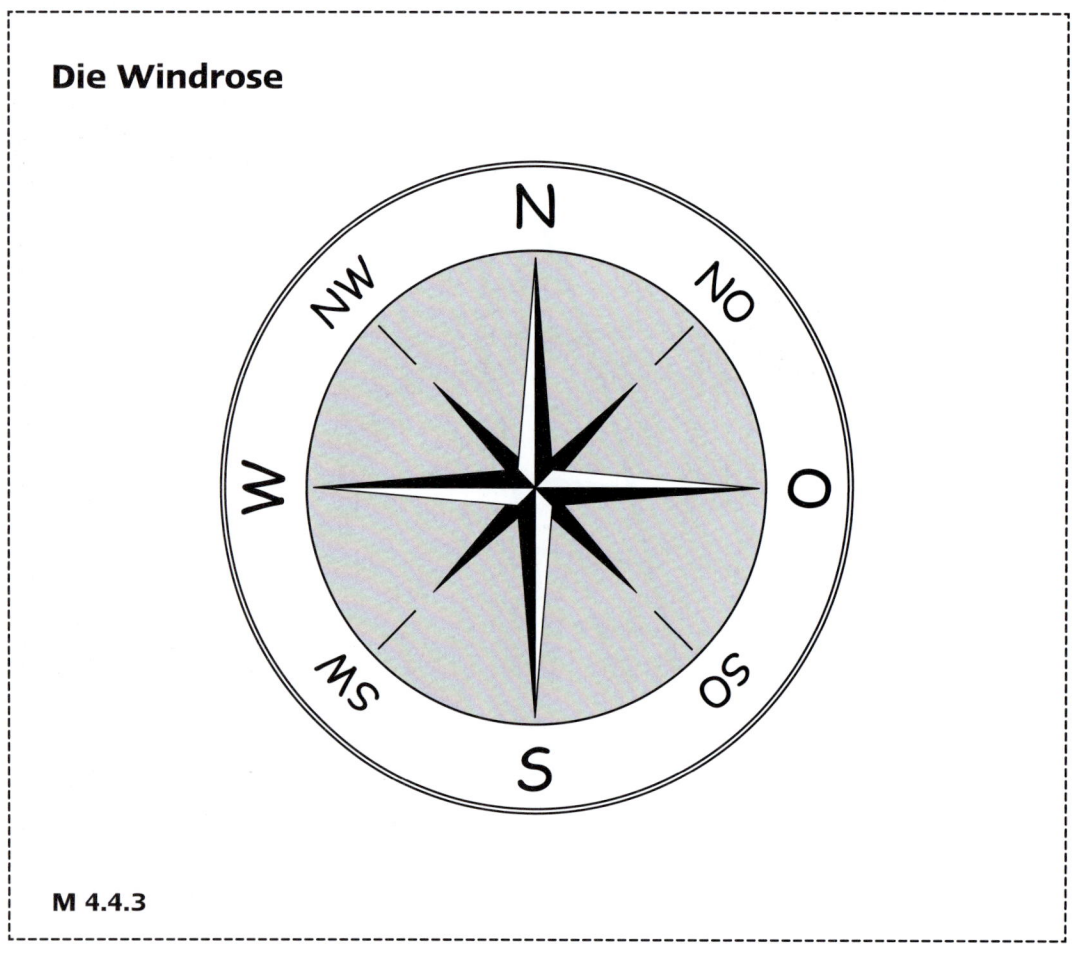

Tafel

Pult

Tür

Regal

M 4.4.2

Die Windrose

M 4.4.3

Auf Wanderschaft

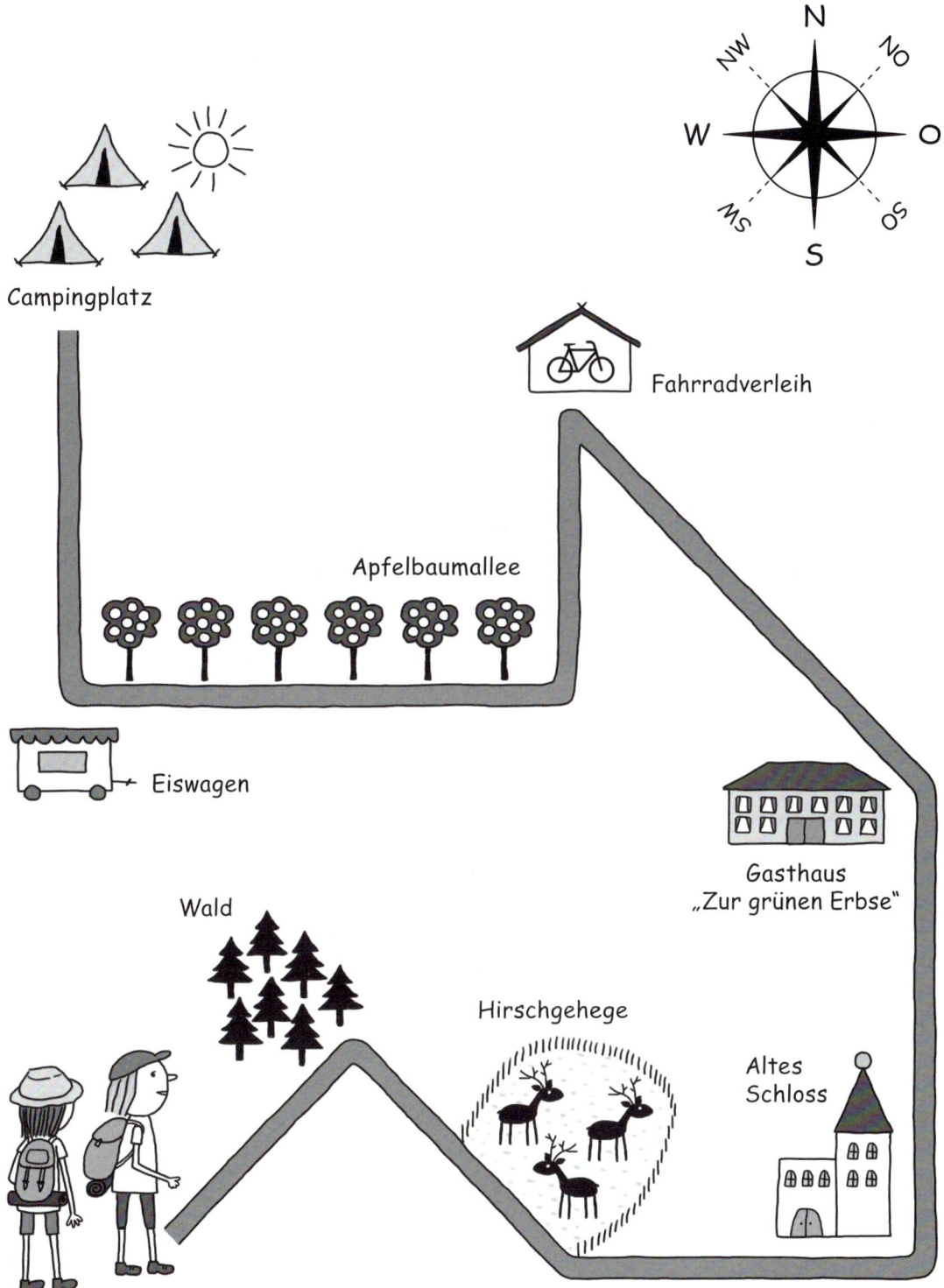

Campingplatz

Fahrradverleih

Apfelbaumallee

Eiswagen

Wald

Hirschgehege

Gasthaus „Zur grünen Erbse"

Altes Schloss

Ayshe und Tina haben noch einen langen Weg vor sich. Beschreibe den Wegverlauf und benutze dabei die Bezeichnungen der Himmelsrichtungen.

Vom Startpunkt aus führt der Weg zunächst nach Nordosten.
Am Waldrand knickt er in südöstlicher Richtung ab …

Modul 4.5

Mit der Zeit gehen

Thema

Zeitangaben verstehen und anwenden können

Intentionen

- ☐ Zeitempfinden auf konkrete Handlungen beziehen
- ☐ Zeit und Zeitverläufe mit allgemein gültigen Begriffen beschreiben
- ☐ Unterschied zwischen subjektiver und objektiver Zeit bewusst machen und reflektieren

Materialien

M 4.5.1 Kopiervorlage: Gestern, heute, morgen – welcher Tag ist hinter dir verborgen?, S. 212

M 4.5.2 Kopiervorlage: Wohin mit den Zeigern?, S. 213

M 4.5.3 Karteikarte: Kleine Zeiteinheiten spüren, S. 214

M 4.5.4 Kopiervorlage: Wann hast du Geburtstag?, S. 215

Bezug zu anderen Modulen

Mathematik: Größen und Messen (2), S. 153

Inhalte und Übungen

- ☐ Der Tagesablauf, S. 205
- ☐ Alle sieben! Kennst du die Wochentage?, S. 206
- ☐ Gestern, heute, morgen – welcher Tag ist hinter dir verborgen?, S. 207
- ☐ Sich nach der Uhr stellen, S. 208
- ☐ Kleine Zeiteinheiten spüren, S. 209
- ☐ Frühling, Sommer, Herbst und Winter – die Jahreszeiten, S. 210
- ☐ Wann hast du Geburtstag?, S. 210

Sachlicher Hintergrund und didaktische Überlegungen

Zeit strukturiert den Alltag von Kindern, ohne dass diese bereits alle dabei verwendeten Zeitangaben gedanklich nachvollziehen können. Sie sollen pünktlich zum Essen erscheinen, abends zu einem bestimmten Zeitpunkt ins Bett gehen und morgens rechtzeitig aufstehen, Verabredungen einhalten und ihre Zeit zum Lernen und Üben einteilen. Auch in vielen Interessengebieten der Kinder spielt Zeit eine Rolle. Wer sich beispielsweise mit Dinosauriern beschäftigt, wird mit Welten konfrontiert, die Millionen Jahre zurückliegen; beim Sport können Sekunden ein Spiel entscheiden; Ritter lebten vor Hunderten von Jahren, und wer eine Hobbyzeitschrift abonniert hat, wartet in der Regel drei bis vier Wochen auf die nächste Ausgabe. Zudem werden die Kinder auch mit Redensarten Erwachsener konfrontiert: „mir rennt die Zeit davon", „sich Zeit nehmen", „die Zeit fliegt", „das hat ja noch Zeit".

Allerdings ist die bewusste Anwendung und Verarbeitung von Zeitbegriffen und Zeitabschnitten im Grundschulalter noch undifferenziert. Vorstellungen von der Zeit beruhen auf subjektivem Empfinden. Gemessene Zeiteinheiten sind für die

Kinder oft noch wenig begreifbar. Ihr Verständnis für Zeiteinheiten und für Begriffe zur intersubjektiven Verständigung über Zeitspannen und Zeitpunkte muss sich erst noch entwickeln.[1]

Das vorliegende Modul soll Kindern helfen, einige wichtige Zeiteinheiten sachorientiert zu erschließen. In der Übung „Der Tagesablauf" (S. 205) geht es zunächst um eine Auflistung von Aktivitäten im Alltag. Darauf folgend wird die Aufteilung des Tages in Zeitfenstern wie vormittags, abends, nachts usw. vorgestellt. Dass Tage trotz wiederkehrender Zeitfenster nicht immer gleich lang erscheinen, haben Kinder bereits in ihrem Alltag erfahren: Unterrichtsstunden sind zwar gleich lang, aber unterschiedlich interessant; zwei Stunden im Elternhaus gehen anders vorbei als im Sportverein oder auf einer Geburtstagsfeier von Familienangehörigen oder Freunden. Die Übung „Alle sieben! Kennst du die Wochentage?" (S. 206) soll die Bezeichnungen für die Wochentage sowie die Kenntnis über deren Reihenfolge und das Verständnis für den Begriff „Woche" festigen. Die Übung „Gestern, heute, morgen – welcher Tag ist hinter dir verborgen?" (S. 207) behandelt die Zeitbegriffe vorgestern bis übermorgen und setzt diese in Bezug zu den verschiedenen Wochentagen.

In den Übungen „Sich nach der Uhr stellen" (S. 208) und „Kleine Zeiteinheiten spüren" (S. 209) wird die Zeit als Konstrukt zur Strukturierung von Zeitabläufen behandelt. Um sich gezielt zu verabreden, braucht man eine genaue Zeitangabe. Die Kinder setzen sich mit den Stunden des Tages auseinander sowie mit der Einteilung von Stunden in kleinere Zeiteinheiten.

Einen weiteren natürlichen Zyklus neben dem Rhythmus von Tag und Nacht greift die Übung „Frühling, Sommer, Herbst und Winter – die Jahreszeiten" (S. 210) auf. Die abschließende Übung „Wann hast du Geburtstag?" (S. 210) hilft Kindern, die Monate kennenzulernen sowie deren Reihenfolge und Bezug zu den Jahreszeiten. Dabei ist es legitim, zu vereinfachen und die meteorologischen Jahreszeiten anzuwenden: Frühling: März – April – Mai, Sommer: Juni – Juli – August, Herbst: September – Oktober – November, Winter: Dezember – Januar – Februar.

Der Tagesablauf

Der Morgen, der Vormittag, der Mittag, der Nachmittag, der Abend und die Nacht – sie sind unterschiedlich ausgestaltet und variieren in der Länge der einzelnen Zeitspannen. Schulkinder erfahren in der Regel am Vormittag und am Nachmittag zum ersten Mal einzuhaltende Arbeitszeiten: die Schul- und Hausaufgabenzeit. Auch einzelne Zeitpunkte wie das stets pünktliche Aufstehen am Morgen schaffen neue Verbindlichkeiten. Ob Morgenklingeln, Schulbeginn oder Frühstückspause: Wenn die Kinder in die Schule kommen, spielt die Regelung des Tagesablaufs eine neue Rolle in ihrem Leben.

Vorschläge für den Unterricht

- Gespräch mit den Kindern über ihre Aktivitäten und Tätigkeiten, denen sie über den Tag nachgehen. Wer macht was und wann? Die Lehrerin/der Lehrer stellt die verschiedenen Zeitfenster wie vormittags, nachmittags, abends usw. vor. Die zuvor genannten Tätigkeiten der Kinder werden jetzt anhand einer Liste an der Tafel den jeweiligen Zeitfenstern zugeordnet.

- *Tageszeitfenster:* Die verschiedenen Tageszeitfenster werden mithilfe von Kärtchen kreisförmig auf dem Boden ausgelegt. Die Kinder gehen paarweise die Zeitfenster entlang. Dabei werden sie, am Morgen in der Hocke beginnend, immer größer bis zum Abend. Im Nachtsegment angekommen, setzt sich eines der Kinder (im zweiten Durchgang der Partner) schlagartig auf den Boden, schließt die Augen und wird vom Partner durch die Nachtzeit (eventuell auf einer Teppichfliese) gezogen.

☐ *Zeitbedarf:* ca. 30 Minuten

Alle sieben! Kennst du die Wochentage?

Auch wenn heute die Arbeitswelt deutliche Verschiebungen der Arbeits- und Ruhetage mit sich bringt: Ein Rhythmus von sechs Tagen Arbeit (der Samstag gilt noch immer als Werktag) und einem Tag zur Regeneration von Körper und Geist gilt heute nach wie vor.

Vorschläge für den Unterricht

☐ *Bewegungswoche:* Die Übung lässt sich besonders gut zum Aufwärmen in Bewegungspausen oder im Sportunterricht einsetzen. Auf diese Weise können die Kinder die Abfolge der Wochentage üben.
   ☐ Montag: Die Kinder gehen in die Hocke.
   ☐ Dienstag: Die Kinder richten sich bis zum Rumpf auf, der Kopf bleibt zum Boden hin gebeugt, der Rücken gekrümmt, beide Hände berühren möglichst den Boden.
   ☐ Mittwoch: Kopf, Oberkörper und beide Arme gehen in die Waagerechte nach vorne (ca. 90-Grad-Winkel zu den Beinen), auch die Arme sind nach vorne gestreckt.
   ☐ Donnerstag: Der Oberkörper richtet sich auf, beide Arme hängen locker am Körper herunter.
   ☐ Freitag: Der Körper bleibt aufgerichtet, beide Arme waagerecht auf Schulterhöhe zur Seite gestreckt (ca. 90-Grad-Winkel).
   ☐ Samstag/Sonnabend: Beide Arme gehen nach oben in senkrechte Position parallel zum Kopf.
   ☐ Sonntag: Die Hände werden über dem Kopf zusammengeschlagen.

☐ *Wochentage:* Die Kinder ziehen verschiedenfarbige Kärtchen, auf denen jeweils der Name eines Wochentags geschrieben steht. Pro Farbe wird eine Gruppe gebildet. (Beispiel: Bei einer Klasse mit 28 Kindern hat man vier Sets à sieben Karten. Pro Set wird jeweils eine Farbe verwendet.) Auf ein Signal der Lehrerin/des Lehrers stellen sich die Kinder nun in ihren Gruppen in der richtigen Reihenfolge der Wochentage auf. Danach werden die Zettel wieder eingesammelt und neu verteilt. Die Übung wird mehrmals wiederholt.

☐ *Vorgänger und Nachfolger:* Die Kinder werden in Achtergruppen eingeteilt. Sieben Kinder repräsentieren jeweils einen Tag der Woche, das achte Kind ist der Spielleiter. Die „Wochentagekinder" bewegen sich im Raum umher. Der Spielleiter tippt eines der „Wochenkinder" aus seiner Gruppe an. Dieses ruft jetzt seinen Wochentag, z. B. Dienstag. Schnell stellt sich nun das „Montagskind" vor das „Dienstagskind", und das „Mittwochskind" stellt sich dahinter.

☐ *Zeitbedarf:* ca. 30 Minuten

Variation

☐ *Wochenspaß:* Die Kinder erhalten zunächst die Aufgabe, zu überlegen, welche Aktivitäten für sie am Montag (und in den nächsten Durchgängen an den anderen Tagen der Woche) besonders schön oder wichtig sind. Anschließend gehen sie langsam vom Morgen an über den Tageskreis (am Boden dargestellt mithilfe von Kärtchen, siehe Übung „Der Tagesablauf", S. 205) und werden dabei immer *größer*; in der Nachtphase machen sie sich ganz klein und kriechen auf den nächsten Morgen zu. Kommt für ein Kind die Stelle im Tagesablauf, die es besonders mag (z. B. die Flötenstunde am Montagnachmittag), so hüpft es kurz hoch. Dadurch hüpfen im Tageskreis immer wieder andere Kinder an unterschiedlichen Stellen des Tages hoch. Anschließendes Gespräch mit den Kindern, warum sie an manchen Stellen gesprungen sind.

Gestern, heute, morgen – welcher Tag ist hinter dir verborgen?

Die Kinder kennen die Bezeichnungen der Wochentage bereits und haben ein erstes Verständnis der Abfolge der Wochentage. Sie erlernen die Bedeutung der Zeitbegriffe *vorgestern*, *gestern*, *heute*, *morgen*, *übermorgen* und ordnen diese den Wochentagen richtig zu (siehe Kopiervorlage M 4.5.1, S. 212).

Vorschläge für den Unterricht

☐ *Vorgestern bis übermorgen:* Die Kinder erzählen vom heutigen Tag: Was habe ich heute schon alles gemacht? Was werde ich noch tun? Danach beschreiben sie ihre Aktivitäten, die sie an anderen Tagen ausüben. Eingeführt werden die Begriffe *gestern*, *vorgestern* sowie *morgen* und *übermorgen*.

☐ Die Kinder teilen sich in Fünfergruppen auf. Jedes Kind erhält eine Wortkarte mit einem der Begriffe *vorgestern*, *gestern*, *heute*, *morgen* und *übermorgen*. Jetzt laufen die Kinder durch den Raum. Auf ein Stoppzeichen hin stellen sie sich in ihrer jeweiligen Gruppe in die richtige Reihenfolge der Begriffe auf.

☐ *Welcher Tag ist hinter dir verborgen?:* An der Tafel stehen die Wochentage in ihrer richtigen Reihenfolge. Jedes Kind zieht eine Wortkarte mit einem der Begriffe *vorgestern*, *gestern*, *heute*, *morgen* und *übermorgen*.

☐ Die Lehrerin/der Lehrer sagt: „Gestern, heute oder morgen – welcher Tag ist hinter dir verborgen?" und nennt anschließend einen Wochentag: „Heute ist …". Die Kinder überlegen, welchen Wochentag ihr Zeitbegriff beschreibt, und stellen sich schnell zum richtigen Tag. Zum Beispiel: Wenn heute Dienstag ist, dann muss sich das Kind, das den Begriff *gestern* gezogen hat, zum Montag stellen. Die Kinder kontrollieren sich anschließend durch gegenseitiges Vergleichen.

☐ Mithilfe der Kopiervorlage M 4.5.1 (S. 212) lernen die Kinder, die Wochentage und Zeitbegriffe in Beziehung zueinander zu setzen.

☐ Die Kinder tauschen ihre Wortkarten aus und die Lehrerin/der Lehrer sagt wieder: „Gestern, heute oder morgen – welcher Tag ist hinter dir verborgen?" Die Übung wird mehrmals wiederholt.

☐ *Zeitbedarf:* ca. 20 Minuten

Variation

☐ Für leistungsstarke Kinder können statt *heute* auch die anderen Zeitbegriffe wie *vorgestern* oder *übermorgen* als Ausgang genommen werden (Beispiel: „Gestern war Donnerstag …"). Wiederum stellen sich die Kinder zu den richtigen Wochentagen.

Mithilfe der Uhrzeit können wir Zeitpunkte genau festlegen oder abfragen. Mit einem Blick auf die Uhr erfassen wir Zeitpunkte und Zeitspannen und können uns daran orientieren. Als Messinstrumente im Alltag dienen uns vor allem analoge Uhren mit Ziffernblatt und Zeigern sowie digitale Uhren.

Vorschläge für den Unterricht

- *Eine Uhr bauen:* Zur Darstellung der Stunden einer Uhr werden auf dem Boden 24 Markierungen (Außenkreis mit den Ziffern 13 bis 24, Innenkreis 1 bis 12, siehe Kopiervorlage M 4.5.2, S. 213) kreisförmig im gleichen Abstand angeordnet. Jedes Kind erhält eine Stundenziffernkarte von 1 bis 24 (bei weniger als 24 Kindern auch zwei Karten). Nacheinander werden nun die Tagesstunden vorgelesen, wobei die Kinder die entsprechenden Karten der Uhr zuordnen und sie zu den Ziffern auf den Boden legen. Die Kinder kontrollieren sich bei dieser Tätigkeit gegenseitig.

- *Zuordnung von Uhrzeit und Tageszeit:* Wie viel Uhr ist Mittag?: Der Tageskreis (siehe Anregung „Der Tagesablauf", S. 205) bildet die Grundlage für die Beschäftigung mit der Uhrzeit. Die verschiedenen Zeitspannen wie *morgens, nachmittags, abends* sind mit Wortkarten kreisförmig in der richtigen Abfolge am Boden ausgelegt. Wichtig ist die räumliche Entsprechung von Tageszeit zu Uhrzeit: Für Morgen und Abend kann man etwa je zwei Stunden vorsehen, für Vormittag und Nachmittag etwa vier Stunden, für die Nacht zehn Stunden. Das ergibt eine Gesamtzeit von 24 Stunden. Nun erhalten die Kinder jeweils eine Ziffernkarte (von 1 bis 24). Wenn der Spielleiter (Lehrerin/Lehrer oder ein vorher bestimmtes Kind) eine Tageszeit ruft, laufen die betreffenden „Stundenkinder" schnell in den Abschnitt der genannten Tageszeit. Am Anfang der Übung können im Tageskreis zusätzlich zu den Tageszeiten auch die Uhrzeiten mit Karten am Boden dargestellt werden. In späteren Übungen kann auf die Stundenziffern am Boden verzichtet werden.

- *Ablesen der Uhrzeit:* Zunächst Einführung des großen und kleinen Uhrzeigers: Der lange Zeiger ist der Minuten- und der kurze der Stundenzeiger. Wenn der lange Zeiger bei 12 angekommen ist, spricht man von einer vollen Stunde. Kinder stellen in Zweierteams verschiedene Uhrzeiten nach. Dabei ist ein Kind der lange, das andere Kind der kurze Uhrzeiger. Danach wird gewechselt. Zunächst werden volle Stunden dargestellt, anschließend können auch halbe Stunden oder sogar Viertelstunden geübt werden (siehe Kopiervorlage M 4.5.2, S. 213).

- Zunächst sollten volle Stunden, dann allmählich auch halbe Stunden sowie die Angaben „Viertel nach eins", Viertel nach drei", regional auch „drei viertel acht" genutzt werden.

- *Zeitbedarf:* für den Aufbau der Uhr ca. 30 Minuten; ist das Aufbauprinzip einmal verstanden: für die Folgeübungen jeweils ca. 10 Minuten

Variation

- *Kopplung von Tageszeit und Uhrzeit:* Die Kinder verteilen sich im Raum. Sechs Kinder tragen ein Schild (oder Karte an Kleidung befestigt) mit jeweils einer bestimmten Tageszeit wie *morgens, nachmittags, nachts;* die anderen Kinder erhalten eine Ziffernkarte (zwischen 1 und 24). Die Kinder bewegen sich laufend umher. Auf ein Signal hin sollen sich die „Uhrenkinder" möglichst rasch

mit den passenden „Tageszeiten" zusammenfinden. Die Übung kann mehrmals wiederholt werden.

Kleine Zeiteinheiten spüren

„Noch eine Minute!" Die Kinder kennen diese Ansage, haben aber meist noch
keine zuverlässige Vorstellung von der Länge einer Minute. Zur Versachlichung von
Zeitvorstellungen bietet sich die Minute an. Sie bildet einen Zeitrahmen, den man
gut überschauen und bewusst erleben kann. Im Anschluss an die Minute setzen
sich die Kinder mit der kleineren Zeiteinheit Sekunde auseinander.

Vorschläge für den Unterricht

☐ *Noch eine Minute!:* Die Kinder überlegen zunächst, welche Tätigkeiten in einer
Minute erledigt werden können. Dann wird überprüft: Auf ein akustisches Signal hin verlassen sie ihren Platz und gehen zum Beispiel zum Händewaschen,
zum Pausenverkauf oder zum Papierkorb, um ihre Bleistifte zu spitzen.

☐ Wenn die Kinder meinen, dass die Minute vorbei ist, gehen sie wieder an ihren
Platz. Wer hat die Minute richtig eingeschätzt? Wer war zu früh, wer zu spät?
In einem Gespräch wird gemeinsam reflektiert, wie jeder die Minute emp-
funden hat.

☐ *Exakt eine Minute:* In einem zweiten Durchgang führen die Kinder jede der
folgenden Bewegungsbeispiele genau eine Minute lang aus. Zwischen den
Übungen ist jeweils eine Pause von einer Minute angesetzt. Ein akustisches
Signal zeigt den Beginn und das Ende der Einheiten an.
Die Kinder
  ☐ gehen durch den Raum,
  ☐ hüpfen am Platz,
  ☐ stehen auf einem Bein.

☐ Wiederum gemeinsames Gespräch: Wer hat die Minute bei den drei Übungen
als lang oder kurz empfunden? Warum?

☐ Eine weitere Übung, die sogar auch für Sportskanonen sehr schwierig ist: eine
halbe oder ganze Minute in die Hocke gehen.

☐ *Die Zeit spüren:* Sechzig Sekunden machen eine Minute aus. Aber wie lange
dauert eine Sekunde? Ein Kreis wird aufgezeichnet, er soll eine Minute symbolisieren. Jeweils zwei Kinder bilden ein Team. Ein Partner läuft entlang der
Linie des Kreises und versucht, seine Schritte so einzuteilen, dass er dafür
möglichst genau 15 Sekunden braucht. Das zweite Kind verfolgt die gegan-
gene Zeit mithilfe einer analogen Uhr. Die beiden Kinder sind durch ein straff
gespanntes Band oder Seil verbunden (siehe Karteikarte M 4.5.3, S. 214). So
kann das „Uhrenkind" als „Taktmesser" für das andere Kind dienen. Anschließend werden die Aufgaben gewechselt. Die gleiche Übung kann auch mit einer
halben oder ganzen Minute durchgeführt werden.

☐ *Zeitbedarf:* ca. 10 Minuten

Reflexion und Vertiefung

☐ Wie kommt es, dass eine Zeitspanne von manchen Kindern als sehr lang, von
anderen dagegen als eher kurz empfunden wird?

- Warum muss man manchmal pünktlich sein? In welchen Situationen kommt das vor? Muss man immer „auf die Sekunde genau" pünktlich sein?

Frühling, Sommer, Herbst und Winter – die Jahreszeiten

Bei dieser Übung bringen die Kinder die für die Jahreszeiten typischen Merkmale zum Ausdruck.

Vorschläge für den Unterricht

- *Der Jahreszeitentanz* (mindestens 4 Mitspieler): Die Kinder denken sich spezifische Bewegungsformen für die vier Jahreszeiten aus, zum Beispiel:
  - Winter (Kälte, Starre, Langsamkeit, gegenseitiges Wärmen): zu zweit, dritt oder viert eng aneinander geduckt in schleppender Bewegung
  - Frühling (zunehmende Wärme, Wachsen, Partnerwahl): paarweise im Laufen anwachsen, also den Oberkörper im Laufen immer wieder aufrichten
  - Sommer (die Wärme der Sonne aufnehmen, freudig): in schnellem Lauf, die Arme nach oben strecken, mit den Händen immer höher greifen
  - Herbst (abnehmende Wärme, ernten, Vorräte für den Winter sammeln): den Lauf wieder verlangsamen, typische Bewegungen für Aufsammeln, Pflücken, Ernten andeuten

- *Zeitbedarf:* ca. 5 bis 15 Minuten

Wann hast du Geburtstag?

Die Einteilung des Jahres in Monate ermöglichte es den Menschen früher, Arbeitsabläufe wie z. B. Aussaat und Ernte zuverlässig im Jahreslauf festzulegen. In dieser Übung sollen die Kinder die Namen der Monate, die Reihenfolge und den Bezug zu den Jahreszeiten erlernen.

Vorschläge für den Unterricht

- *Wann hast du Geburtstag?:* Ein Kreis mit zwölf Monatsfeldern wird auf dem Boden ausgelegt bzw. mit Kreide gezogen. In jedem Feld ist der Name eines Monats zu lesen. Die verschiedenen Monate werden den Kindern vorgestellt. Gemeinsames Gespräch: Wer kennt das Datum seines Geburtstags? Die Kinder notieren ihr Geburtsdatum auf eine Karte und stellen sich in einigem Abstand um den Monatskreis herum. Auf ein Signal der Lehrerin/des Lehrers hin gehen sie zu dem Monat, in dem sie Geburtstag haben (siehe Kopiervorlage M 4.5.4, S. 215). Steht jeder richtig?

- *Vertiefung:* In welchem Monat hat meine Freundin Geburtstag? Wann mein Tischnachbar? Wie viele Monate sind es bis dahin? Die Kinder zählen immer erst leise die Monate ab und hüpfen dann die Monatsnamen über die Monatsfelder bis zum entsprechenden Geburtstagsmonat.

- *Wer gehört zusammen?:* Die verschiedenen Jahreszeiten und ihr Bezug zu den Monaten werden vorgestellt. Anschließend werden zwei Kreise auf dem Boden dargestellt (z. B. mit Kreide oder Kreppband). Der innere Kreis besteht aus vier Teilen, welche die Jahreszeiten symbolisieren. Der äußere Kreis hat zwölf Teile, welche auf die Monate hinweisen. Die Kinder erhalten jeweils eine Wortkarte mit einer Jahreszeit- oder Monatsangabe und legen diese an die passende Stelle. Sind alle Karten richtig gelegt worden?

- Anschließend werden die Wortkarten wieder neu verteilt. Die „Jahreszeiten-kinder" bewegen sich nun im Uhrzeigersinn im Innenkreis, die Monatskinder im Außenkreis. Auf ein akustisches Signal hin müssen sich so schnell wie möglich die passenden „Monate" und „Jahreszeiten" finden und dementsprechend im Jahreskreis aufstellen. Die Übung kann mehrere Male wiederholt werden.

- *Zeitbedarf:* ca. 10 bis 15 Minuten pro Übung

Variation

- *Der Monatstanz:* Diese Anregung basiert auf der Übung zum Jahreszeiten-tanz (S. 210). Die Kinder verteilen sich im Raum und tanzen zunächst den Jahreszeitentanz mit den spezifischen Bewegungsformen. Dann überlegen sie gemeinsam, wie sie die Bewegungen zu den Jahreszeiten so variieren können, dass sie damit den Verlauf einer Jahreszeit ausdrücken können.

Zum Beispiel:
- Winter: Langsamkeit (Dezember: geduckte Haltung, schleppende Bewe-gung), gegenseitiges Wärmen (Januar: in der Hocke eng aneinanderge-drückt), Starre (Februar: auf dem Boden bewegungslos aneinanderkauernd liegen)
- Frühling: zunehmende Wärme (März: aufrichten, Oberkörper nach vorne geneigt, Arme am Körper, gehen), Wachstum (April: Oberkörper etwas geneigt, Arme zur Seite, laufen), Partnerwahl der Tiere (Mai: paarweise Hand in Hand laufen, Oberkörper aufgerichtet, Arme zur Seite)
- Sommer: zunehmende Wärme (Juni: freudig hüpfen), Hitze (Juli: Hände über dem Kopf zum Schutz vor der Sonne, gehen), kühlendes Bad (August: Schwimmbewegungen mit den Händen, Schatten aufsuchen)
- Herbst: Ernte von Äpfeln und Birnen (September: Pflückbewegungen, mit den Händen nach oben greifen, gehen), Ernte von Wurzeln, Rüben und Knollen (Oktober: Ziehbewegungen, mit den Händen auf den Boden grei-fen und nach oben ziehen, bücken, hocken), Vorräte anlegen (November: mit den Händen nach links und rechts greifen und auf den Boden legen)

Anmerkungen

(1) Vgl. Kübler, M. (2007): Entwicklung von Zeit- und Geschichtsbewusstsein. In: Kahlert, J.; Fölling-Albers, M.; Götz, M.; Hartinger, A.; Reeken, D. v. & Wittkowske, St. (Hrsg.): Handbuch Didaktik des Sachunterrichts. Bad Heilbrunn, S. 339 ff.; siehe auch Franke, M. (Hrsg.) (1998): Sache Wort Zahl. Lehren und lernen in der Grundschule, 26. Jg., H. 14: Zeit.

Gestern, heute, morgen – welcher Tag ist hinter dir verborgen?

Markus sagt: „Heute ist Mittwoch." Zeichne mit Pfeilen ein, wo sich die anderen Kinder hinstellen sollen.

Spiele verschiedene Situationen nach. Achte darauf, dass immer ein anderer Tag „heute" darstellt.

Wohin mit den Zeigern?

Auf dieser Uhr gibt es noch keine Zeiger. Wo müssen die Kinder ihre Zeiger hinlegen? Beachte den Unterschied von kurzen und langen Zeigern.

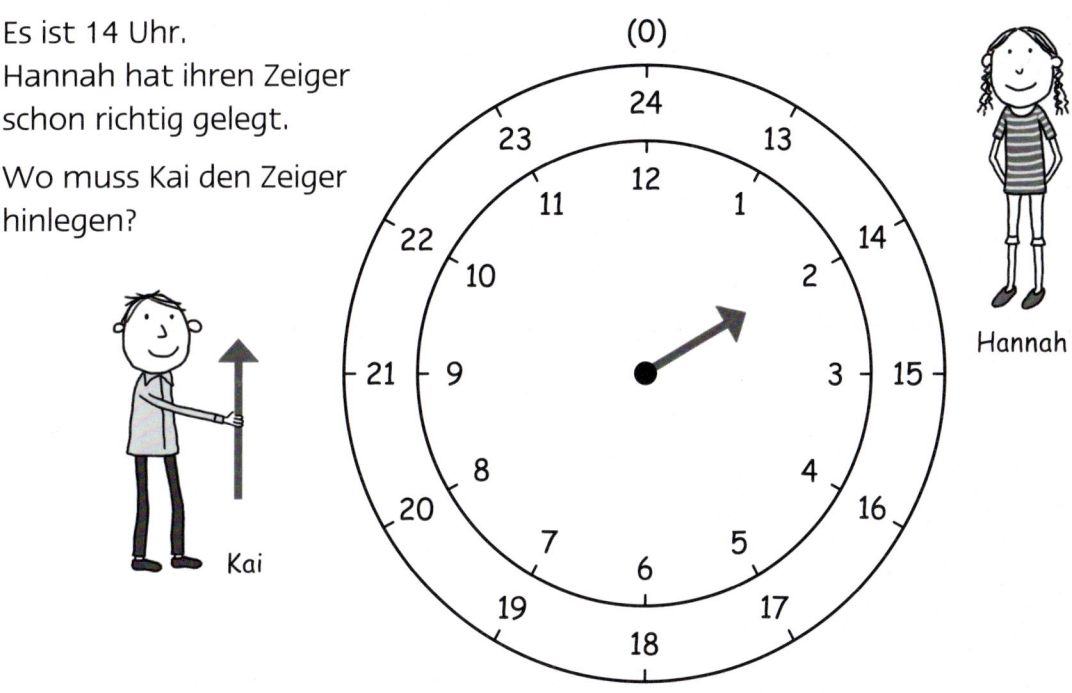

Es ist 14 Uhr.
Hannah hat ihren Zeiger schon richtig gelegt.

Wo muss Kai den Zeiger hinlegen?

Kai

Hannah

Es ist halb acht abends.
Lorenzo hat den Zeiger für die halbe Stunde an die richtige Stelle gelegt.

Zeichne ein, wo Julia den Zeiger hinlegen muss.

Julia

Lorenzo

Stelle mit deiner Klasse eine Uhr nach und übe weitere Uhrzeiten.

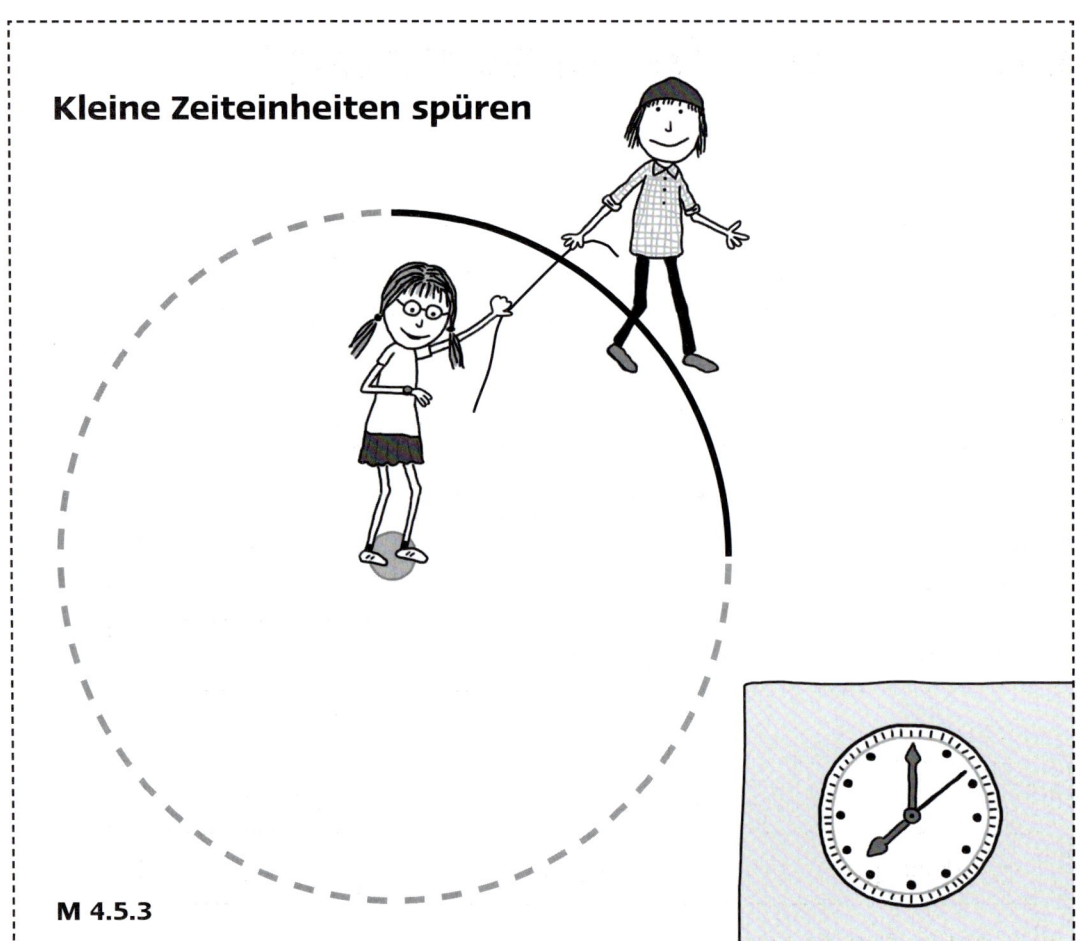

Kleine Zeiteinheiten spüren

M 4.5.3

Wann hast du Geburtstag?

Marie hat am 5. April Geburtstag. Das ist der fünfte Tag im vierten Monat des Jahres. Geschrieben wird das „5. 4." man sagt „fünfter Vierter" dazu. Ergänze den Geburtstagskalender und zeichne ein, wo sich die Kinder hinstellen sollen.

GEBURTSTAGSKALENDER

Marie	5. April	5.4.
Pascal	30. Juni	
Benno		8.1.
Charlotte		28.11.
Svetlana	12. März	
dein Geburtstag		

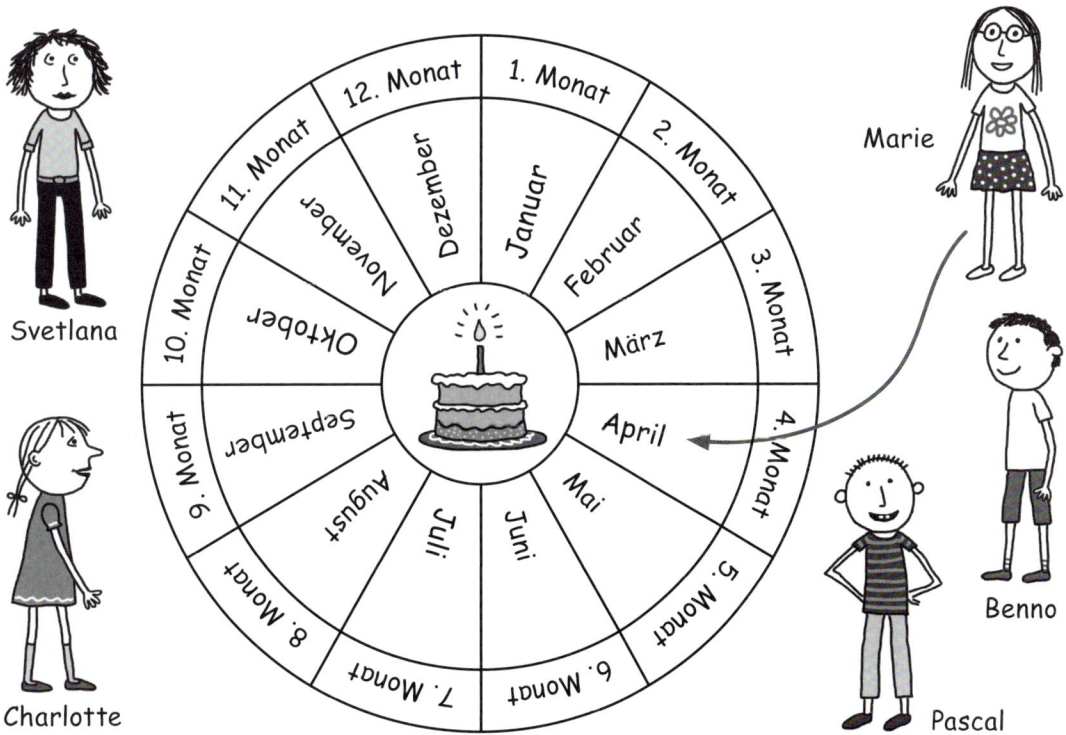

Legt in eurer Klasse selbst auch einen Geburtstagskreis aus. Auf dem Schulhof könnt ihr ihn auch mit Kreide aufmalen. Wer hat in welchem Monat Geburtstag?

Modul 4.6

Wald und Wiese – lebendige Ökosysteme

Thema

Leben und Zusammenleben im Wald und auf der Wiese

Intentionen

- ☐ Ausgewählte Pflanzen, Tiere und Mikroorganismen des Waldes und der Wiese kennenlernen
- ☐ Nahrungsnetze nachstellen
- ☐ Vorteile des Zusammenwirkens am Beispiel von Pilz und Baum
- ☐ Wechselseitige Abhängigkeiten im Rahmen der Ökosysteme Wald und Wiese nachvollziehen können

Materialien

M 4.6.1   Kopiervorlage: Pilz und Baum arbeiten gut zusammen, S. 223

M 4.6.2   Karteikarte: Das Nahrungsnetz, S. 224

M 4.6.3   Karteikarte: Nahrungsnetze nachstellen, S. 224

Bezug zu anderen Modulen

Sachunterricht: Tanzen, tasten, ausloten – Beispiele für Orientierungsleistungen von Tieren, S. 161

Inhalte und Übungen

- ☐ Zum Vorteil für beide – die Symbiose zwischen Baumwurzeln und Pilzfäden, S. 217
- ☐ Nahrungsnetze, S. 218
- ☐ Vielseitig und anpassungsfähig – der Mischwald, S. 219
- ☐ Gut im Gleichgewicht – Blattlaus, Ameise und Marienkäfer, S. 220
- ☐ Igel auf Schutzsuche, S. 221

Sachlicher Hintergrund und didaktische Überlegungen

Wälder und Wiesen sind Lebensräume, in denen Pflanzen, Tiere, Pilze und Mikroorganismen in vielfältiger Weise zusammenwirken.[1] Dabei lassen sich drei große Gruppen unterscheiden:

- ☐ Zu den *Produzenten* zählen vor allem grüne Pflanzen. Mithilfe des Sonnenlichts setzen sie anorganische Stoffe (Wasser, Kohlenstoffdioxid und Mineralsalze) in organische Stoffe (Kohlenhydrate, Stärke und Zucker, Fette und Proteine) um. Zudem produzieren sie Sauerstoff.

- ☐ Die *Konsumenten* ernähren sich je nach Position in der Nahrungskette entweder direkt (Pflanzenfresser) oder indirekt (Fleischfresser) von den organischen Stoffen.

- ☐ Abgestorbene Pflanzenteile, Ausscheidungen von Tieren sowie Tierkadaver sind wiederum Nahrung und Energiequelle für die Destruenten. Darunter fallen die Mineralisierer wie Pilze und Bakterien sowie die Abfallfresser wie Insekten und Würmer, die häufig Mischformen aus Konsumenten und Destruenten darstellen. Durch sie werden die Reste zu einfachen anorganischen Stoffen (Kohlenstoffdioxid, mineralische Stickstoff-, Phosphor- oder Kaliumverbindungen) abgebaut. Diese werden von den Pflanzen für deren Wachstum genutzt.

In den Ökosystemen Wald und Wiese gibt es zahlreiche Tierarten, Pflanzen und Pilze, die in symbiotischen Beziehungen zueinander stehen. Ein Beispiel für das Zusammenwirken mit Nutzen für alle Beteiligten ist das Zusammenspiel von Baumwurzeln und bestimmten Pilzfäden. Die Übung *„Zum Vorteil für beide – die Symbiose zwischen Baumwurzeln und Pilzfäden* (S. 217) soll den Kindern das Grundprinzip der Symbiose begreiflich machen. Der Pilz unterstützt die Wurzeln bei der Aufnahme von Wasser, Mineralstoffen und Nitrat, während die Pflanze den Pilz mit Fotosyntheseprodukten (Traubenzucker und andere Kohlehydratverbindungen) beliefert. Zudem schützt der Pilz die Baumwurzel vor Schädlingsbefall und Infektionen.

In der Übung *„Nahrungsnetze"* (S. 218) wird die wechselseitige Abhängigkeit von Lebewesen im Wald veranschaulicht. Fällt ein Teil des Netzes aus, hat dies unter Umständen für viele Lebewesen Konsequenzen und kann im schlimmsten Fall sogar dazu führen, dass das gesamte Netz zusammenbricht.

Die Übung *„Vielseitig und anpassungsfähig – der Mischwald"* (S. 219) geht auf die Vorteile eines Mischwaldes ein. Heutzutage findet man neben den natürlich gewachsenen Mischwäldern häufig auch reine Monokulturen, beispielsweise Fichtenwälder, die vorwiegend industriell genutzt werden (u. a. als Holzlieferant, zur Papierherstellung). Diese Wälder sind jedoch extrem anfällig für Schädlingsbefall, da Schädlinge meist wirtsspezifisch sind. Weil er ausreichend Nahrung findet und meist auch keine Fressfeinde fürchten muss, kann sich der Schädling dort unter optimalen Bedingungen vermehren. Durch die rasche Ausbreitung der Schädlinge ist es möglich, dass ganze Wälder davon befallen werden und nach und nach absterben.

In Mischwäldern ist diese Gefahr geringer, da sie vielseitiger und anpassungsfähiger sind. Zum einen findet der Schädling nicht ausschließlich seine bevorzugte Nahrung, zum anderen bewohnen auch Fressfeinde des Schädlings den Mischwald. In diesem ökologischen Gleichgewicht kommt ein krankhafter Befall des gesamten Mischwaldes seltener vor.

Im Mittelpunkt der Übung *„Gut im Gleichgewicht – Blattlaus, Ameise und Marienkäfer"* (S. 220) steht die wechselseitige Beziehung zwischen Blattlaus, Ameise, Marienkäfer und Margerite. Nur wenn die Populationsgröße von Blattläusen, Ameisen und Marienkäfern in einem angemessenen Verhältnis zueinander steht, können sie dauerhaft nebeneinander existieren.

Die Übung *„Igel auf Schutzsuche"* (S. 221) weist auf die Bedeutung von Hecken, Bäumen und Sträuchern als Schutzraum für den Igel hin.

Zum Vorteil für beide – die Symbiose zwischen Baumwurzeln und Pilzfäden

Ein Beispiel für eine gelungene Symbiose ist die Mykorrhiza – das Zusammenwirken zwischen dem unterirdischen Fadengeflecht des Pilzes und den Baumwurzeln. Den Kindern soll durch die Übung verständlich werden, dass ein Austausch von Nährstoffen besonders dann gut gelingt, wenn Wurzeln und Fäden sich direkt berühren.

Vorschläge für den Unterricht

☐ Eine Gruppe von 5 bis 7 Kindern stellt das Wurzelgeflecht nach und legt sich auf den Boden. Die Kinder sollten jeweils einige Bauklötzchen, die im späteren Verlauf der Übung als Symbole für Fotosyntheseprodukte benötigt werden, dabeihaben. Als Modell für Wasser und Nährstoffe erhalten weitere Kinder („Nährstoffkinder") Murmeln oder kleine Gummibälle in einer Farbe.

☐ Die „Nährstoffkinder" rollen Murmeln in Richtung „Wurzelgeflecht". Die „Wurzelkinder" müssen so locker voneinander entfernt liegen, dass sie nicht jede Murmel einfangen können. Es kommen weniger „Nährstoffe" an.

☐ Nun kommt eine weitere Gruppe von 8 bis 10 Kindern dazu. Diese stellen die Pilzfäden dar. Die „Pilzkinder" legen sich um das „Wurzelgeflecht" herum, sodass ein dichtes Netz entsteht. Beide Kindergruppen zusammen können nun viel mehr Murmeln (Nährstoffe) einfangen.

☐ Einen weiteren Vorteil kann man folgendermaßen erfahrbar machen: Wenn die „Pilzkinder" sich so an die „Wurzelkinder" legen, dass insgesamt die Ausbreitung des Geflechts größer wird, können auch weiter entfernt rollende Murmeln (Nährstoffe) eingefangen werden.

☐ Die Gegenleistung: Die „Wurzelkinder" geben nun ihre Produkte, die der Baum in der Fotosynthese herstellt (hier durch Bauklötzchen symbolisiert), an die „Pilzkinder" weiter – die „Pilzkinder" geben die eingefangenen Murmeln an die „Wurzelkinder". So profitieren Pilz und Baum voneinander.

☐ Begleitend zur Übung kann die Kopiervorlage M 4.6.1 (S. 223) eingesetzt werden.

☐ *Zeitbedarf:* ca. 20 Minuten

Variation

☐ Einige Kinder spielen die Schädlinge. Zunächst sind die „Wurzeln" ungeschützt, sodass die „Schädlinge" ohne Schwierigkeiten an die Wurzeln gelangen können. In der Natur würde der Baum erkranken. Jetzt legen sich einige Kinder als „Pilzfäden" um die „Wurzeln". Die Folge: Die „Schädlinge" kommen nicht mehr ohne Weiteres an die „Wurzeln" heran.

Nahrungsnetze

Durch Nachstellen eines Nahrungsnetzes zwischen Waldbewohnern wird ein Zusammenhang im Ökosystem Wald veranschaulicht. Sobald ein Teil des Netzes ausfällt, hat dies nicht nur Auswirkungen auf die direkt betroffenen Waldbewohner, sondern letztendlich auch auf das System als Ganzes.

Die Kinder kennen bereits eine exemplarische Auswahl von Waldpflanzen und -tieren sowie Mikroorganismen.

Vorschläge für den Unterricht

☐ Jedes Kind bekommt die Bildkarte eines Waldbewohners. Die Kinder stellen sich im Kreis auf und stellen ihren „Waldbewohner" mit Namen und bevorzugter Nahrung vor.

☐ Anschließend bekommt ein Kind einen Wollknäuel. Es hält das Ende des Wollknäuels fest und wirft das übrige Wollknäuel zu einem Kind, auf dessen

Bildkarte ein Beutetier seines Waldbewohners zu sehen ist (zum Beispiel: das Kind mit der Bildkarte „Regenwurm" wirft das Wollknäuel zu dem Kind mit der Bildkarte „Igel"). Eventuell bekommen einige Kinder das Wollknäuel auch mehrmals zugeworfen. Wichtig ist, dass das „Beutetier" immer dem „Raubtier" zuwirft und nicht umgekehrt. Da das Beutetier selbst gefressen wird, könnte das Wollknäuel sonst nicht mehr weitergereicht werden.

☐ Wenn das ganze „Nahrungsnetz" gesponnen ist, lässt ein Kind nach einem Signal der Lehrerin/des Lehrers seinen Teil des Netzes vorsichtig los. Das gesamte Netz bzw. Teile davon brechen in sich zusammen. Die Kinder verbalisieren unter Anleitung der Lehrerin/des Lehrers das Ereignis und seine Konsequenzen (mögliche Gründe, warum ein Waldbewohner ausfällt, Konsequenzen für den darauf folgenden Waldbewohner, Konsequenzen für das gesamte Nahrungsnetz).

☐ Es ist darauf zu achten, dass das „Nahrungsnetz" straff gespannt ist, damit der Effekt des Zusammenbrechens beim Fehlen eines Teils deutlich wird.

☐ Zum Aufbau eines Nahrungsnetzes[2] siehe Karteikarte M 4.6.2, S. 224; einen Hinweis zum Nachstellen des Nahrungsnetzes gibt Karteikarte M 4.6.3, S. 224.

☐ *Hinweis:* Um die Darstellung zu ermöglichen, dass manche Tiere unterschiedliche Fressfeinde haben und, umgekehrt, manche Fressfeinde mehrere Beutetiere, müssen mehrere Wollknäuel eingesetzt werden. Haben die Wollknäuel verschiedene Farben, so können Teilnetze sichtbar werden.

☐ *Zeitbedarf:* ca. 20 Minuten

Reflexion und Vertiefung

☐ Zur Vorbereitung bekommen die Kinder eine Bildkarte und den Namen eines Waldbewohners mit nach Hause. Als Hausaufgabe sollen Informationen zu diesem Waldbewohner gesucht und anschließend in der Klasse präsentiert werden (wie sieht er aus, wie groß oder wie klein ist er, was frisst er gerne, andere Besonderheiten). Auf diesem Weg lernen die Kinder mehrere Waldbewohner kennen, bekommen weiterführende Informationen über die Tiere und werden in der Erstellung von Kurzreferaten und freiem Sprechen geschult.

☐ Erst im Anschluss an die Kurzreferate wird das Nahrungsnetz im Spiel dargestellt.

Vielseitig und anpassungsfähig – der Mischwald

Baumarten haben ihre eigenen spezifischen Lebensbedingungen, und Störungen in der Umwelt treffen in der Regel nicht alle Bäume gleichermaßen. Ein Mischwald ist für Umweltveränderungen besser gerüstet als eine Monokultur. Zudem gibt es im Mischwald vielfältigere Nahrungsnetze und das Verhältnis zwischen Schädlingen und Fressfeinden der Schädlinge ist ausgewogener.

Vorschläge für den Unterricht

☐ *Übung 1:* Die Kinder haben grundlegende Einsichten in das Ökosystem Wald und verstehen das Prinzip der Nahrungsnetze (siehe Karteikarte M 4.6.2, S. 224). Es ist hilfreich, wenn die Kinder auch bereits etwas über die Schädlinge der Waldbäume, beispielsweise den Borkenkäfer, wissen.

- Alle Kinder stehen im Kreis, jedes Kind bekommt eine Bildkarte mit Namen jeweils eines Nadel- und Laubbaums. Die Kinder stehen mehr oder weniger eng im Raum verteilt.

- Nun erzählt die Lehrerin/der Lehrer eine Waldgeschichte (einige Bäume sind von Schädlingen bedroht, es gibt Dürre, Hitze usw.). Die betroffenen Bäume in der Geschichte sterben ab (Kinder legen sich auf den Boden oder sinken zusammen).

- Erkenntnis: Trotz der schädlichen Umwelteinflüsse stehen noch immer viele Bäume.

- *Übung 2:* Alle Kinder erhalten eine Bildkarte, auf der jeweils derselbe Baum abgebildet ist (sie dürfen einander die Bildkarten nicht zeigen).

- Die Lehrerin/der Lehrer erzählt erneut eine Geschichte (Baum auf der Bildkarte ist betroffen).

- Alle Bäume sterben ab (die Kinder legen sich auf den Boden).

- Thematisieren, dass sich in Monokulturen Schädlinge viel schneller ausbreiten können, weil der Schädlingstyp hier ausreichend Nahrung findet.

- *Übung 3:* Auf dem Boden liegen Matten, die mit farbigem Material markiert werden, z. B. Fichte grün, Buche blau, Eiche rot usw. Zwei Kinder spielen die „Spechte", die anderen Kinder stellen die „Borkenkäfer" dar. Alle fünf Sekunden müssen die „Käfer" den Baum wechseln (die Lehrerin/der Lehrer gibt ein Signal); nur an den „Fichten" sind die „Borkenkäfer" vor den „Spechten" sicher. Bei den anderen „Bäumen" sowie in den Abständen dazwischen nicht. Gibt es viele „Fichten" und stehen sie eng beieinander, dann haben die „Spechte" kaum Chancen.

- *Zeitbedarf:* ca. 20 Minuten, abhängig von der Länge der Geschichte

Reflexion und Vertiefung
- Warum gibt es überhaupt Monokulturen?

Gut im Gleichgewicht – Blattlaus, Ameise und Marienkäfer

Im Ökosystem Wiese wirken Blattläuse und Ameisen zusammen und stehen in Beziehung zum Marienkäfer, dem Fressfeind der Blattläuse. Blattläuse gelten als Schädlinge und können sich sehr schnell vermehren. Sie entnehmen den Pflanzen den süßen Phloemsaft und somit Nährstoffe. Dieser enthält viel Zucker, aber wenig Protein. Die Blattläuse stoßen den meisten Zucker wieder aus, um viel süßen Saft aufnehmen zu können und somit genügend Proteine zu bekommen. Mit ihren Fühlern tippen die Ameisen auf das hintere Ende der Blattläuse, die daraufhin ihren Honigtau abgeben. Man sagt auch, dass die Ameisen die Blattläuse „melken". Außerdem verteidigen Ameisen die Blattläuse gegen ihre Fressfeinde, beispielsweise den Marienkäfer.

Die Kinder gewinnen Einsicht in die Beziehung zwischen den einzelnen Mitgliedern des Ökosystems, indem sie diese nachspielen. Um das Verständnis für solche Zusammenhänge in Ökosystemen zu fördern, sollten verschiedene Ausprägungen durchgespielt werden: Die Zahl der Marienkäfer wird schrittweise erhöht. Welche Auswirkungen hat das auf das Gesamtsystem?

Vorschläge für den Unterricht

☐ Ein Kind stellt eine Margerite dar. Geht es der „Margerite" gut, hebt es die Arme kraftstrotzend nach oben. Geht es der „Margerite" schlecht, senkt sie den Kopf und verschränkt die Arme.

☐ An den Trieb der „Margerite" (Arm) platzieren sich mehrere Blattlauskinder, die mit ihrem Strohhalm „Pflanzensaft" aus der „Margerite" saugen. Ein Ameisenkind nähert sich den Blattlauskindern und klopft mit seinen Fingern einige Male sanft auf deren Rücken („melken").

☐ In kurzen Zeitabständen kommen jetzt immer neue „Blattläuse" zum Saugen des Pflanzensafts zur „Margerite". Auch weitere Ameisenkinder kommen hinzu. Der Zustand der „Pflanze" wird bedrohlich, was das Margeritenkind mit seiner Köperhaltung zum Ausdruck bringen soll. In der Natur würde die Pflanze absterben.

☐ Nun wird das System um Marienkäfer erweitert. Ein Marienkäfer kann leicht von einzelnen Ameisen am Fressen der Blattläuse gehindert werden. Kommen aber mehrere Marienkäfer, so können die Ameisen sie nicht daran hindern, Blattläuse aufzufressen – die Marienkäferkinder tippen die Blattläusekinder mit den Händen an. Die „gefressenen" Blattläusekinder verlassen das Spielfeld. Die Gesamtzahl der Blattläuse wird dezimiert, ein Überleben der Pflanze ist wieder möglich (Kinder richten sich auf). Anschließend werden die erkannten Zusammenhänge verbalisiert: Stehen Blattläuse, Ameisen und Marienkäfer in einem zahlenmäßig ausgewogenem Verhältnis, so können Pflanzen und Tiere überleben. Die Blattlaus ist in diesem Fall auch ein Schädling, aber der Schaden ist vergleichsweise gering.

☐ *Zeitbedarf:* ca. 30 bis 45 Minuten

Reflexion und Vertiefung

☐ Über Leistung und Grenzen des Modells sprechen.

Igel auf Schutzsuche

Igel brauchen Schutzräume, um sich vor ihren Fressfeinden – große Eulen, Uhus und Greifvogelarten – schützen zu können. Solche natürlichen Schutzräume finden sie in Hecken, Bäumen und Sträuchern.

Vorschläge für den Unterricht

☐ Die Klasse wird in Gruppen zu je 8 bis 10 Kindern aufgeteilt. In jeder Gruppe spielt ein Kind einen Uhu, die anderen Kinder stellen Igel dar und bewegen sich durch den Raum. Die Uhu-Kinder gehen nun auf Beutefang und versuchen, einen „Igel" zu ergreifen. Berührung bedeutet gefressen werden. Werden die „Igel" berührt, legen sie sich auf den Boden.

☐ Im Raum verstreut sind Seile und Ringe ausgelegt. Seile symbolisieren Hecken, Ringe stellen Bäume und Sträucher dar. Solange die Kinder sich an „Hecke" oder „Baum" aufhalten, kann der „Uhu" sie nicht sehen und jagen. Nach und nach werden jetzt „Hecken", „Bäume" und „Sträucher" entfernt. Es wird immer schwieriger für die „Igel", sich nicht fangen zu lassen.

Anmerkungen

(1) Vgl. Flindt, R. (2003): Biologie in Zahlen: Eine Datensammlung in Tabellen mit über 10000 Einzelwerten. 6. Auflage. Heidelberg.

(2) Das Nahrungsnetzbeispiel stammt von Prof. Dr. Marcus Schrenk, Pädagogische Hochschule Ludwigsburg, ebenso die Anregung 3 zur Übung „Vielseitig und anpassungsfähig – der Mischwald" sowie die Übung „Igel auf Schutzsuche".

Pilz und Baum arbeiten gut zusammen

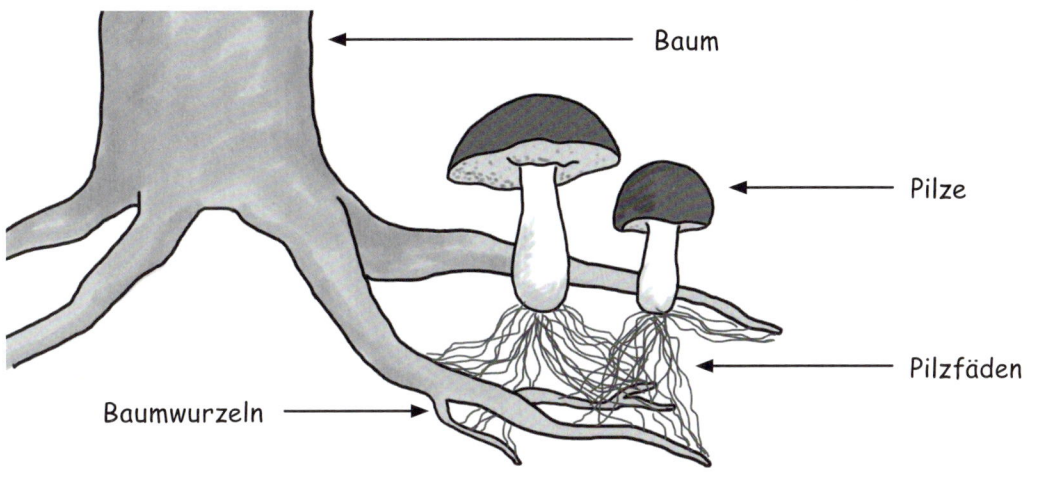

Baum

Pilze

Pilzfäden

Baumwurzeln

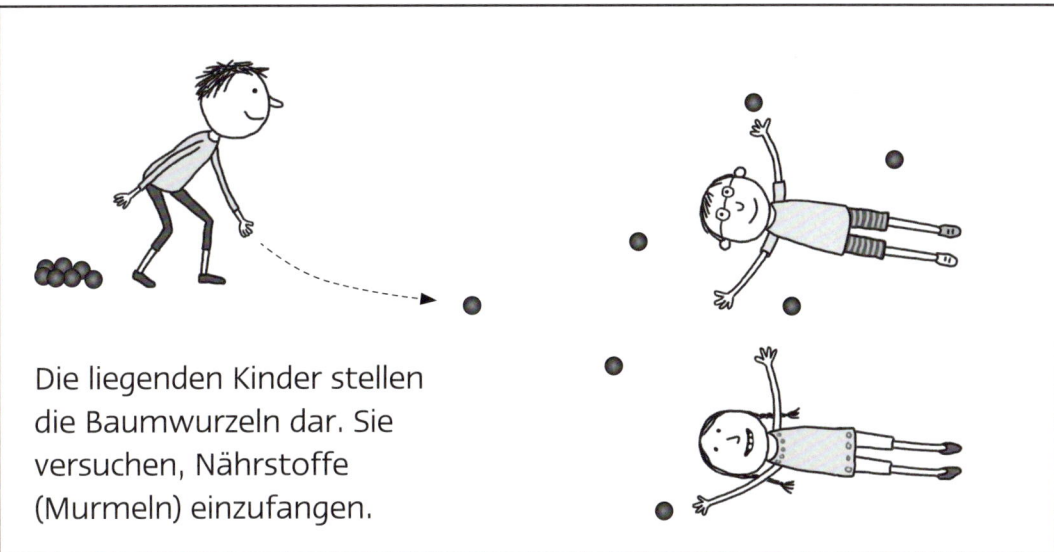

Die liegenden Kinder stellen die Baumwurzeln dar. Sie versuchen, Nährstoffe (Murmeln) einzufangen.

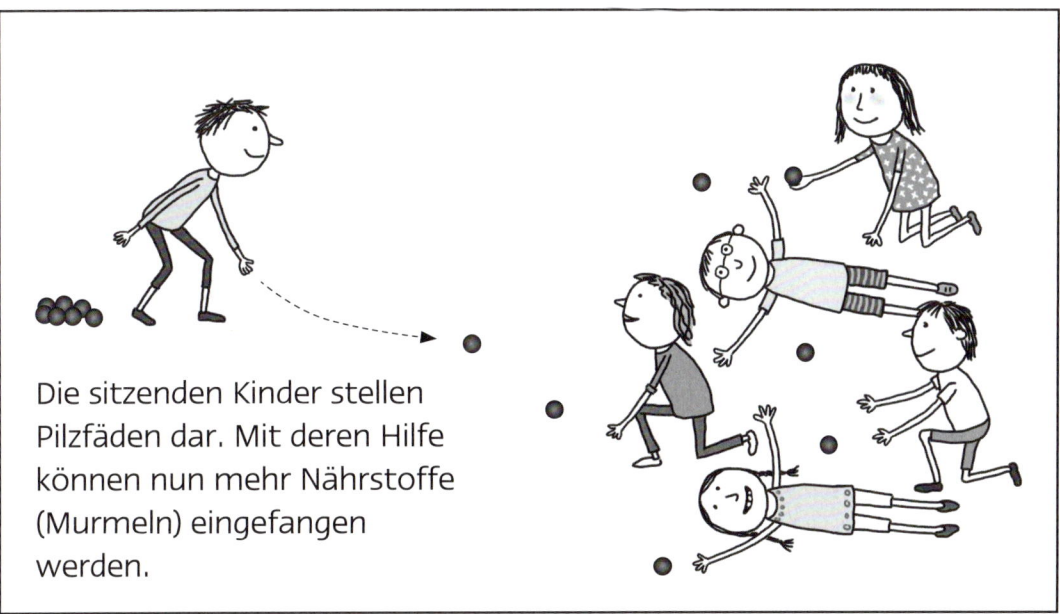

Die sitzenden Kinder stellen Pilzfäden dar. Mit deren Hilfe können nun mehr Nährstoffe (Murmeln) eingefangen werden.

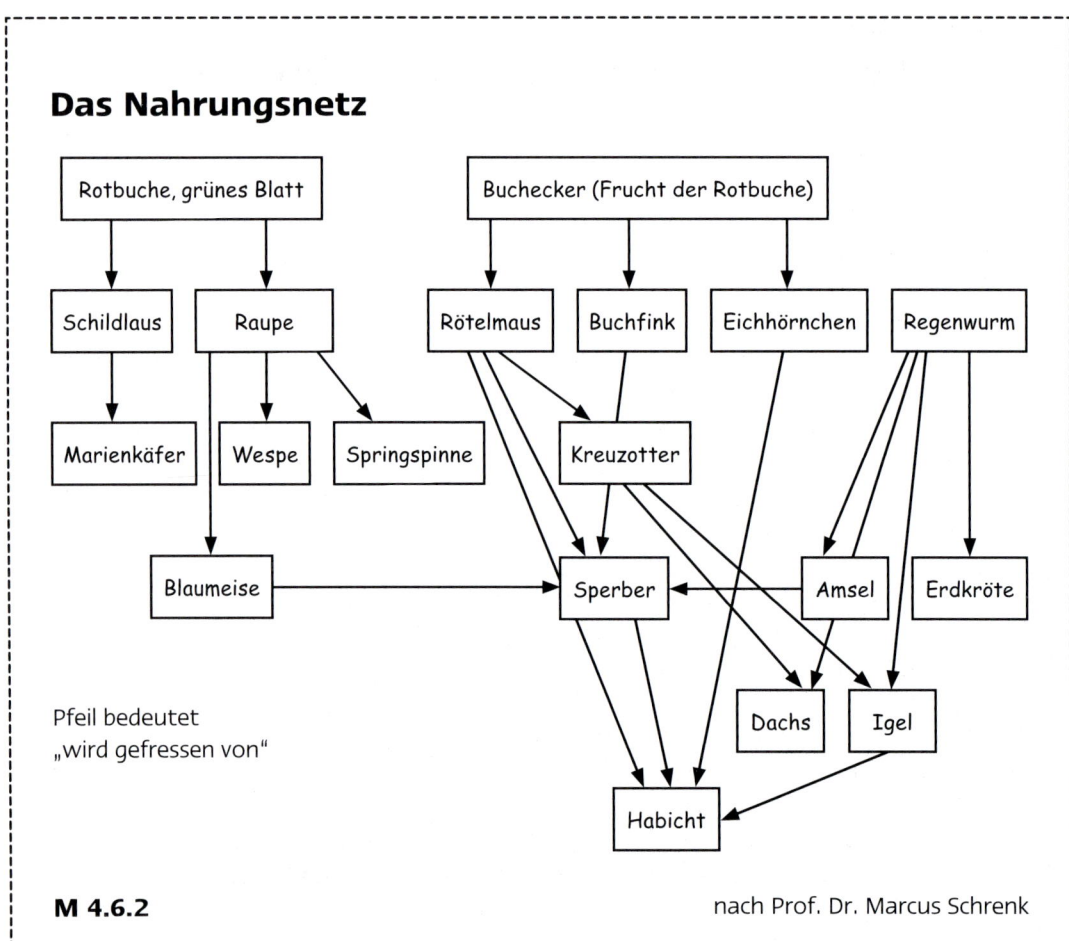

Das Nahrungsnetz

Rotbuche, grünes Blatt

Buchecker (Frucht der Rotbuche)

Schildlaus | Raupe | Rötelmaus | Buchfink | Eichhörnchen | Regenwurm

Marienkäfer | Wespe | Springspinne | Kreuzotter

Blaumeise | Sperber | Amsel | Erdkröte

Dachs | Igel

Habicht

Pfeil bedeutet
„wird gefressen von"

M 4.6.2

nach Prof. Dr. Marcus Schrenk

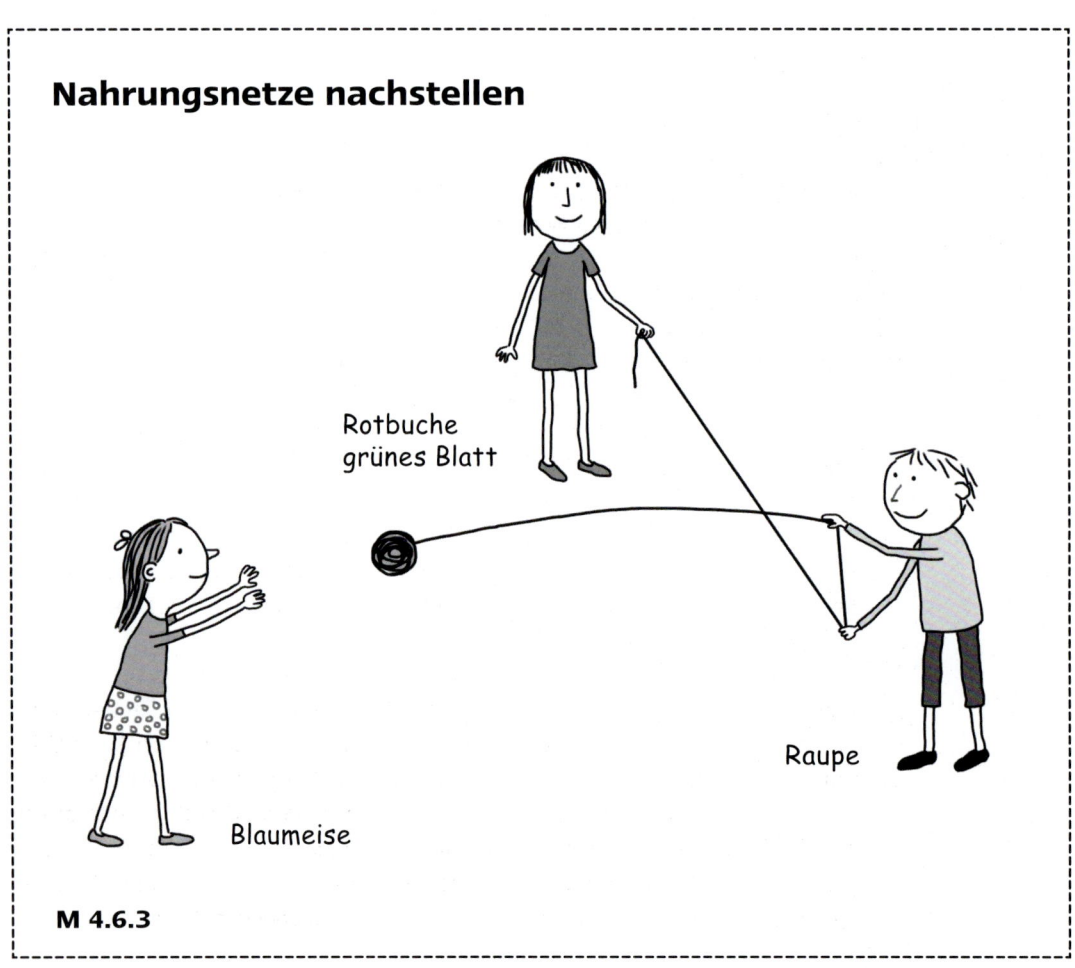

Nahrungsnetze nachstellen

Rotbuche
grünes Blatt

Raupe

Blaumeise

M 4.6.3

Modul 4.7

Elektrischer Strom – Ladung in Bewegung

Thema

Strom als Bewegung von elektrischen Ladungen

Intentionen

- ☐ Die Vorstellung kleinster Ladungsteilchen als Beispiel für ein Modell verstehen und anwenden
- ☐ Einen einfachen geschlossenen Stromkreis als Fließen von Ladungen nach-stellen
- ☐ Den Energieumsatz am elektrischen Widerstand im Stromkreis am Modell erfahren
- ☐ Leiter und Nichtleiter unterscheiden
- ☐ Die Ladungsverteilung bei Parallel- und Reihenschaltungen nachvollziehen

Materialien

M 4.7.1   Karteikarte: Ein einfacher geschlossener Stromkreis, S. 234
M 4.7.2   Karteikarte: Der Reihe nach oder nebeneinander – Reihen- und Paral-lelschaltung, S. 234
M 4.7.3   Kopiervorlage: Die bewegte Kompassnadel, S. 235
M 4.7.4   Kopiervorlage: Bewegte Ladung – ein Modell, S. 236

Bezug zu anderen Modulen

Sachunterricht: Das Gewitter, S. 184

Inhalte und Übungen

- ☐ Erst schließen, dann geht es voran – der Stromkreis, S. 228
- ☐ Ganz schön mühsam – Widerstände, S. 231
- ☐ Gut durchkommen oder gebremst werden – gute und schlechte Leiter, S. 232
- ☐ Der Reihe nach oder nebeneinander, S. 232

Sachlicher Hintergrund und didaktische Überlegungen

Elektrizität ist im Alltag der Kinder allgegenwärtig. Für Haushaltsgeräte, Fern-seher, digitale Medien, Beleuchtung, Züge, Straßenbahnen, viele Spielzeuge und anderes mehr wird fließende Elektrizität genutzt. Die Allgegenwärtigkeit von „Strom" bringt allerdings auch alltägliche Bezeichnungen und Sprechgewohnhei-ten mit sich, die ein Verständnis von Elektrizität erschweren, wie zum Beispiel, Strom würde „verbraucht", eine Batterie sei „leer" oder die Steckdose sei die „Stromquelle".

Diese Sprechweise legt die Vorstellung einer Substanz nahe, die man nutzen kann und die sich nach und nach verbraucht. Als Modell zur Erklärung von Elektrizität brauchbar ist daran, dass in einem geschlossenen Stromkreis tatsächlich etwas Substanzartiges fließt, nämlich negativ geladene Elementarteilchen (Elektronen) in metallischen Leitern oder Ionen in elektrolytischen Zellen (z. B. Batterien).[1] Aber elektrische Energie wird nicht „verbraucht", sondern umgewandelt. Die Batterie wird nicht leer, sondern sie verliert ihre Fähigkeit, Ladungen in Bewegung zu setzen. Und die Steckdose liefert auch nicht „Strom", so wie eine Wasserquelle zum Beispiel den zuvor leeren Graben oder den leeren Schlauch mit Wasser speist, denn die Elektronen, die durch den Draht oder durch das Kabel fließen, stammen auch vom Draht selbst.

Das im Folgenden dargestellte Modell soll den Grundschulkindern keineswegs in jedem Detail vermittelt werden. In der Regel dürfte es ausreichen, von kleinsten Ladungsteilchen zu sprechen, die im Leitungskabel bewegt werden. Dies würde dem naturwissenschaftsdidaktischen Grundsatz der „Erweiterbarkeit" entsprechen. Demzufolge sollen Sachverhalte so erarbeitet werden, dass im Hinblick auf fachliche Tiefe und Komplexität zwar dem Entwicklungsstand der Lernenden Rechnung getragen wird, aber später, auf einem höheren fachlichen Niveau nicht grundlegend umgelernt werden muss, sondern hinzugelernt werden kann.[2]

Die hier angeführten ausführlicheren Darstellungen halten wir für notwendig, damit die Lehrerinnen und Lehrer die dann folgenden sehr vereinfachten Vorstellungen in einen sachlich tragfähigen Zusammenhang einbetten und damit zuverlässiger handhaben können.

Ein einfaches, aber für die Stromkreisvorstellung tragfähiges Modell geht von der Vorstellung der Atome als kleinste Teilchen chemischer Elemente aus: Atome bestehen aus dem Atomkern und einem Raum, in dem sich die zum Atom zugehörigen Elektronen aufhalten. Dieser Raum wird oft als „Atomhülle" bezeichnet. Der Atomkern selbst besteht aus elektrisch positiv geladenen Protonen. Deren Anzahl bestimmt das chemische Element. Sauerstoffatome haben zum Beispiel 8 Protonen, Kupferatome 29 Protonen im Atomkern. Hinzu kommen – elektrisch neutrale – Neutronen (mit Ausnahme eines Wasserstoffatoms, dessen Atomkern in der Regel nur aus einem Proton besteht).

Außerhalb des Atomkerns befinden sich elektrisch negativ geladene Teilchen (Elektronen), die vom Kern angezogen werden und ihn, so eine vereinfachte Modellvorstellung, umkreisen. Die Anzahl der positiv geladenen Teilchen (Protonen) ist im Atom genauso groß wie die Anzahl der negativ geladenen Teilchen (Elektronen). Daher ist ein Atom nach außen elektrisch neutral. Verliert ein Atom Elektronen, ändert sich seine Ladung, weil die Anzahl der Protonen nun größer ist als die Anzahl der verbleibenden Elektronen. Es wird dann zu einem positiv geladenen Ion.

Allerdings befinden sich die zu einem Atom gehörenden Elektronen nicht alle im gleichen Abstand vom Atomkern. Die besonders weit außen vom Atomkern befindlichen Elektronen werden vom Atomkern weniger stark angezogen. In Metallen haben diese äußeren Elektronen einen besonders großen Bewegungsspielraum – sie gehören, vereinfacht ausdrückt, nicht mehr zu einem einzelnen Atom. Jedem einzelnen Atom fehlen daher negative Ladungen, sodass man sie sich als positiv geladene Ionen (Atomrümpfe) vorstellen kann. Diese Atomrümpfe sind in Metallen gitterartig angeordnet und bilden deren charakteristische materiale Grundstruktur.

Die frei beweglichen Außenelektronen bewegen sich mit großer Geschwindigkeit durch das Metallgitter, stoßen ständig mit den Atomrümpfen zusammen und ändern dabei ihre Richtung. Da sich die Elektronen in alle Richtungen gleichberechtigt bewegen, gibt es insgesamt keine Richtung, in der sie vorzugsweise fließen.[3] Erst, wenn eine Spannungsquelle an das Metall angelegt wird, bekommt die Bewegung der negativen Ladungsteilchen eine Hauptrichtung: Sie bewegen sich – wenige Zentimeter pro Sekunde – in Richtung des positiven Pols der Spannungsquelle. Diese Bewegung der Ladungsteilchen bezeichnen wir als elektrischen Strom.

Je nach Anzahl der bewegten Ladungsträger, die pro Sekunde durch eine Querschnittsfläche strömen, ist die Stromstärke unterschiedlich groß. Je mehr Ladungsträger sich pro Zeiteinheit an einer bestimmten Leiterstelle durch den Leiter bewegen, desto größer ist die Stromstärke und damit auch der gewünschte Effekt: Die Lampe leuchtet heller, die Heizplatte wird heißer.

Allerdings werden die Elektronen als Ladungsträger nicht verbraucht. Durch eine Querschnittsfläche vor einem Lämpchen, einer elektrischen Heizquelle oder einem anderen Widerstand fließen pro Zeiteinheit genauso viele Ladungsteilchen durch den Draht wie hinter dem Widerstand. Was abnimmt und, wie in der Batterie, tatsächlich verbraucht wird, ist die Fähigkeit des Systems, die Ladungsteilchen in Bewegung zu setzen. Diese Fähigkeit muss durch eine andere Energiequelle aufrechterhalten werden. Zum Beispiel durch die Nutzung von elektrochemischen Vorgängen in der Batterie, von Strahlungsenergie in Solarzellen oder von Kernenergie, Windenergie, Wasserkraft und fossilen Energieträgern in Kraftwerken.

Die Fähigkeit einer Quelle, Ladungsträger zu bewegen, wird als Spannung ausgedrückt. Eine hohe Spannung kann mehr Ladung pro Zeiteinheit durch einen Leiter bewegen als eine niedrigere Spannung.

Ist ein Stromkreis geschlossen und bewegen sich die Ladungsträger durch das Kabel, stoßen sie auch mit den anderen Bauteilen des Leitermaterials, die gitterähnlich angeordnet sind, zusammen. Die Bewegung wird gebremst, sie erfährt einen *Widerstand*. Durch die Stöße auf die Gitterteilchen werden diese in heftigere Schwingungen versetzt. Diese stärkere Teilchenbewegung zeigt sich nach außen durch eine höhere Temperatur. So wird ein Teil der Bewegungsenergie der Ladungsträger in Wärmeenergie umgewandelt. Darum erwärmt sich ein Leitungsdraht, durch den Elektrizität fließt.

In einem Glühlämpchen ist der Leitungsdraht (Glühwendel) sehr dünn und als Spirale gewickelt. Dies erhöht den Widerstand, das heißt, die Ladungsträger werden in der Wendel besonders stark gebremst. Ein Teil der dabei entstehenden Wärmeenergie wird in Lichtenergie umgewandelt und ist so optisch wahrnehmbar.

In Metallen können sich aufgrund des atomaren Aufbaus die äußeren Elektronen vergleichsweise frei bewegen. Solche Stoffe sind gute Leiter. Schlechte Leiter bieten den Elektronen weniger Bewegungsspielraum. In Nichtleitern wie Gummi, Porzellan, Glas und den meisten Kunststoffen fehlen die freien Elektronen, sodass kein kontinuierlicher Ladungsfluss möglich ist. Nichtleiter werden daher auch als Isolationsmaterial genutzt.

Die Vorstellung eines Stromkreises ist für Kinder eine den Alltagserfahrungen widersprechende Herausforderung. Wird ein Lämpchen mit einem Kabel zunächst nur an einen Pol einer Batterie angeschlossen, sodass das Lämpchen nicht leuchten kann, haben Kinder im Grundschulalter zum Beispiel oft die Vorstellung, das Lämpchen oder das Kabel sei defekt oder die Batterie sei verbraucht. Schließt man es nun über zwei Kabel an beide Pole der Batterie an, leuchtet das Lämpchen. Ein Teil der Kinder meint dann, dies läge daran, dass nun „Strom" von beiden Seiten zur Lampe gelangen kann. Vorher sei nicht genügend Strom an die Lampe gelangt.[4]

Diese „Zweizuführungsvorstellung"[5] ist zwar sachlich falsch, aber von Alltagserfahrungen der Kinder stark gestützt. Im Alltag haben die Kinder bereits oft erfahren, dass durch den Einsatz von mehr Energie Vorgänge gelingen: Den schweren Tisch kann ich alleine nicht heben, zusammen mit meinem Freund schon; laufe ich zu langsam, bekomme ich den Bus nicht mehr mit, laufe ich schneller, kann es gelingen. „Mehr von demselben hilft manchmal" – diese Erfahrung mag ein Grund für die sich spontan einstellende Vorstellung sein, im geschlossenen Stromkreis gelange Elektrizität aus zwei Richtungen an die Lampe.

Die Korrektur dieser Fehlvorstellung durch die Vorstellung eines Stromkreises, in der die Ladungsträger (bei Gleichstrom) jeweils in einer Richtung fließen, ist elementar für das Verständnis von Elektrizität als fließende Ladung. Bei Wechselstrom wechselt die Richtung viele Male in der Sekunde, zum Beispiel in unserem Stromnetz 50-mal pro Sekunde von rechts nach links und wieder nach rechts, aber im Moment der Bewegung ist die Richtung für alle Ladungsträger gleich.

Im Bewegungsmodell „Erst schließen, dann geht es voran – der Stromkreis" (S. 228) wird die Vorstellung von Strom als fließende Ladung gefestigt. Damit steht ein Modell zur Verfügung, mit dem sich die unterschiedliche Leitfähigkeit von Stoffen („Gut durchkommen oder gebremst werden – gute und schlechte Leiter", S. 232) sowie der Energieumsatz an elektrischen Widerständen („Ganz schön mühsam – Widerstände", S. 231) veranschaulichen lässt. So wird auch verständlich, warum zwei im Stromkreis hintereinander geschaltete Lämpchen weniger hell brennen als Lämpchen, die in einer Parallelschaltung eingebaut sind: Die beiden hintereinander geschalteten Lämpchen bieten den Ladungsträgern zusammen einen größeren Widerstand als jeweils das einzelne Lämpchen bei der Parallelschaltung („Der Reihe nach oder nebeneinander", S. 232).

Erst schließen, dann geht es voran – der Stromkreis

Bevor ein Modell zur Veranschaulichung der Vorstellung eines Stromkreises eingebracht wird, sollten die Kinder ihre Erfahrungen, die sie mit Elektrizität schon gemacht haben, austauschen und einen einfachen Stromkreis aufbauen können.

Vorschläge für den Unterricht

☐ Die Kinder berichten: Wobei nutzen wir Elektrizität? Welche Auswirkung hätte es, wenn einmal für einen Tag der Strom ausfallen würde? In Partner- oder Gruppenarbeit lassen sich unterschiedliche Szenarien besprechen: in der Schule, zu Hause, auf der Straße usw.

☐ Einen einfachen geschlossenen Stromkreis bauen: Flachbatterie (4,5 V), Lämpchen (3,8 V) mit Fassung, Kabel, metallische Büroklammern ohne Plastikhülle. Wenn der Versuch in Gruppen durchgeführt wird, sollte das Kabel noch nicht abisoliert sein. Die Kinder können die Kabelenden mit etwas Geschick und einer Abisolierzange (zur Not mit einer Kinderschere) auch selbst blanklegen (siehe Karteikarte M 4.7.1, S. 234).

☐ Unter welchen Bedingungen leuchtet das Lämpchen? Wenn der eine Pol der Batterie mit dem Ende eines Drahtes (Büroklammer hilft dabei) und einem Anschluss des Lämpchens verbunden ist und der andere Pol der Batterie mit dem anderen Pol des Lämpchens, ist der Stromkreis geschlossen.

☐ Spricht man mit Kindern darüber, warum das Lämpchen nun leuchtet, bei Anschluss mit nur einem Kabel jedoch nicht, wird deutlich, dass viele Kinder meinen, nun kann „Strom" von beiden Seiten an die Batterie gelangen. Mit einer einfachen verbalen Korrektur, dass Elektrizität im Kreis fließt, lässt sich diese Fehlvorstellung kaum nachhaltig korrigieren, da sie von wirkungsmächtigen Alltagserfahrungen gestützt wird. Eine „starke", die Alltagserfahrungen heftig infrage stellende Korrekturmöglichkeit wird von Hartmut Wiesner[6] u. a. vorgeschlagen:

- Legt man einen Kompass so unter das Kabel eines noch nicht geschlossenen Stromkreises aus Batterie, Kabel und Lämpchen, dass die Nadel parallel zum Draht zeigt, geschieht zunächst nichts.

- Wenn der Stromkreis geschlossen wird, brennt das Lämpchen und die Kompassnadel schlägt aus. Wichtige Beobachtung Nr. 1: Fließende Elektrizität hat eine magnetische Wirkung (siehe Kopiervorlage M 4.7.3, S. 235, sowie hier die „Lösung" in der Skizze 1, S. 230).

- Dann werden die beiden Kabelanschlussstellen an der Batterie vertauscht. Das Kabel vom Minuspol wird jetzt an den Pluspol angeschlossen, das vom Plus- an den Minuspol. Nun schlägt die Kompassnadel in die andere Richtung aus. Wichtige Beobachtung Nr. 2: Der Ausschlag der Kompassnadel ändert sich, wenn die Elektrizität in eine andere Richtung fließt (siehe Kopiervorlage M 4.7.3, S. 235, sowie hier die „Lösung" in der Skizze 2, S. 230).

- Und jetzt etwas zum Kombinieren: Angenommen, Elektrizität fließt von beiden Seiten der Batterie zur Lampe, dann kommt sie im Kabel vor der Lampe aus verschiedenen Richtungen. Die Kompassnadel müsste also in Position A anders ausschlagen als in Position B.

- Stellt man den Kompass aber nun auf Position B, dann schlägt die Nadel in die gleiche Richtung wie in Position A aus. Noch eindrucksvoller geht das mit zwei Kompassen. Beide Nadeln zeigen in die gleiche Richtung.

- Folgerung: Also muss die Elektrizität auf beiden Seiten der Lampe in die gleiche Richtung fließen.

- An dieser Stelle sollte über Nutzen und Grenzen von Modellen gesprochen werden: Um Vorgänge in der Natur und Technik verstehen zu können, benutzt man manchmal Modelle. Modelle können zwar nicht alles erklären, aber sie können einen Teil der Wirklichkeit vorstellbar machen. Sie müssen zu beobachtbaren Erfahrungen passen und dürfen ihnen nicht widersprechen.

- Die Beobachtungen mit der Kompassnadel lassen sich mit folgender Vorstellung erfassen: Wenn ein Stromkreis aus einer funktionierenden Batterie, einem Lämpchen und Kabeln geschlossen ist, dann fließt Elektrizität immer in einer Richtung. Dabei werden sehr, sehr kleine elektrische Ladungsteilchen bewegt, von denen sich sehr, sehr viele bereits im Kabel und im Lampendraht befinden. So lange die Bewegung aufrechterhalten wird, fließt Elektrizität immer durch alle Teile und immer in eine Richtung. Darum spricht man auch von einem Stromkreis. Ist der Stromkreis unterbrochen, können die Elektrizitätsteilchen nicht mehr fließen.

- ☐ Zur Information für Lehrerinnen und Lehrer: Skizze 1 (mit Bezug auf M 4.7.3)
- ☐ Skizze 2 (mit Bezug auf M 4.7.3)

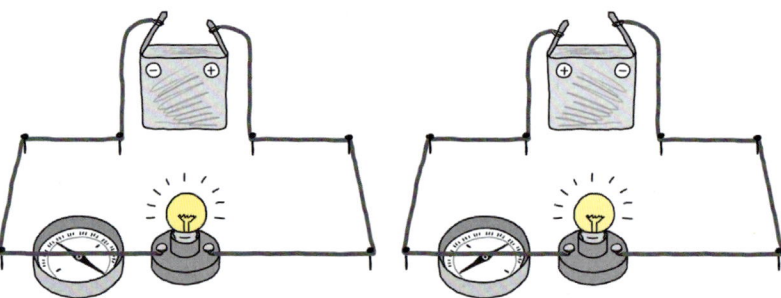

Skizze 1   Skizze 2: nach der Umpolung

- ☐ Das Modell lässt sich auch mit Bewegungen der Kinder nachstellen. Dafür werden benötigt
  - ☐ ein Modell für das Kabel, zum Beispiel Seile, die an Stühlen, Tischen oder anderen Gegenständen etwa in Hüfthöhe der Kinder zu einem geschlossenen Kreis/Viereck gespannt werden können,
  - ☐ ein Modell für die bewegte Ladung: viele Kinder,
  - ☐ ein Modell für die Batterie, zum Beispiel eine Matte,
  - ☐ ein Modell für Lämpchen, zum Beispiel zwei Gummiseile, die an einer Stelle des Stromkreises übersprungen werden müssen und Kontakt mit den Seilen haben (siehe Kopiervorlage M 4.7.4, S. 236[7]).

- ☐ Nachdem die Kinder im oben beschriebenen Versuch einen realen Stromkreis kennengelernt haben, können die geeigneten modellhaften Abläufe des Bewegungsspiels gemeinsam besprochen werden:
  - ☐ An einer Seite der Matte ist der Stuhl mit dem Seil noch nicht an die Matte gerückt – so kann keine Ladung fließen.
  - ☐ Die „Ladungskinder" verteilen sich in gleichmäßigem Abstand am Kabel und fassen es so an, dass es beim Gehen durch die Hand gleiten kann.
  - ☐ Wann können wir uns in Bewegung setzen? – Wenn der Stromkreis geschlossen wird: Die Lehrerin/der Lehrer oder ein noch freies Kind rückt den Stuhl an die Matte.
  - ☐ Die Gummiseile (Symbol für Lämpchen) können z. B. quer zur Kabelrichtung gespannt werden. Das Kabel endet jeweils an der linken und rechten Haltevorrichtung (zum Beispiel Stühle links und rechts).
  - ☐ Alternative „Hindernisse": Zwei Stühle hintereinander, durch die man hindurchkrabbeln muss; ein kleiner Kasten aus der Turnhalle; Kinder, die, wie beim Bockspringen, übersprungen werden müssen. Dabei ist darauf zu achten, dass die „Hindernisse" jeweils an zwei verschiedenen Seiten mit den Kabeln verbunden werden (ein durchlaufendes Kabel würde in der Realität zu einem Kurzschluss führen).
  - ☐ Sobald der „Stromkreis" geschlossen wird (Stuhl an die Matte), setzen sich die „Ladungskinder" in Bewegung.
  - ☐ Achtung am Gummiseil: Das Seil wird von den Kindern übersprungen. Dazu müssen sie das „Kabel" loslassen (auch im Lämpchen fließen die Elektronen nicht mehr durch das Kabel).
  - ☐ Öffnen des „Stromkreises" (Stuhl wegrücken): alle müssen anhalten; Schließen des „Stromkreises" (Stuhl wieder an die Matte rücken). Die Ladungen „fließen" wieder.

- Wenn die Kinder am Pol der „Batterie" angekommen sind, krabbeln sie über die Matte (damit kann zum Ausdruck gebracht werden, dass die Ladung innerhalb der Batterie auf eine andere Weise transportiert wird als im Kabel). Am anderen Pol angekommen geht es wieder von vorne los.
- Nach mehreren Durchgängen wird der Stromkreis wieder unterbrochen.
- Die Lehrerin/der Lehrer dreht nun die Matte um 180 Grad („Umpolen" der Anschlüsse). Wie müssen wir uns jetzt bewegen? – In die entgegengesetzte Richtung.

- *Zeitbedarf*: ca. 20 Minuten für die Übung, 10 bis 15 Minuten für die Reflexion

Reflexion und Vertiefung

- Was geschieht mit den Ladungsteilchen? – Sie werden nicht verbraucht, sondern nur in Bewegung gesetzt.

- Wie könnte man die Zunahme der Stromstärke darstellen? – Kinder bewegen sich schneller. Ein Kind („Zähler") zählt an einer bestimmten Stelle die dort vorbeilaufenden Kinder pro 30 Sekunden.

- Wie müssten wir uns bewegen und aufstellen, damit die „Stromstärke" im „Kabel" vor und hinter dem „Lämpchen" (wie im richtigen Stromkreis) gleich groß ist? – Vor und hinter dem Lämpchen steht jeweils ein „Zähler". Alle anderen bewegen sich gleichmäßig so, dass immer gleich viele Kinder auf jeder Seite des Lämpchens am jeweiligen „Zähler" vorbeilaufen.

- Der Strom ist „bewegte Ladung". Die Batterie hat in diesem Sinn keinen Strom, sondern die Fähigkeit, Ladung zu bewegen. Diese Fähigkeit nennt man „Spannung".

- Um die Ladung schneller zu bewegen, benötigt man eine stärkere Batterie.

- Überleitung zur nächsten Übung: Wodurch würde unsere Bewegung verlangsamt? – Zum Beispiel, wenn noch mehr Hindernisse zu überwinden wären.

Ganz schön mühsam – Widerstände

Mit dem oben beschriebenen Bewegungsaufbau lässt sich auch die Wirkung des Widerstands auf die Stromstärke veranschaulichen.

Vorschläge für den Unterricht

- Kinder berichten über ihre Eindrücke beim Überspringen des Seils: „Das hält auf ...", „verzögert die Bewegung ..."

- Nun werden ein, zwei weitere Hindernisse (Lämpchenmodelle, siehe oben) eingebaut und der Stromkreis wird wieder geschlossen. Die Bewegung der „Ladungskinder" wird an den Hindernissen insgesamt noch mehr behindert: Die Bewegung aller Kinder verzögert sich.

- Zeitbedarf: je nach Anzahl der „Widerstände" und vor allem der Variationen mit verschieden vielen Widerständen 15 bis 20 Minuten für die Übung, 10 bis 15 Minuten für die Reflexion

Reflexion und Vertiefung

☐ Kinder sprechen über ihre unterschiedlichen Erfahrungen mit dem Aufbau mit einem, zwei oder drei Hindernissen („Lämpchen"): Die Bewegung wird stärker behindert, wenn man mehrere Hindernisse überwinden muss. Man kann sich nicht mehr so schnell bewegen – oder man braucht dafür mehr Energie.

☐ Impuls der Lehrerin/des Lehrers: Im wirklichen Stromkreis bietet das Lämpchen den Ladungen einen Widerstand. Der Lampendraht ist viel dünner als das Kabel. Die bewegten Ladungsteilchen drängen sich durch einen engeren Draht. Sie prallen dabei viel häufiger auf die unbeweglichen Metallteilchen. Dabei geben sie einen Teil ihrer Energie an die Materieteilchen des Lampendrahts ab. Diese Energie erwärmt den Lampendraht, er glüht. Das sehen wir als Licht.

Gut durchkommen oder gebremst werden – gute und schlechte Leiter

Der oben beschriebene Bewegungsaufbau kann auch genutzt werden, um die Kenntnisse über leitende und nicht leitende Stoffe zu festigen.

Vorschläge für den Unterricht

☐ Vorausgegangen sein sollte die Erarbeitung von guten Leitern (z. B. Eisennagel, Eisendraht, Messingstab, Kupfer) und schlechten Leitern (Glas, Gummi, Porzellan, Stein).

☐ Die Verbindung zwischen einem „Kabelende" (Seilende) und einem Stuhl wird gelöst; dort ist der Stromkreis unterbrochen. Die Lücke wird mit verschiedenen Gegenständen, die verschiedene Materialien symbolisieren, überbrückt. Am besten wäre es, wenn Gegenstände aus passendem Material zur Verfügung stehen; ansonsten können auch entsprechende Schilder an den Gegenstand gehängt werden (im einfachsten Fall Papierblatt mit Begriff oder Zeichnung).

☐ Je nachdem, welcher Gegenstand zur Überbrückung und damit zum Schließen des Stromkreises genutzt wird, setzen sich die „Ladungskinder" unterschiedlich schnell in Bewegung – oder auch nicht.

☐ Eine größere Konzentration und raschere Reaktion wird verlangt, wenn die Bezeichnung des Gegenstandes nur durch Zuruf erfolgt.

☐ Was geschieht, wenn zwei Gegenstände hintereinander (einer davon Nichtleiter) zur Überbrückung genutzt werden? Auch hier darf sich niemand bewegen – entscheidend ist die eine Nichtleiterstelle.

☐ *Achtung:* Bei sehr starker Spannung können Ladungen auch durch schlecht leitende Stoffe hindurchgetrieben werden, zum Beispiel beim Gewitter: der Blitz durch die Luft. Auch in der Nähe von Hochspannungsleitungen droht Lebensgefahr.

Der Reihe nach oder nebeneinander

Falls im Sachunterricht vertiefend auch schon Erfahrungen mit Reihen- und Parallelschaltung gesammelt worden sind, können die Erfahrungen mit dem auf S. 230 beschriebenen Bewegungsparcours (siehe Kopiervorlage M 4.7.4, S. 236) zur Veranschaulichung des unterschiedlichen Ladungsflusses in beiden Schaltungen genutzt werden.

Vorschläge für den Unterricht

☐ Vorausgegangen sein sollten Versuche, in denen zwei Lämpchen gleichen Typs einmal in Reihe und einmal parallel geschaltet worden sind (siehe Karteikarte M 4.7.2, S. 234).

☐ Wenn jeweils gleich starke Batterien genutzt worden sind, haben die Kinder beobachtet: In der Parallelschaltung leuchten beide Lämpchen gleich stark und jeweils stärker als die beiden Lämpchen in der Reihenschaltung.

☐ Noch einmal die Erfahrung des Widerstandes durch Hindernisse im Bewegungsmodell thematisieren (siehe S. 231 f.). Erinnerung: Größerer Widerstand bedeutet bei sonst gleichen Bedingungen, dass durch einen gegebenen Querschnitt pro Sekunde weniger Ladung hindurchfließt. Fließt weniger Ladung durch das Lämpchen, dann gibt es weniger Licht.

☐ In welcher Schaltung müssen die Ladungsteilchen mehr Widerstände überwinden?

☐ Wie könnte man unseren Bewegungsablauf (siehe Kopiervorlage M 4.7.4, S. 236) ändern, um eine Parallelschaltung darzustellen?

☐ *Hinweis:* Wenn ein Bewegungsablauf mit zwei parallelen Hindernissen aufgebaut wird, wird den Kindern deutlich, dass jedes Kind (Ladungsteilchen) bei der Parallelschaltung immer nur ein Hindernis überwinden muss, bei der Reihenschaltung jedoch zwei.

☐ *Zeitbedarf:* 15 bis 20 Minuten

Weiterführende Informationen

☐ Zahlreiche Anregungen und Arbeitsmaterialien mit fachlichen Erläuterungen zum Thema „Elektrizität und Strom" finden sich bei Wiesner, H. & Heran-Dörr, E. (2010): Themenfeld Elektrizität. In: Kahlert, J. & Demuth, R. (Hrsg.): Wir experimentieren in der Grundschule. Band 1. Hallbergmoos, S. 65–96. Ausführliche fachliche Erläuterungen finden Sie darüber hinaus auch in: <http://www.supra-lernplattform.de/index.php/lernfeld-natur-und-technik/elektrizitaet>. Abfragedatum: 26.05.2013.

☐ Zum Thema „Strom": <http://www.deutsches-museum.de/ausstellungen/energie/starkstromtechnik>. Abfragedatum: 11.03.2013.

Anmerkungen

(1) Vgl. Weiß, J. & Winkenbach, M. (2003): Der Brockhaus Naturwissenschaft und Technik. Band 1. Mannheim und Heidelberg, S. 532.
(2) Vgl. Kircher, E. (2009): Elementarisierung und didaktische Rekonstruktion. In: Kircher, E.; Girwidz, R. & Häußler, P. (Hrsg.): Physikdidaktik. Theorie und Praxis. Berlin und Heidelberg, S. 119 f.
(3) <http://www.supra-lernplattform.de/index.php/lernfeld-natur-und-technik/elektrizitaet>. Abfragedatum: 26.05.2013.
(4) Vgl. Wiesner, H. (1995): Untersuchungen zu Lernschwierigkeiten von Grundschülern in der Elektrizitätslehre. In: Sachunterricht und Mathematik in der Primarstufe, 22. Jg., S. 50–58.
(5) Ebd.
(6) Vgl. Wiesner, H. & Heran-Dörr, E. (2010): Themenfeld Elektrizität. In: Kahlert, J. & Demuth, R. (Hrsg.): Wir experimentieren in der Grundschule. Band 1. Hallbergmoos, S. 79 ff.
(7) Die Skizze wurde in Anlehnung an folgende Quellen gestaltet: Grygier, P. Günther, J. & Kircher, E. (Hrsg.) (2004): Über Naturwissenschaften lernen. Vermittlung von Wissenschaftsverständnis in der Grundschule. Baltmannsweiler; siehe auch „Wie fließt die Elektrizität? <http://www.supra-lernplattform.de/index.php/lernfeld-natur-und-technik/elektrizitaet/einheit-5-wie-fliesst-die-elektrizitaet>. Abfragedatum: 26.05.2013.

Ein einfacher geschlossener Stromkreis

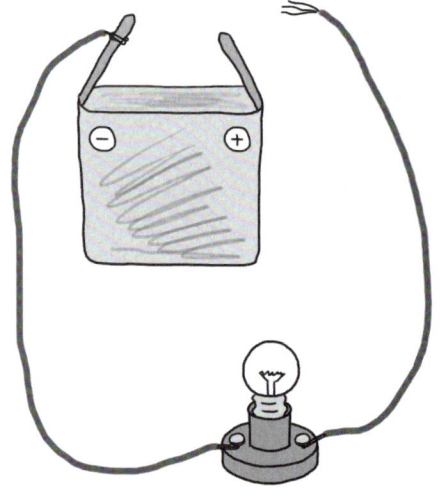

M 4.7.1

Der Reihe nach oder nebeneinander – Reihen- und Parallelschaltung

Parallelschaltung
Ob ein oder zwei Lämpchen angeschlossen sind, immer leuchten sie gleich hell.

Reihenschaltung
Hier leuchten beide Lämpchen schwächer (bei gleicher Batteriespannung).

M 4.7.2

Die bewegte Kompassnadel

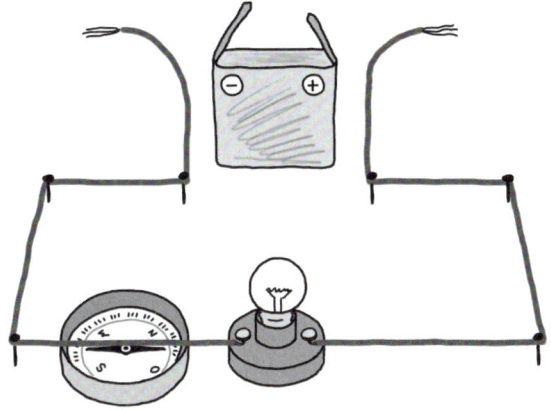

Lege unter das Kabel eines noch nicht geschlossenen Stromkreises einen Kompass.
Ordne den Stromkreis so an, dass die Kompassnadel parallel zum Draht ausgerichtet ist.

Nun schließe beide Kabel an die Batterie an. Was geschieht mit der Kompassnadel?
Zeichne die Kompassnadel ein.

Nun sind die Pole der Batterie vertauscht. Was geschieht mit der Kompassnadel?
Zeichne die Kompassnadel ein.

Lege nun den Kompass unter das Kabel auf die andere Seite zwischen Batterie und Lampe. Was beobachtest du?
Noch besser ist es, wenn du zwei Kompasse zur Verfügung hast. Einer liegt links von der Lampe, der andere rechts.

Bewegte Ladung – ein Modell

Ein Modell stellt nicht die Wirklichkeit dar, wie sie ist. Es kann uns aber helfen, sich Vorgänge besser vorzustellen. Was wird jeweils dargestellt?

Kinder: ....

Kasten: ....

Seil: ....

Hindernis: ....

Was müssen die Kinder tun, sobald einer der beiden Ständer von dem Kasten weggerückt wird? Welchem Zustand würde dies beim Stromkreis mit Batterie und Lämpchen entsprechen?

Modul 4.8

Sich bewegen wie Maschinen

Thema

Maschinen können Zeit und Kraft sparen

Intentionen

- ☐ Maschinen und Automaten erfinden
- ☐ Einen komplexen Vorgang in sinnvolle Einzelabläufe zerlegen und die Abläufe aufeinander abstimmen
- ☐ Vereinbarte Bewegungsabläufe konzentriert ausführen und auf die Bewegungen anderer Kinder abstimmen
- ☐ Erfahren, dass Maschinen Zeit und Kraft sparen können
- ☐ Das Aufteilen eines Vorgangs in Teilabläufe als Voraussetzung für Automatisierung kennenlernen

Materialien

M 4.8.1   Kopiervorlage: Der Stiftautomat – eins nach dem anderen, S. 244

M 4.8.2   Kopiervorlage: Gewichte heben – aber richtig, S. 245

Bezug zu anderen Modulen

Sachunterricht: Mit der Zeit gehen, S. 204

Inhalte und Übungen

- ☐ Eine Anziehmaschine erfinden – einzelne Abläufe geschickt verbinden, S. 238
- ☐ Wie am Fließband – Rollen und Transportieren, S. 240
- ☐ Der Stiftautomat – eins nach dem anderen, S. 241
- ☐ Baggern und heben – Gelenk- und Hebelwirkung erfahren, S. 242

Sachlicher Hintergrund und didaktische Überlegungen

Technische Gegenstände und Abläufe sind von Menschen geschaffene Kunstprodukte, mit denen Materialien, Energie und/oder Informationen transportiert werden, um einen definierten und für nützlich gehaltenen Zweck zu erfüllen.[1] Kinder wachsen in einer hoch technisierten Umwelt auf, in der sie täglich Beispiele erleben, wie Eigenschaften von Materialien und Beziehungen zwischen Gegenständen zweckgerichtet nutzbar gemacht werden. Sie haben Freude am Erfinden, Bauen, Montieren und Zerlegen und sind neugierig, herauszufinden, wie etwas funktioniert.

Daher ist ein Kernanliegen des Sachunterrichts, einen verständigen Umgang mit Technik zu fördern.[2] Die Kinder sollen ausgewählte technische Verfahren kennenlernen, nachvollziehen und erklären können, sich anhand von Beispielen mit Chancen und Risiken des technischen Wandels beschäftigen und grundlegende Funktionsweisen technischer Systeme verstehen.[3]

Die zuletzt genannte Zielsetzung steht im Mittelpunkt der Übungen, die in dem vorliegenden Modul vorgeschlagen werden. Sie regen dazu an, eigene Bewegungen mit denen von anderen Kindern so zu koordinieren, dass ein Ablauf möglich wird, der einen zuvor besprochenen Zweck erfüllt. Dazu muss ein komplexer Vorgang in sinnvolle Einzelabläufe gegliedert werden, die präzise und aufeinander abgestimmt auszuführen sind.

Die Übungen zur *Anziehmaschine* (S. 238) greifen eine Routinetätigkeit von Kindern auf, die gerade im Winter oder bei schlechtem Wetter eher als lästig empfunden wird, und regen die Fantasie an: Wie könnte eine derartige Maschine funktionieren, wann lohnt sich ihr Einsatz? Wenn es den Kindern gelingt, ihre verschiedenen Teilbewegungen im Team so zu koordinieren, dass sie möglichst zur gleichen Zeit ausgeführt werden können, ergibt sich ein Vorteil gegenüber dem gewohnten Ablauf, bei dem die Kleidungsstücke nacheinander angezogen werden.

Beim *Rollen und Transportieren* (S. 240) bilden viele nebeneinanderliegende Kinder eine rollende Unterlage, auf der ein anderes Kind transportiert wird. Damit dies gelingt, müssen Beginn und Ende der eigenen Rollbewegung mit der Bewegung der unmittelbaren Nachbarn abgestimmt werden.

Der *Stiftautomat* (S. 241) erfordert auf der feinmotorischen Ebene die konzentrierte Weitergabe von leichten Bewegungsimpulsen.

Schließlich erfahren die Kinder, wie man durch den Einsatz von Gelenken Lasten richtig hebt (S. 242).

Eine Anziehmaschine erfinden – einzelne Abläufe geschickt verbinden

Sich schneller anziehen mit einer Anziehmaschine? Das funktioniert nur, wenn der Anziehvorgang in immer gleiche und wiederkehrende einzelne Abläufe zerlegt wird und die Abläufe reibungslos ineinandergreifen. Dies erfordert Planung, Abstimmung und Übung. Die Kinder müssen das Anziehen in wiederholbare Abläufe einteilen und überlegen, wie die einzelnen Teilschritte aufeinander abgestimmt werden können. Jeder einzelne Teilschritt muss möglichst auf die immer gleiche Art und Weise ausgeführt werden. Dann kann die „Anziehmaschine" Zeit sparen. Der gut koordinierte Bewegungsablauf lässt sich mit dem Ineinandergreifen und Zusammenspielen der verschiedenen Funktionen in und an einer Maschine vergleichen.

Vorschläge für den Unterricht
- Manchmal ist das Anziehen mühselig und braucht Zeit: Ob es mit einer Anziehmaschine schneller geht?

- Die Kinder suchen geeignete Kleidungsstücke und Utensilien zusammen: Jacke, Mütze, Schal, Handschuhe, Schuhe, Schultasche usw.

- Gemeinsam wird überlegt: Wie könnte eine „Anziehmaschine" funktionieren? Erste Versuche: Ein Kind wird von einigen Helfern angezogen. Jeder Helfer ist für jeweils ein Kleidungsstück zuständig, also einer für Schuhe, einer für den Schal, einer für die Mütze usw. Die Helfer teilen die Arbeit selbstständig untereinander auf.

- Wenn die ganze Klasse in Sechser- oder Siebenergruppen aufgeteilt ist, können verschiedene Anordnungen erprobt werden: Welche Gruppe ist am schnellsten? Parallel dazu zieht sich ein Kind ohne fremde Hilfe an. Nach mehreren Durchgängen funktioniert die „Maschine" immer besser. Die Abläufe sind jetzt gut aufeinander abgestimmt, die Koordination gelingt.

- Am meisten lohnt sich die „Anziehmaschine", wenn sie viele Kinder rasch hintereinander anzieht; alle Kinder, bis auf die Anziehhelfer, stellen sich in einer Reihe auf. Jeder Anziehhelfer hat seine „Vorräte" (Kleidungsstücke) vor sich liegen: Jacken, Mützen, Schals ..., los geht's!

- Wenn die Klasse in zwei Gruppen eingeteilt wird, können die „Anziehmaschinen" im Wettbewerb arbeiten.

- *Zeitbedarf*: ca. 15 bis 30 Minuten

Reflexion und Vertiefung

- Warum funktionierte die „Anziehmaschine" zunächst nicht so gut?

- Warum wurde sie immer besser?

- Ist eine Anziehmaschine überhaupt sinnvoll?

- Was sind ihre Vorteile? – Zum Beispiel: Zeitgewinn. Was sind ihre Nachteile? – Zum Beispiel: wenig Spielraum für Variationen.

- Wie arbeiten richtige Maschinen? (Funktionsskizzen aus dem Internet: <http://www.deutsches-museum.de/sammlungen/maschinen>, Abfragedatum 11.03.2013)

- Wichtig ist das reibungslose Ineinandergreifen verschiedener Einzelbewegungen.

Wie am Fließband – Rollen und Transportieren

Auf Rollen lassen sich auch schwere Lasten wie am Fließband transportieren. Dafür müssen viele Rollen in die gleiche Richtung bewegt werden. Wie können wir mit unseren Körpern Rollen bilden und sogar ein anderes Kind befördern?

Vorschläge für den Unterricht

☐ Wer hat schon einmal ein Fließband gesehen? Wer weiß, was das ist? Wozu dient ein Fließband? (Ergänzen mit Abbildungen aus dem Internet oder aus Büchern.)

☐ In der Klasse werden Ideen gesammelt, wie man sich so bewegen kann, dass mehrere Kinder ein anderes Kind ohne große Mühe befördern können.

☐ Ein Beispiel (geeignet vor allem für die Turnhalle): Möglichst viele Kinder einer Klasse legen sich nebeneinander als Rollen auf den Boden (dünne Matten, Turnhallenmatten). Am besten geht es, wenn alle auf dem Bauch liegen und rund 30 Zentimeter Abstand voneinander haben.

☐ Die Lehrerin/der Lehrer weist darauf hin, dass die Kinder ihre Körper anspannen müssen und sich erst drehen, wenn sich ein Kind als „Baumstamm" auf das Fließband gelegt hat.

☐ Das Kind, das auf dem „Fließband" transportiert wird, muss sich vorsichtig an den Anfang des Bandes auf den Rücken legen und darauf achten, dass es seinen Körper ebenfalls anspannt und die Arme nach oben streckt. Liegt der „Baumstamm" auf dem „Fließband", beginnen die „Rollen", sich nacheinander einmal um die eigene Achse zu drehen.

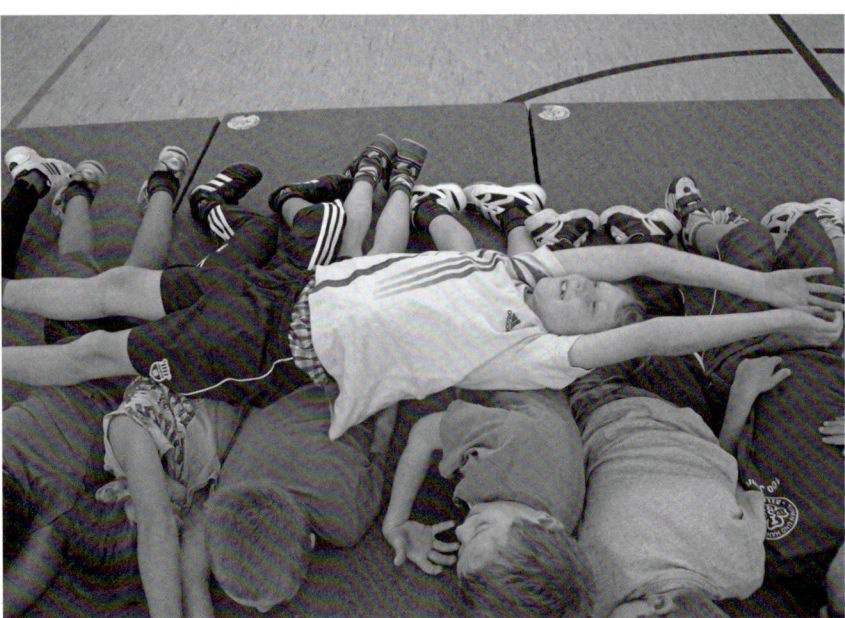

☐ In welche Richtung müssen sich die Kinder, die die Rollen darstellen, drehen? Wann beginnt sich die nächste „Rolle" zu drehen, ohne mit einer anderen zu kollidieren? Wann bleibt das „Fließband" stehen?

☐ Ist ein „Baumstammkind" transportiert worden, legt es sich am Ende des „Bandes" als weitere Rolle dazu und das Kind am Anfang wird als Nächstes transportiert.

☐ Ein besondere Herausforderung: Den „Baumstamm" wieder zurücktransportieren. Das erfordert Koordination und Absprache von den Kindern.

☐ Wichtiger Hinweis: Achten Sie darauf, dass die Kinder rücksichtsvoll miteinander umgehen, vor allem, wenn sich ein Kind auf das „Fließband" legt. Mitunter kann es sinnvoll sein, zuvor einfache Übungen zur Körperspannung zu machen. Manche Kinder haben keine Vorstellung, wie sie ihre Muskeln so anspannen können, dass ihr Körper fest ist. Mögliche Hilfe: „Stell dir vor, du bist plötzlich zu einem Eisblock gefroren – du bist ganz steif vor Kälte."

☐ *Zeitbedarf:* ca. 10 bis 15 Minuten

Reflexion und Vertiefung

☐ Was ist der Unterschied zu einem echten Fließband? – Die Rollen drehen sich auf der Stelle und wesentlich schneller.

☐ Welche Vorteile hat ein Fließband?

☐ Was kann ein Fließband ersetzen?

Der Stiftautomat – eins nach dem anderen

Automaten sind Maschinen, die nach einer Eingabe einen zuvor festgelegten Ablauf ausführen.[4] Kindern vertraut sind Automaten, an denen man sich Ware ziehen kann. Damit ein Automat einen gewünschten Gegenstand herausgibt, müssen unterschiedliche Teilfunktionen in einer vorgegebenen Reihenfolge ausgeführt werden. Dafür müssen Signale mechanisch oder elektrisch weitergegeben werden. Beim Stiftautomat kann die Signalweitergabe durch Berührung oder Händedruck erfolgen.

Vorschläge für den Unterricht

☐ Beispiel: Ein Stiftautomat mit drei Wahlfunktionen zur Herausgabe von Kugelschreibern, Füllern und Bleistiften (siehe Kopiervorlage M 4.8.1, S. 244).

☐ Wird eine Wahltaste durch Berühren des Kindes gedrückt, muss der Impuls weitergeleitet werden.

☐ Wichtig: Der Impuls muss für die verschiedenen Stifte unterschiedlich sein, damit die „Maschine" passend reagieren kann. Zum Beispiel Bleistift: einmal drücken, Kugelschreiber: zweimal drücken, Füller: dreimal drücken.

☐ Nun wird der Impuls weitergeleitet. Das Kind, das die Wahltaste darstellt, gibt per Händedruck (z. B. für den Füller: dreimal) den Impuls an das erste „Kabelkind" weiter; dort wird der Impuls „Füller", über das „Kabel" zum „Regler" weitergeleitet; das Kind platziert den „Schieber" hinter die passende Reihe; dort geht der Impuls bis nach vorne; der „Füller" fällt ins Ausgabefach.

☐ Die Schwierigkeit und Intensität der Aufgabe werden erhöht, wenn die Kinder während der Übung die Augen schließen.

Reflexion und Vertiefung

- ☐ Was geschieht, wenn man die Stromversorgung an einer Stelle unterbrechen würde? Vergleich mit einer Skizze von einem echten Automaten. Vielleicht besteht sogar die Möglichkeit, einen einfachen Automaten in seine Bestandteile zu zerlegen.

- ☐ *Zeitbedarf*: ca. 10 bis 15 Minuten

Baggern und heben – Gelenk- und Hebelwirkung erfahren

Der Einsatz von Gelenken, die Lasten näher an den Drehpunkt heranholen, bevor sie gehoben werden, spart Kraft.

Vorschläge für den Unterricht

- ☐ Jedes Kind steht vor seinem Schultisch. Darauf liegt ein Gegenstand mit einem zwar noch leichten, aber deutlich spürbaren Gewicht (z. B. ein Schulbuch, eine gefüllte Trinkflasche usw.).

- ☐ Die Kinder heben das Gewicht mit ausgestreckten Armen auf Augenhöhe, drehen sich und legen das Gewicht mit ausgestreckten Armen wieder ab, zum Beispiel auf dem Tisch hinter ihnen.

- ☐ Wie wird die Bewegung weniger anstrengend?

- ☐ Transportbewegung mit verschiedenen Abständen zum Körper durchführen: Je näher der Gegenstand am Körper gehalten wird, umso weniger anstrengend ist die Bewegung.

- ☐ Gelenke am Bagger identifizieren, deren Funktion beschreiben (Modell oder Kopiervorlage M 4.8.2, S. 245). Wer entdeckt weitere Maschinen mit Gelenken (siehe Hinweise unter „Weiterführende Informationen")?

- ☐ *Unbedingt beachten:* Der zu hebende Gegenstand darf keinesfalls so schwer sein, dass die Wirbelsäule zu stark belastet wird! Außerdem sollte darauf geachtet werden, dass die Kinder keinen runden Rücken machen, beim Heben die Wirbelsäule nicht verdrehen sowie ein Hohlkreuz vermeiden. Beim Heben sollte man außerdem möglichst nahe an der Last stehen.

- ☐ *Zeitbedarf*: ca. 10 bis 15 Minuten

Weiterführende Informationen

- ☐ Funktionsprinzipien von Maschinen werden z. B. beschrieben auf: <http://www.deutsches-museum.de/sammlungen/maschinen>. Abfragedatum: 11.03.2013.

- ☐ Abbildungen von Baggern finden sich z. B. in: WAS IST WAS, Bd. 129: Lkw, Bagger und Traktoren; Bagger und Kräne auf der Baustelle: Willi wills wissen, Bd. 28.

- ☐ Eine kurze Einführung zum Thema „Kraft": <http://www.deutsches-museum.de/ausstellungen/kinderreich/kraft>. Abfragedatum: 11.03.2013.

Anmerkungen

(1) Vgl. Ropohl, G. (2001): Das neue Technikverständnis. In: Ders. (Hrsg.): Erträge der Interdisziplinären Technikforschung: Eine Bilanz nach 20 Jahren. Berlin, S. 16 f.

(2) Vgl. Gesellschaft für Didaktik des Sachunterrichts (Hrsg.) (2013): Perspektivrahmen Sachunterricht. Bad Heilbrunn, S. 63 ff.

(3) Vgl. ebd. und Zolg, M. (2007): Technisches Lernen im Sachunterricht. In: Kahlert, J.; Fölling-Albers, M.; Götz, M.; Hartinger, A.; Reeken, D. v. & Wittkowske, St. (Hrsg.) (2007): Handbuch Didaktik des Sachunterrichts. Bad Heilbrunn, S.150–153.

(4) Vgl. Weiß, J. & Winkenbach, M. (Projektleitung) (2003): Der Brockhaus Naturwissenschaft und Technik. Band 1. Mannheim und Heidelberg, S. 187.

UNTERRICHTSIDEEN

Der Stiftautomat –
eins nach dem anderen

Die Klasse 3b hat einen Stiftautomaten nachgespielt.
Versucht dies auch einmal.

Tina möchte einen Füller.

Es wäre schön, wenn der Automat auch noch Lineale ausgeben könnte.

Wie müssten sich die Kinder dazu aufstellen?

Welche Automaten könnt ihr noch nachspielen? Ihr könnt auch Automaten erfinden.

Gewichte heben – aber richtig

Auch beim Bagger wird Kraft gespart.

Du hast viele Gelenke, nutze sie beim Heben schwerer Lasten.
Frederik macht es richtig. Beschreibe, wie er sich bewegt.

2.

4.

Bartnitzky, H. (2006): Sprachunterricht heute. Berlin.

Bartnitzky, H. (2008): Wortarten: Mit Wörtern operieren statt sie definieren. In: Grundschule Deutsch, H. 18, S. 20 f.

Baurmann, J. & Menzel, W. (2011): Deutschunterricht in der Grundschule. In: Einsiedler, W.; Götz, M.; Hartinger, A.; Heinzel, F.; Kahlert, J. & Sandfuchs, U. (Hrsg.): Handbuch Grundschulpädagogik und Grundschuldidaktik. 3. Auflage. Bad Heilbrunn, S. 419–422.

Bayerischer Rundfunk (Hrsg.) Was tun, wenn's blitzt? (Rubrik: Ratgeber) <http://www.br.de/themen/ratgeber/inhalt/verbrauchertipps/gewitter-blitz100.html>. Abfragedatum: 11.03.2013.

Beckmann, H. & Riegel, K. (2011): Bewegtes Lernen! Mathe. Donauwörth.

Bender, S. (2007): Die psychophysische Bedeutung der Bewegung. Berlin.

Berner Leichtathletik-Verband (2006): Technik-Aufbau Ballwurf. <http://www.blv-nachwuchs.ch/service/Ball06.pdf>. Abfragedatum: 11.03.2013.

Bös, K. (2003): Motorische Leistungsfähigkeit von Kindern und Jugendlichen. In: Schmidt, W.; Hartmann-Tews, I. & Brettschneider, W-D. (Hrsg.): Erster deutscher Kinder- und Jugendsportbericht. Schorndorf, S. 85–107.

Braun, K. (2006): Auf den Anfang kommt es an: Wie Gehirne laufen lernen. In: Fischer, K. u. a., a. a. O., S. 13–29.

Bremerich-Vos, A. (2009): Deutsch. In: Arnold, K.-H.; Sandfuchs, U. & Wiechmann, J. (Hrsg.): Handbuch Unterricht. Bad Heilbrunn, S. 337–339.

Brinkmann, E. (2000): Vier Säulen des Rechtschreibunterrichts als Organisations- und Strukturierungshilfe im Deutschunterricht. In: Valtin, R. (Hrsg.): Rechtschreiben lernen in den Klassen 1–6. Grundlagen und didaktische Hilfe. Frankfurt am Main, S. 59–63.

Brinkmann, E. (2009): Kann man Stille hören? In: Grundschule Deutsch, H. 15, S. 16–17.

Bundesarbeitsgemeinschaft für Haltungs- und Bewegungsförderung (Hrsg.) (2008): Kinder fördern durch Bewegung und Sport – Band 2: Haltung – Ausdauer. 2. Auflage. Mainz.

Bundesverband der Unfallkassen (Hrsg. (1997): Bewegungsfreudige Schule. Band I: Grundlagen. München.

Bundeszentrale für gesundheitliche Aufklärung & Robert Koch-Institut (Hrsg.) (2008): Erkennen – Bewerten – Handeln: Zur Gesundheit von Kindern und Jugendlichen in Deutschland. Berlin und Köln.

Busche, A.; Butz, M. & Teuchert-Noodt, G. (2006): Ein-Blicke in das Gehirn. In: Praxis der Naturwissenschaften Biologie in der Schule (PdN-BioS), 4/55, S. 40–44.

Buytendijk, F. J. J. (1956): Allgemeine Theorie der menschlichen Haltung und Bewegung. Berlin, Göttingen und Heidelberg.

Collins, S. (2008): Schattenfiguren: 100 Tiermotive mit der Hand gezaubert. München.

Danckwerts, B. (2005): Kuckuckseier und andere Anlässe zum Nachdenken über Rechtschreibung. In: Grundschule Deutsch, H. 6, S. 6–7.

Daum, E. (2007): Geographische Aspekte. In: Kahlert, J. u. a., a. a. O., S. 144–149.

Demuth, Ch. (2007): Chemische Aspekte. In: Kahlert, J. u. a., a. a. O., S. 135–139.

Demuth, R. & Kleinert, K. (2007): Themenfeld Luft. In: Kahlert, J. & Demuth, R. (Hrsg.): Wir experimentieren in der Grundschule. Band 1. Hallbergmoos, S. 9–45.

Demuth, R. (2010): Themenfeld Wetter. In: Kahlert, J. & Demuth, R. (Hrsg.): Wir experimentieren in der Grundschule. Band 2. Hallbergmoos, S. 141–165.

Dietz, C.; Helversen, O. v. & Nill, D. (2007): Handbuch der Fledermäuse Europas und Nordwestafrikas. Biologie, Kennzeichen, Gefährdung. Stuttgart.

Draganski, B. & Glaser, C. (2004): Neuroplasticity: changes in grey matter by training. In: Nature 427 (6972), S. 311–312.

Dudenredaktion (Hrsg.) (2006): Duden: Die Grammatik. Bd. 4. Mannheim, Leipzig, Wien, Zürich, §1387.

Eickhoff, H. (1998): Der gesetzte Mensch. In: Illi, U.; Breithecker, D. & Mundigler, S. (Hrsg.): Bewegte Schule – Gesunde Schule. Band I: Beiträge zur Theorie. Zürich, Wiesbaden, Graz, S. 171–176.

Einsiedler, W.; Götz, M.; Hartinger, A.; Heinzel, F.; Kahlert, J. & Sandfuchs, U. (Hrsg.) (2011): Handbuch Grundschulpädagogik und Grundschuldidaktik. 3. Auflage. Bad Heilbrunn.

Fischer, K.; Knab, E. & Behrens, M. (Hrsg.) (2006): Bewegung in Bildung und Gesundheit. Lemgo.

Flindt, R. (2003): Biologie in Zahlen: Eine Datensammlung in Tabellen mit über 10000 Einzelwerten. 6. Auflage. Heidelberg.

Fölling-Albers, M. (2011): Soziokulturelle Bedingungen der Kindheit. In: Einsiedler, W. u. a., a. a. O., S. 161–168.

Forster, M. & Martschinke, S. (2008): Diagnose und Förderung im Schriftspracherwerb, neue Rechtschreibung. 2 Bde. Bd. 2: Leichter lesen und schreiben lernen mit der Hexe Susi. 8. Auflage. Donauwörth.

Franke, M. (Hrsg.) (1998): Sache – Wort – Zahl. Lehren und lernen in der Grundschule, 26. Jg., H. 14: Zeit.

Franke, M. (2011): Didaktik der Geometrie in der Grundschule. 2. Auflage. Heidelberg.

Franke, M. & Ruwisch, S. (2010): Didaktik des Sachrechnens in der Grundschule. 2. Auflage. Heidelberg.

Freudenthal, H. (1979): Mathematik als pädagogische Aufgabe. 2. Auflage. Stuttgart.

Gaidoschik, M. (2010): Rechenstörungen: Die „didaktogene Komponente". Kritische Thesen zur „herkömmlichen Unterrichtspraxis" in drei Kernbereichen der Grundschulmathematik. In: Lenart, F. u. a., a. a. O., S. 128–153.

Garlichs, A. (2005): Der erste Unterrichtsversuch im Praktikum oder: Die Angst der Lehrerin vor der Bewegung der Kinder. In: Dauber, H. & Krause-Vilmar, D. (Hrsg.): Schulpraktikum vorbereiten. Pädagogische Perspektiven für die Lehrerbildung. Bad Heilbrunn, S. 149–153.

Gerster, H.-D. (2010): Schwierigkeiten beim Erwerb arithmetischer Konzepte im Anfangsunterricht. In: Lenart, F. u. a., a. a. O., S. 154–160.

Gesellschaft für Didaktik des Sachunterrichts (GDSU) (Hrsg.) (2013): Perspektivrahmen Sachunterricht. Vollständig überarbeitete und erweiterte Ausgabe. Bad Heilbrunn.

Götz, M.; Kahlert, J.; Fölling-Albers, M.; Hartinger, A.; Reeken, D. v. & Wittkowske, St. (2007): Didaktik des Sachunterrichts als bildungswissenschaftliche Disziplin. In: Handbuch Didaktik des Sachunterrichts. Bad Heilbrunn, S. 11–30.

Graf, C. u. a. (2003): Zusammenhänge zwischen körperlicher Aktivität und Konzentration im Kindesalter – Eingangsergebnisse des CHILT-Projekts. In: Deutsche Zeitschrift für Sportmedizin, H. 9, 54. Jg., S. 242–246.

Grassmann, M. (Hrsg.) (2010): „Primo", Mathematikschulbuch, 3. Schuljahr. Braunschweig.

Grygier, P.; Günther, J. & Kircher, E. (Hrsg.) (2004): Über Naturwissenschaften lernen. Vermittlung von Wissenschaftsverständnis in der Grundschule. Baltmannsweiler.

Haas, G.; Menzel, W. & Spinner, K. (2000): Handlungs- und produktionsorientierter Literaturunterricht. In: Praxis Deutsch Sonderheft, S. 7–15.

Hagen, M. (2006): Förderung des Hörens und Zuhörens in der Schule. Göttingen.

Hahn, H. & Möller, R. D. (2008): Förderung des frühen Verständnisses für die fundamentale Idee des Stellenwertprinzips. Zählen – Messen – Rechnen. In: Sache Wort Zahl, H. 92, S. 4–7.

Häsel-Weide, U. (2007): Sachrechnen. In: Walter, J. & Wembler, F. B. (Hrsg.): Sonderpädagogik des Lernens. Göttingen, S. 657–685.

Hasse, J. (2007): Entwicklung von Raumbewusstsein. In: Kahlert, J. u. a., a. a. O., S. 362–366.

Hasselhorn, M. & Mähler, C. (1998): Wissen, das auf Wissen baut: Entwicklungspsychologische Erkenntnisse zum Wissenserwerb und zum Erschließen von Wirklichkeit im Grundschulalter. In: Kahlert, J. (Hrsg.): Wissenserwerb in der Grundschule: Perspektiven erfahren, vergleichen, gestalten. Bad Heilbrunn, S. 73–89.

Hauck-Thum, U. (2010): Dem Drachen erzählen – Mündliches Erzählen in der Grundschule, UnterrichtsMitschau der LMU München (41 Min. / DVD).

Hauck-Thum, U. (2011): Medienarbeit im Deutschunterricht. Weinheim.

Helmke, A. (2009): Unterrichtsqualität und Lehrerprofessionalität. Seelze.

Herrmann, U. (2008): Lernen – vom Gehirn aus betrachtet. In: Gehirn und Geist, H. 12, S. 44–48.

Hessisches Kultusministerium (Hrsg.) (2012): Projekt Schnecke. Bildung braucht Gesundheit II. Wiesbaden.

Hildebrandt-Stramann, R. (2007): Bewegte Schule – Konzeptentwicklung. In: Ders. (Hrsg.): Bewegte Schule – Schule bewegt gestalten. Baltmannsweiler, S. 2–46.

Hildebrandt-Stramann, R. (2010): Zeit- und Raumkonzepte in der bewegten Ganztagsschule. Rhythmisierung und körperliche Aufführungspraxis in der Schule. Baltmannsweiler.

Hildebrandt-Stramann, R. & Probst, A. (2006): Ästhetische Erziehung im Sportunterricht der Grundschule. In: Kahlert, J.; Lieber, G. & Binder, S. (Hrsg.): Ästhetisch bilden. Begegnungsintensives Lernen in der Grundschule. Braunschweig, S. 183–199.

Hinney, G. (2011): Rechtschreiben. In: Einsiedler, W. u. a., a. a. O., S. 439–444.

Hirt, U. & Wälti, B. (2010): Lernumgebungen im Mathematikunterricht. Natürliche Differenzierung für Rechenschwache bis Hochbegabte. Seelze-Velber.

Hollmann, W. (2004): Körperliche Aktivität und Gesundheit in Kindheit und Jugend. In: Zimmer, R. & Hunger, I. (Hrsg.): Wahrnehmen, Bewegen, Lernen – Kindheit in Bewegung. Schorndorf, S. 32–43.

Huber, L.; Kahlert, J. & Klatte, M. (Hrsg.) (2002): Die akustisch gestaltete Schule. Göttingen.

Hurrelmann, K. (2004): Entwicklungs- und Gesundheitsprobleme von Kindern. Warum die Bewegungsförderung so wichtig ist. In: Zimmer, R. & Hunger, I. (Hrsg.): Wahrnehmen, Bewegen, Lernen – Kindheit in Bewegung. Schorndorf, S. 19–31.

Hüther, G. (2004): Die Strukturierung des menschlichen Gehirns durch soziale Erfahrungen. In: Gebauer, K. & Hüther, G. (Hrsg.): Kinder brauchen Vertrauen. Erfolgreiches Lernen durch starke Beziehungen. Düsseldorf und Zürich, S. 24–39.

Hüther, G. (2006): Wie lernen Kinder? Voraussetzungen für gelingende Bildungsprozesse aus neurobiologischer Sicht. In: Caspary, R. (Hrsg.): Lernen und Gehirn. Freiburg, Basel, Wien, S. 70–84.

Hüther, G. (2007): Sich bewegen lernen, heißt fürs Leben lernen! Die erfahrungsabhängige Verankerung sensomotorischer Repräsentanzen und Metakompetenzen während der Hirnentwicklung. In: Hunger, I. & Zimmer, R. (Hrsg.): Bewegung, Bildung, Gesundheit. Schorndorf, S. 12–22.

Imhof, M. (2003): Zuhören. Psychologische Aspekte auditiver Wahrnehmung. Göttingen.

Imhof, M. (2004): „Hör doch einfach zu!" Von der Schwierigkeit, Zuhören zu lernen und zu lehren. In: Grundschule, H. 2, S. 34–35.

Institut für Deutsche Sprache (IDS) (2011): Deutsche Rechtschreibung. Regeln und Wörterverzeichnis. Überarbeitetes Regelwerk (Fassung 2006 mit den Aktualisierungen 2011). <http://www.ids-mannheim.de/service/reform/>. Abfragedatum: 26.05.2013.

Institut für Schulpädagogik und Bildungsforschung (ISB) (2003): Handreichung: Rechtschreibunterricht in der Grundschule. Donauwörth.

Kahlert, J.; Fölling-Albers, M.; Götz, M.; Hartinger, A.; Reeken, D. v. & Wittkowske, St. (Hrsg.) (2007): Handbuch Didaktik des Sachunterrichts. Bad Heilbrunn.

Knab, E. & Klein, J. (2006): Qualitätsentwicklung in der Psychomotorik. In: Fischer, K. u. a., a. a. O., S. 166–175.

Kircher, E. (2007): Physikalische Aspekte. In: Kahlert, J. u. a., a. a. O., Bad Heilbrunn, S. 129–139.

Kircher, E. (2009): Elementarisierung und didaktische Rekonstruktion. In: Kircher, E.; Girwidz, R. & Häußler, P. (Hrsg.): Physikdidaktik. Theorie und Praxis. Berlin und Heidelberg, S. 115–148.

Klaes, L.; Cosler, D.; Rommel, A. & Zens, Y. (2003): Bewegungsstatus von Kindern und Jugendlichen in Deutschland. Kurzfassung einer Untersuchung im Auftrag des Deutschen Sportbundes und des AOK Bundesverbandes, WIAD-AOK-DSB-Studie II, hrsg. vom Deutschen Sportbund. Frankfurt am Main.

Köhnlein, W. (2012): Sachunterricht und Bildung. Bad Heilbrunn.

Kretschmer, J. & Wirszing, D. (2004): Zum Einfluss der veränderten Kindheit auf die motorische Leistungsfähigkeit. <http://www.epb.uni-hamburg.de/files/Kindheit.pdf>. Abfragedatum: 18.03.2013.

Kübler, M. (2007): Entwicklung von Zeit- und Geschichtsbewusstsein. In: Kahlert, J. u. a., a. a. O., S. 338–343.

Küspert, P. & Schneider, W. (2006): Hören, lauschen, lernen. Sprachspiele für Kinder im Vorschulalter – Würzburger Trainingsprogramm zur Vorbereitung auf den Erwerb der Schriftsprache. 6. Auflage. Göttingen.

Kuester, U.; Pristl, Th. & Schmidt, J. (2009): Das Sprachbuch 1–4. München; Steinleitner, U. (2010): Zauberlehrling 1–6. Braunschweig.

Laging, R. (2006): Wie viel Bewegung brauchen Kinder? – Bewegungsmangel als unbrauchbare Kategorie der Bewegungs- und Sportpädagogik. In: Kolb, M. (Hrsg.): Empirische Schulsportforschung. Butzbach-Griedel, S. 74–90.

Laging, R. (2007): Schule als Bewegungsraum – Nachhaltigkeit durch Selbstaktivierung. In: Hildebrandt-Stramann, R. a. a. O., S. 62–85.

Laging, R.; Derecik, A.; Riegel, K. & Stobbe, C. (2010): Mit Bewegung Ganztagsschule gestalten. Beispiele und Anregungen aus bewegungsorientierten Schulporträts. Baltmannsweiler.

Laging, R. & Schillack, G. (2007): Die Schule kommt in Bewegung. Konzepte und Untersuchungen zur Bewegten Schule mit praktischen Beispielen aus der Sekundarstufe I. Baltmannsweiler.

Lampert, T.; Mensik, G. B. M.; Romahn, N. & Woll, A. (2007): Körperlich-sportliche Aktivität von Kindern und Jugendlichen in Deutschland. Ergebnisse des Kinder- und Jugendgesundheitssurveys (KiGGS). In: Bundesgesundheitsblatt, H. 50, S. 634–642.

Landerl, K. & Butterworth, B. (2010): Spezifische Rechenschwierigkeiten/Dyskalkulie: Viele Fragen, erste Antworten. In: Lenart, F. u. a., a. a. O., S. 32–38.

Lechwerke AG (Hrsg.) (2009): Bewegungspause 1. und 2. Klasse. Augsburg.

Lechwerke AG (Hrsg.) (2009a): Bewegungspause 3. und 4. Klasse. Energie bewegt die Kinder dieser Welt. Augsburg.

Lenart, F.; Holzer, N. & Schaupp, H. (Hrsg.) (2010): Rechenschwäche, Rechenstörung, Dyskalkulie. Nachdruck der Ausgabe von 2003. Graz.

Lipp, W. (1994): Kulturtypen, kulturelle Symbole, Handlungswelt. In: Ders.: Drama Kultur. Zur Plurivalenz von Kultur. Berlin, S. 33–74.

Löffler, I. & Meyer-Schepers, U. (2006): Probleme beim Erwerb von Rechtschreibkompetenz: Ergebnisse qualitativer Fehleranalysen aus IGLU-E. In: Weinhold, S., a. a. O., S. 199–217.

Lorenz, J.-H. (2005): Die Verzierung, die aus der Antike kam. In: Grundschule Mathematik, Nr. 6, S. 4–5.

Lorenz, J. H. (2011): Rechenschwäche. In: Einsiedler, W. u. a., a. a. O., S. 482–486.

Markmann, G.; Osburg, C. & Valtin, R. (2011): Die Sprache im Blick. In: Deutsch differenziert, Grammatik verstehen, H. 3, S. 4–7.

Martin, E.-M. (2011): Bewegt zur mündlichen Sprachkompetenz. Fallstudie zur pädagogischen Rahmung bewegungsorientierter Sprachförderung für Kinder im Elementar- und Primarbereich. Frankfurt am Main.

Menzel, W. (2008): Grammatikwerkstatt. Hannover.

Menzel, W. (2011): Sprache und Sprachgebrauch untersuchen. In: Einsiedler, W. u. a., a. a. O., S. 444–449.

Merleau-Ponty, M. (1966): Phänomenologie der Wahrnehmung. Berlin.

Merschmeyer-Brüwer, C. & Schipper, W. (2011): Raum und Form. In: Einsiedler, W. u. a., a. a. O., S. 474–478.

Merschmeyer-Brüwer, C. & Schipper, W. (2011): Größen und Messen. In: Einsiedler, W. u. a., a. a. O., S. 478–482.

Merzinger, A. (2002): Sprache untersuchen im 1. und 2. Schuljahr. München.

Müller, Ch. (Hrsg.) (2006): Bewegtes Lernen in Klasse II. Didaktisch-methodische Anregungen für die Fächer Mathematik, Deutsch und Sachunterricht, 3., erweiterte und überarbeite Auflage. St. Augustin bei Bonn.

Naumann, C. L. (1999): Orientierungswortschatz. Die wichtigsten Wörter und Regeln für die Rechtschreibung Klassen 1–6. Weinheim und Basel.

Niedersächsisches Kultusministerium (2008): Leichter lernen durch Bewegung. Spielideen zur täglichen Bewegungszeit in der Grundschule. Hannover.

Nührenbörger, M. & Verboom, L. (2005): MATHEMATIK, Modul G 8: Eigenständig lernen – Gemeinsam lernen. <http://www.sinus-an-grundschulen.de/fileadmin/Materialien/Modul8.pdf>. Abfragedatum: 11.03.2013.

Opper, E.; Worth, A.; Wagner, M. & Bös, K. (2007): Motorik-Modul (MoMo) im Rahmen des Kinder- und Jugendgesundheitssurveys (KiGGS). Motorische Leistungsfähigkeit und körperlich-sportliche Aktivität von Kindern und Jugendlichen in Deutschland. In: Bundesgesundheitsblatt, H. 50, S. 879–888.

Padberg, F. & Benz, Ch. (2011): Didaktik der Arithmetik. 4., erweiterte, stark überarbeitete Auflage. Heidelberg.

Piaget, J. (1973): Die Entwicklung des Erkennens. Bd. 2: Das physikalische Denken. Stuttgart.

Planet Wissen (Hrsg.): Verhalten bei Gewitter: <http://www.planet-wissen.de/natur_technik/klima/wetterphaenomene/verhalten_bei_gewitter.jsp>. Abfragedatum: 01.05.2013).

Prange, K. (1981): Pädagogik als Erfahrungsprozess. Band III. Die Pathologie der Erfahrung. Stuttgart.

Preuß-Lausitz, U. (1993): Die Kinder des Jahrhunderts. Weinheim und Basel.

Probst, A. (2008): Wer sich nicht bewegt, bewegt nichts. Ein Plädoyer für mehr Bewegung im Unterricht. In: Sache Wort Zahl, H. 95, S. 4–9.

Quasthoff, U. (1997): Mündliches Erzählen, Berichten, Schildern, Beschreiben im Deutschunterricht: Umrisse einer Diskursdidaktik. In: Köhnen, R. (Hrsg.): Wege zur Kultur: Perspektiven für einen integrativen Deutschunterricht. Frankfurt am Main u. a., S. 155–169.

Quasthoff, U. (2003): Entwicklung mündlicher Fähigkeiten. In: Bredel, U.; Günther, H.; Klotz, P.; Ossner, J. & Siebert-Ott. G. (Hrsg.): Didaktik der deutschen Sprache, Band 1. Paderborn u.a., S. 107–120.

Quasthoff, U. (2011): Sprache und Zuhören. In: Einsiedler, W. u.a., a.a.O., S. 422–425.

Reber, K. (2009): Prävention von Lese- und Rechtschreibstörungen im Unterricht. Systematischer Schriftspracherwerb von Anfang an. München und Basel.

Reber, K. & Steidl, M. (2013): Anlautschriften & Co. Schriften für den Computer. Version 2.3. Weiden. <http://www.paedalogis.com>. Abfragedatum: 20.05.2013.

Reber, K. & Steidl, M. (2011): Computerprogramm zabulo. Lernmaterialien mit System. Version 1.2. Weiden. <http://www.paedalogis.com>. Abfragedatum: 20.05.2013.

Reichert-Garschhammer, E. (2011): Wege zur zuhörfreundlichen Kindertageseinrichtung. In: Stiftung Zuhören; Ludwig-Maximilians-Universität München, Lehrstuhl für Grundschulpädagogik und -didaktik; Staatsinstitut für Frühpädagogik (Hrsg.): Ohren spitzen. Köln, S. 9–77.

Reinhardt, A. & Peschel, F. (2001): Der Sprachforscher: Rechtschreiben. Velber.

Richter, D. (2007): Politische Aspekte. In: Kahlert, J. u.a., a.a.O., S. 163–168.

Richter, K. & Plath, M. (2005): Lesemotivation in der Grundschule. Weinheim und München.

Rockstroh, S. (2011): Biologische Psychologie. München.

Röber, Ch. (2006): „Die Schriftsprache ist gleichsam die Algebra der Sprache". In: Weinhold, S., a.a.O., S. 6–44.

Ropohl, G. (2001): Das neue Technikverständnis. In: Ders. (Hrsg.): Erträge der Interdisziplinären Technikforschung: Erträge nach 20 Jahren. Berlin, S. 11–30.

Rusch, H. & Irrgang, W. (2002): Aufschwung oder Abschwung? Verändert sich die körperliche Leistungsfähigkeit von Kindern und Jugendlichen oder nicht? <http://projekte.isb.bayern.de/sport/Lanzeitstudie1.pdf> Abfragedatum: 18.03.2013.

Scheerer-Neumann, G. (2007): Rechtschreiben. In: Walter, J. & Wembler, F. B., a.a.O., S. 539–568.

Scherer, P. (2007): Elementare Rechenoperationen. In: Walter, J. & Wembler, F. B., a.a.O., S. 590–605.

Schipper, W. & Merschmeyer-Brüwer, C. (2011): Mathematik in der Grundschule. In: Einsiedler, W. u.a., a.a.O., S. 462–469.

Schipper, W. & Merschmeyer-Brüwer, C. (2011): Zahlen und Operationen. In: Einsiedler, W. u.a., a.a.O., S. 470–474.

Schlicht, W. & Brand, R. (2007): Körperliche Aktivität, Sport und Gesundheit. Eine interdisziplinäre Einführung. Weinheim und München.

Schönweiss, F. (2007): Lernserver. Individuelle Förderung. Donauwörth. <http://www.lernserver.de>. Abfragedatum: 27.05.2013.

Sekretariat der Ständigen Konferenz der Kultusminister der Länder in der Bundesrepublik Deutschland (Hrsg.) (2005): Bildungsstandards im Fach Deutsch für den Primarbereich. Beschluss vom 15.10.2004. München.

Sekretariat der Ständigen Konferenz der Kultusminister der Länder in der Bundesrepublik Deutschland (Hrsg.) (2005a): Bildungsstandards im Fach Mathematik für den Primarbereich. Beschluss vom 15.10.2004. München.

Senftleben, H.-G. (2011): Formen als Abbilder und Umrisse. In: Grundschule Mathematik, Nr. 30, S. 4–5.

Sobczyk, B. & Landau, G. (2003): Das Mobile Klassenzimmer. Ein neuer Weg zur Entwicklungs- und Bewegungsförderung von Grundschulkindern. Innenhausen bei Kassel.

Speck, O. (2009): Hirnforschung und Erziehung. Eine pädagogische Auseinandersetzung mit neurobiologischen Erkenntnissen. 2. Auflage. München und Basel.

Spreckelsen, K. (2007): Modelle. In: Kahlert, J. u. a., a. a. O., S. 491–495.

Spiegel, H. & Selter, Ch. (2011): Kinder und Mathematik. Was Erwachsene wissen sollten. Stuttgart.

Starker, A.; Lampert, T.; Worth, A.; Oberger, J.; Kahl, H. & Bös, K. (2007): Motorische Leistungsfähigkeit. Ergebnisse des Kinder- und Jugendgesundheitssurveys (KiGGS). In: Bundesgesundheitsblatt, H. 50, S. 775–783.

Stechow, E. v. (2004): Erziehung zur Normalität. Eine Geschichte der Ordnung und Normalisierung der Kindheit. Wiesbaden.

Stern, D. N. (1991): Tagebuch eines Babys. Was ein Kind sieht, spürt, fühlt und denkt. 3. Auflage. München.

Stern, E. (2002): Wie abstrakt lernt das Grundschulkind? Neuere Ergebnisse entwicklungspsychologischer Forschung. In: Petillon, H. (Hrsg.): Individuelles und soziales Lernen in der Grundschule – Kinderperspektive und pädagogische Konzepte. Opladen, S. 27–42.

SUPRA-Lernplattform: Elektrizität. <http://www.supra-lernplattform.de/index. php/lernfeld-natur-und-technik/elektrizitaet>. Abfragedatum: 26.05.2013.

SUPRA-Lernplattform: Luft hat ein Gewicht. <http://www.supra-lernplattform. de/index.php/lernfeld-natur-und-technik/luft/einheit-3-luft-hat-ein-gewicht>. Abfragedatum: 27.05.2013.

SUPRA-Lernplattform: „Wie fließt die Elektrizität? <http://www.supra-lernplattform.de/index.php/lernfeld-natur-und-technik/elektrizitaet/einheit-5-wie-fliesst-die-elektrizitaet>. Abfragedatum: 26.05.2013.

Tacke, G. (2007): Lesenlernen und Leseförderung. In: Walter, J. & Wembler, F. B., a. a. O., S. 504–518.

Terhart, E. (2011): Hat John Hattie tatsächlich den Heiligen Gral der Schul- und Unterrichtsforschung gefunden? Eine Auseinandersetzung mit Visible Learning. In: Keiner, E. u. a. (Hrsg.): Metamorphosen der Bildung. Historie – Empirie – Theorie. Bad Heilbrunn. S. 277–292.

Teubert, H.; Thiel, A. & Kleindienst-Cachay, Ch. (2005): Die „Bewegte Schule" auf dem Prüfstand. Qualitätsmerkmale einer grundschulpädagogischen Innovation. In: Gogoll, A. u. a. (Hrsg.): Qualität im Schulsport (Schriften der Deutschen Vereinigung für Sportwissenschaft Nr. 148). Hamburg, S. 148–153.

Thüringer Feuerwehr-Verband: Verhalten bei Gewitter. <http://www.feuerwehr-thueringen.de/jugendfeuerwehr/downloads/lagerundfahrten/>. Abfragedatum: 24.05.2013.

Unfallkasse Rheinland-Pfalz; Ministerium für Bildung, Wissenschaft, Jugend und Kultur Rheinland Pfalz; Bundesarbeitsgemeinschaft für Haltungs- und Bewegungsförderung (Hrsg.) (2008): Bewegte Kinder – schlaue Köpfe. Mainz.

Vernooij, M. & Schneider, S. (2008). Handbuch der Tiergestützten Intervention. Wiebelsheim.

Walter, J. & Wembler, F. B. (Hrsg.) (2007): Sonderpädagogik des Lernens. Göttingen.

Walter, J. (2007a): Phonologische Bewusstheit. In: Walter, J. & Wembler, F. B., a. a. O., S. 479–503.

Walter, J. (2007b): Sinnverstehendes Lesen. In: Walter, J. & Wembler, F. B., a. a. O., S. 518–539.

Weiß, J. & Winkenbach, M. (2003): Der Brockhaus Naturwissenschaft und Technik, Band 1–3. Mannheim und Heidelberg.

Weinhold, S. (Hrsg.) (2006): Schriftspracherwerb empirisch. Konzepte – Diagnostik – Entwicklung. Baltmannsweiler.

Werner, B. (2007): Entwicklung des Zahlbegriffs. In: Walter, J. & Wembler, F. B., a. a. O., S. 571–590.

Wichelhaus, B. (2006): Bewegung und Kunst aus ästhetischer und therapeutischer Sicht. In: Fischer, K. u. a., a. a. O., S. 57–63.

Wiesner, H. & Heran-Dörr, E. (2010): Themenfeld Elektrizität. In: Kahlert, J. & Demuth, R. (Hrsg.): Wir experimentieren in der Grundschule, Band 1. Hallbergmoos, S. 65–96.

Wiesner, H. (1995): Untersuchungen zu Lernschwierigkeiten von Grundschülern in der Elektrizitätslehre. In: Sachunterricht und Mathematik in der Primarstufe, 22. Jg., S. 50–58.

Wildegger-Lack, E. (2003): Littera. Metalinguistisches Schriftsprachtraining in 6 Stufen. Germering.

World Health Organization (1986): Ottawa Charter for Health Promotion. <http://www.who.int/healthpromotion/conferences/previous/ottawa/en/>. Abfragedatum: 18.03.2013.

Zimmer, R. (1995): Veränderte Kindheit – veränderte Schule. In: Niedersächsisches Kultusministerium (Hrsg.): Bewegte Schule. Hannover.

Zimmer, R. (2005): Bewegung und Sprache. Verknüpfung des Entwicklungs- und Bildungsbereichs Bewegung mit der sprachlichen Förderung in Kindertagesstätten, hrsg. vom Deutschen Jugendinstitut. München.

Zimmer, R. (2006): Bedeutung der Bewegung für Salutogenese und Resilienz. In: Fischer, K. u. a., a. a. O., S. 306–313.

Zimmer, R. (2009): Toben macht schlau! Bewegung statt Verkopfung. Freiburg.

Zimmermann, E. (2011): Wir spielen Schattentheater. Stuttgart.

Zolg, M. (2007): Technisches Lernen im Sachunterricht. In: Kahlert, J. u. a., a. a. O., Bad Heilbrunn, S. 150–153.